"¡Cuán maravilloso es, 100 años
del ADN que nuestro Fundador i
libro nos recuerda que fuimos fur.
de personas que de manera colaborativa asumieron riesgos por avanzar el Reino. Con cada página, ¡recapturemos nuestro ADN, y sigamos exaltando a Jesús como nuestro Salvador, Santificador, Sanador, y Rey que viene!"

—Kelvin Walker

Vicepresidente de la Junta de Directores ACyM y Superintendente del Metropolitan District de la ACyM de EE.UU.

A. B. intercala la historia de la vida de Simpson con citas pertinentes, que nos ayudan a conocer a este gran hombre de Dios. Cada miembro de la familia aliancista debe leer este libro.

—Amy Roedding

Directora de Reclutamiento & Desarrollo de Candidatos de la ACyM de EE.UU.

Yo aprecio los comentarios francos y bien pensados entretejidos con este recuento cautivante y perspicaz de nuestra historia aliancista. Me quedé intrigada por la atención que se dedicó a las jornadas espirituales de A. B. Simpson, su esposa Margaret, y en menor grado, sus hijos de ellos. Me hizo recordar que cada vida es formada en manera única, por las dinámicas de la familia y los contextos históricos y culturales, y puede ser transformada por la provisión fiel de Dios. Indudablemente, un libro valioso para mi biblioteca.

—Jen Vogel

Directora Nacional, Mujeres Aliancistas de la ACyM de EE.UU.

David Jones captura la esencia de quién era A. B. Simpson. No sólo fue un hombre de Dios, sino un visionario quien pudo ver la necesidad urgente en las "masas abandonadas" de tener una relación personal con Cristo. La persistencia y la pasión de Simpson aún resuenan 100 años después de su muerte, desafiándonos a seguir adelante, compartiendo una palabra de esperanza para aquellos que continúan viviendo en la oscuridad. ¡Cualquiera que ama compartir el Evangelio, y particularmente el amor de Cristo, necesita leer este libro!

—Hector Belén

Superintendente del Distrito Central Hispano de la ACyM de EE.UU.

"La grandeza de esta historia es que David Jones pudo resaltar el hecho de que el verdadero protagonista—¡Cristo mismo!—sigue siendo todo-suficiente como para redimir también nuestras respectivas historias. Este glorioso Evangelio Cuádruple es tan relevante y tan urgente para el mundo de hoy, como cuando A. B. Simpson quedó cautivado de su poder y belleza por primera vez."

—Javier Gómez
Superintendente del Distrito de Puerto Rico de la ACyM de EE.UU.

El corazón de A. B. Simpson queda al descubierto en las páginas de este libro, esto es, que todo ser humano debe tener acceso al mensaje de salvación. El autor ha hecho un hermoso trabajo relatando la historia de nuestra denominación y cómo eventualmente, gracias a la determinación de nuestro fundador, se convierte en un movimiento que hoy día continúa expandiéndose por personas dispuestas a tomar riesgos por amor al perdido. Este libro es un tesoro y debe ser leído por todo aquel que pertenece a la familia Aliancista.

—Ana Cuevas
Directora Asistente, Comité Nacional Mujeres Aliancistas de la ACyM de EE.UU.

Leer sobre la vida y obra de A. B. Simpson siempre ha sido inspirador. Al leer este libro de David Jones, pareciera que la información sobre este gran hombre es una fuente inagotable. Jones desnuda a Simpson al recoger detalles de su vida, su familia y ministerio que nos muestran más profundamente sus sufrimientos y su enorme visión por los perdidos. Ahora que estamos próximos a celebrar cien años del fallecimiento de Simpson, este libro es casi una lectura obligada. Léalo y será grata y profundamente inspirado.

—Daniel Villa
Pastor Titular, Iglesia Alianza Oasis, Metropolitan District de la ACyM de EE.UU.

A.B.

EL FUNDADOR IMPROBABLE DE UN MOVIMIENTO MUNDIAL

DAVID P. JONES

CONTENIDO

Editorial: Joan Phillips, Peter Burgo, Cathy Ellis
Traducción al español: James K. McKerihan, Elizabeth McKerihan
Diseño de la cubierta y del interior: Pamela Fogle
Ilustración de la cubierta: Kenneth Crane
Foto del autor: David P. Jones

Published by The Christian and Missionary Alliance
P.O. Box 35000, Colorado Springs, CO 80935-3500

ISBN: 978-0-9892622-7-9

Primera edición (en español)

Printed in the United States of America.

INTRODUCCIÓN

DE SER IRRELEVANTE A SER INTRIGANTE

Una de las metas personales de mi vida fue visitar el Gospel Tabernacle, la iglesia que plantó A. B. Simpson cuando inició un nuevo movimiento para Dios. El edificio, ubicado cerca de Times Square en la ciudad de Nueva York, ahora se conoce como John's Pizzería, un restaurante popular. Al entrar, de inmediato uno queda impresionado por la arquitectura histórica y las características especiales de la iglesia original. Un aspecto clave que identifica el origen aliancista del edificio son las ventanas con vidrieras que contienen los símbolos del Evangelio Cuádruple. Mi esposa y yo recientemente tuvimos el privilegio de visitar John's Pizzería, y nos quedamos inspirados por el ambiente majestuoso y la pizza deliciosa. Una vez que encontramos nuestra mesa, yo de inmediato me dirigí al balcón, donde podría ver de cerca las vidrieras. Saqué muchas fotos de los símbolos del Evangelio Cuádruple, y me imaginé sentado en la congregación, escuchando predicar a A. B. Simpson uno de sus sermones conmovedores sobre la vida cristiana más profunda y las misiones.

Al regresar a mi asiento, entré en conversación con la moza. Ella tenía veintitantos años y había trabajado en el restaurante por algunos años. Le pregunté si sabía lo que había sido originalmente este edificio. Ella no tenía idea, y cuando le dije que había sido una iglesia, ella sonrió y quedó un poco asombrada. Entonces le pregunté si se había fijado en los símbolos en las vidrieras. Otra vez estaba confundida, pero se intrigó cuando le mostré las fotos de mi cámara. "¿Qué significan?" preguntó. Por unos momentos pude compartir con ella la maravillosa verdad de Cristo como nuestro Salvador, Santificador, Sanador, y Rey que Viene, en lenguaje comprensible para ella. En un instante, su lugar de empleo recibió toda una nueva perspectiva.

Lo antiguo ya no era irrelevante, sino realmente intrigante. Lo histórico no era insignificante, sino inspirador. Ella levantó la mirada a las vidrieras que la habían rodeado durante dos años, y se dio cuenta que no simplemente servía pizza en un restaurante, sino que estaba rodeada por una herencia rica de significado eterno.

¿No es esto lo que desearíamos para nuestros hijos y nietos?—¿que de alguna manera la antigua historia de A. B. Simpson y los inicios de La Alianza pudieran inspirar un movimiento nuevo dentro de la próxima generación? ¿Que vieran que están rodeados por una herencia de visión llena de fe, de pasión dinámica, y de asumir riesgos sin temor?

—Dr. David Hearn
Presidente, La Alianza Cristiana y Misionera del Canadá

DEDICATORIA

Este libro se dedica a la memoria de dos hombres que por décadas trabajaron a solas y sin publicidad, coleccionando información, anécdotas, y recursos bibliográficos sobre la vida del Dr. A. B. Simpson.

DR. C. DONALD MCKAIG, por mucho tiempo profesor y vicepresidente de Nyack Missionary College (ahora Nyack College), y fundador de Simpson Memorial Church (ahora Living Christ Church) en Nyack, coleccionó y preservó importantes relatos históricos acerca de Simpson recibidos de su hija Margaret y también de su secretaria por muchos años, Miss Emma Beere. McKaig además conservó varios relatos y una abundancia de detalles acerca de Simpson que proveen vida y contexto para este libro. La colección que hizo, *El Álbum de Recortes de Simpson,* es un tesoro de joyas poco conocidas. Siendo alumno del Dr. McKaig en Nyack, yo fui inspirado, y muchas veces entretenido, por las anécdotas acerca de Simpson que el profesor McKaig compartía en la clase.

DR. JOHN S. SAWIN, anteriormente pastor de La Alianza y misionero en Vietnam (1947–63), regresó a los Estados Unidos y llegó a ser el archivero de la Simpson Memorial Library en Nyack, NY, ahora Los Archivos de la Sede Nacional en Colorado Springs, Colorado. A través de años de investigaciones, Sawin recopiló una cantidad voluminosa de material sobre la vida y ministerio de Simpson, escrito a mano sobre fichas de 4x6 pulgadas. Entregó toda la colección a Archibald Foundation Library de Canadian Bible College/Canadian Theological Seminary (ahora Ambrose University) para ser transcrita y preservada. El resultado de este "Proyecto de Archivos John Sawin" es *The Life and Times of A. B. Simpson,* disponible por el Internet como un archivo PDF. Su trabajo extenso de investigación ha sido una fuente primaria para esta obra.

Por estas razones, la memoria de estos hombres que reconocieron la importancia histórica de A. B. Simpson merece la dedicatoria de este libro:

Honor a quien honor merezca.

RECONOCIMIENTOS

Siempre me ha interesado leer las palabras finales del Apóstol Pablo que encontramos en las conclusiones de sus epístolas. En ellas, él saluda a amigos, envía mensajes personales, pide rollos y una capa olvidada, alienta, reprende, instruye, y se lamenta por los que lo abandonaron. Aun Tercio, su amanuense que escribió Romanos, es reconocido. Por estas palabras San Pablo reconoce que tenía colaboradores, que no produjo su enorme aporte al Nuevo Testamento sin haber recibido "a little bit of help from his friends" (un poco de ayuda de sus amigos).

Tal es el caso en cuanto a esta historia de la vida del Dr. A. B. Simpson. Hace algunos años, cuando primero empecé a ver la necesidad de una nueva biografía del fundador de La Alianza Cristiana y Misionera (ACyM), nació de mi interés por la historia. *The Life of A. B. Simpson,* la primera biografía oficial, fue escrita por Rev. A . E. Thompson solamente un año después de la muerte de Simpson. Algo más de dos décadas después, se preparó una edición para el centenario del nacimiento de Simpson. *Wingspread—A. B. Simpson: A Study in Spiritual Altitude,* fue escrito en 1943 por Rev. A. W. Tozer. Este año, 2019, es el centenario de fallecimiento de Simpson el 29 de octubre 1919, en Nyack, NY. Así que 75 años han transcurrido desde la publicación de la pequeña obra de Tozer.

A través de los años se ha publicado muchas investigaciones valiosas sobre la vida y ministerio de Simpson en libros como *The Birth of a Vision,* redactado por Dr. David F. Hartzfeld y Dr. Charles Nienkirchen en el año centenario de la ACyM en el Canadá y los Estados Unidos. Además, *All for Jesus* fue escrito en 1986 por Rev. Robert L. Niklaus, Rev. John S. Sawin, y Dr. Samuel J. Stoesz. Una edición revisada salió en 2013 (en español: *Todo por Jesús*) para el aniversario 125. Muchos libros excelentes han sido escritos sobre la teología de Simpson: *Genuine Gold* por Dr. Paul L. King, *The Heart of the Gospel* por Dr. Bernie Van De Walle, y *The Whole Gospel for the Whole World* por Dr. Franklin Pyles y Dr. Lee Beach. La obra de Dr. Michael G. Yount: *A. B. Simpson—His Message and Impact on the Third Great Awakening* ubica a Simpson dentro del contexto del movimiento evangélico en Norteamérica. *Relentless Spirituality—Embracing the Spiritual Disciplines of A. B. Simpson* por Dr. Gary Keisling enfoca luz sobre las disciplinas espirituales de Simpson. *Body and Soul—Evangelism and the Social Concern of A. B. Simpson* de Dr. Daniel J. Evearitt resalta su interés por, e involucramiento en, asuntos sociales mientras que se desarrollaba la ACyM. *Footprints,* de Dra. Lindsay Reynolds, recuenta los primeros años de La Alianza en el Canadá. Todos estos libros proveen vistazos valiosos de aspectos poco conocidos acerca de Simpson, su familia, y la fundación y primeros años de la ACyM.

Un librito relativamente desconocido de 31 páginas, *Mrs. A. B. Simpson—The Wife or Love Stands* por una nieta llamada Katherine Alberta Brennen, fue escrito cerca del mismo tiempo que la obra de Tozer. Tiene recuerdos de la esposa de Simpson, Margaret, que falleció el primero de enero, 1924. Historias fascinantes de la familia, hechos desconocidos sobre los Simpson y La Alianza temprana, y una dimensión acerca de la pareja desde la perspectiva de Katherine, todo ayuda a comprender el matrimonio de los Simpson.

Otra fuente importante de información viene del mundo académico. En los aproximadamente 50 años pasados han salido muchas investigaciones académicas sobre la vida, ministerio, teología, misiología, preocupación social, desarrollo y prácticas espirituales, y ¡hasta la vida emocional! de Simpson. Dos tesis de doctorado, en particular: "Jesus Only: The Early Life and Presbyterian Ministry of Albert Benjamin Simpson, 1843–1881" por Dr. Darrell Robert Reid; y "A Larger Christian Life: A. B. Simpson and the Early Years of the Christian and Missionary Alliance" por Dr. William Boyd Bedford, Jr., han provisto detalles históricos no encontrados en las biografías oficiales ni en la mayoría de otras fuentes.

Estas obras, además de gran cantidad de material encontrado en los libros escritos por Simpson, en sus primeras publicaciones misioneras (*The Gospel in All Lands*; y *The Word, The Work, and The World*), y en las variadas presentaciones publicadas durante su vida de lo que llegó a ser *The Alliance Weekly,* todo provee pedacitos de tradiciones aliancistas, anécdotas de familia, luchas y victorias, congojas e historia, que he intentado entretejer para formar una narración de la vida de este asombroso hombre de Dios. A. B. Simpson ascendió hasta las alturas de experiencia espiritual y descendió hasta las profundidades de la depresión.

Esta obra procura presentar un cuadro equilibrado de una persona auténtica, respetada en todo el mundo por su visión y empuje para llevar "el evangelio entero al mundo entero." Una hagiografía de un "Santo Simpson" idealizado, insensible "al mundo, la carne, y el diablo," resultaría en un santo de cartón, ni creíble ni uno con quien se podría identificar. El propósito de este libro es de presentar a Albert Benjamin Simpson como un hombre dotado por Dios—no sólo inteligente y de muchos talentos, sino también una persona auténtica, sujeta a errores, a veces de criterios cuestionables, además de ser esposo y padre que luchaba para encontrar equilibrio en esos roles.

Es digno de notar que el reto en presentar una perspectiva polifacética de un hombre complejo como lo fue Simpson consiste en seleccionar las narraciones que merecen aparecer en un tomo atractivo de tamaño razonable, y las que serán dejadas para descubrimientos futuros. Sobre todo, cuando aumentaba su fama, se prestaba mucha atención a cada movimiento suyo—sus sermones, sus escritos, su vida entera. Esto produjo abundancia de vistazos penetrantes de las cosas que le convirtieron en el hombre que llegó a ser—además de varios relatos pintorescos, anécdotas divertidas, y relatos profundamente personales. He procurado seleccionar los incidentes que cuadran con su "persona entera," pero aun así, queda mucho por contar.

Este proyecto no se habría realizado sin la ayuda de muchos amigos. Después de darme cuenta que se acercaba el centenario de la muerte de Simpson, me puse en contacto con dos pastores y escritores aliancistas, los doctores Paul King y James Snyder, para saber si ellos estaban preparando una biografía nueva de Simpson. Los dos me dieron respuesta negativa, mencionando falta de tiempo y compromisos previos, pero me animaron a intentarlo. Recibí el empuje mayor de Dr. Ronald Brown, "Coach" para Misiones del Western Canadian District de la ACyM del Canadá. Anteriormente él me había ayudado en la publicación de la historia de la primera iniciativa de Simpson en Cabinda, *So Being Sent . . . They Went.* Me dijo que yo debía intentarlo. Sr. H. D. (Sandy) Ayer, el archivero principal de Ambrose University en Calgary, Canadá, también fue una fuente invalorable de información, archivos, y sugerencias para investigar.

Estoy endeudado grandemente con el personal de La Sede Nacional de La Alianza Cristiana y Misionera en Colorado Springs. Sra. Kristin Rollins, archivista gerente, no escatimaba sus esfuerzos y experiencia, ayudándome a encontrar documentos, a rastrear los archivos y descubrir material histórico aún no publicado. Sra. Joan Phillips, anteriormente una escritora del personal de la Sede, hizo la mayor parte de la redacción antes de pasar el material a Peter Burgo, redactor de *Alliance Life,* y a Sra. Cathy Ellis, redactora gerente de *Alliance Life,* que preparó el borrador final para publicación. Sr. Matthew DeCoste, director del equipo de diseños de La Alianza, aportó su pericia para el formato y la carátula del libro. Dr. John Stumbo, presidente de la ACyM, también dio gran estímulo y respaldo para el proyecto.

Ayuda adicional y sugerencias en cuanto a la redacción llegaron de varios "lectores," incluyendo a Dr. David Huttar, miembro del comité de redacción de *All for Jesus,* edición de 1986, y Dr. Jarvis Crosby de Toccoa Falls College. Dr. Kenneth Draper de Ambrose University también colaboró en el proyecto, junto con Dr. Franklin Pyles, anteriormente presidente de La Alianza Cristiana y Misionera del Canadá. Rev. Abraham Sandler, amigo de muchos años, aportó una perspectiva histórica importante en cuanto al compromiso de Simpson para alcanzar "al judío primeramente, y también al griego." Y una vez más, mi esposa sacrificada Judy dedicó muchas horas leyendo borradores, dando valiosas sugerencias y ánimo durante este extenso proyecto.

Mi deseo sincero es que este libro provea un cuadro auténtico de Simpson para una nueva generación de líderes y miembros aliancistas a través del mundo, que veamos a Simpson no sólo como un personaje histórico, sino también como un hombre entregado a cumplir la misión de toda su vida, de alcanzar a "las masas desatendidas" en todo lugar, a la vez que perseguía sin tregua la relación de "Cristo en mí" como la realidad viviente de su ser.

PREFACIO

¿Por qué leer la biografía de alguien que murió hace cien años? ¿Qué podría haber de nuevo para nosotros en tal historia antigua?

Si es de interés el relato de un rebelde, un radical que sacudió a la Iglesia y cuestionó el concepto de la sociedad acerca de "las masas desatendidas"—y al hacerlo participó en formar el mundo del evangelismo moderno—no hay que mirar más allá de la jornada que fue la vida de A. B. Simpson.

A fines del siglo 19 y principios del siglo 20, A. B. Simpson fue uno de los principales personajes del mundo evangélico de habla inglesa. No sólo La Alianza Cristiana y Misionera lo considera su padre fundador, sino también otros movimientos, como Las Asambleas de Dios, La Iglesia Cuadrangular, y otros movimientos pentecostales que siguen en su teología su formato del "Evangelio Cuádruple." En muchos casos es mejor conocido entre estos grupos que en muchas iglesias de La Alianza. Este libro mira con otros ojos a este gran hombre de Dios.

Dr. Albert Benjamin Simpson, frecuentemente mencionado como A. B. dentro de La Alianza, nació el 15 de diciembre, 1843, en Prince Edward Island, Canada, y murió el 29 de octubre, 1919, en Nyack, New York. La "biografía oficial" de Simpson fue escrita en 1920 por A. E. Thompson, un canadiense aliancista, misionero a Israel y por muchos años un discípulo de Simpson. El libro fue publicado por la editorial ACyM Christian Publications, Inc. Parafraseando un dicho interesante, "La biografía (como la venganza) es un plato que mejor se sirve frío." Con esto se quiere decir que el recuento de la vida de alguien que se escribe apenas un año después de su muerte es prematuro. Poco más de un año después que los restos de Simpson habían sido enterrados al lado de Pardington Hall en el Missionary Training Institute, ahora conocido como Nyack College, se publicó sobre su vida lo que llegó a ser un "best seller" dentro de La Alianza. Los alcances y los resultados de la vida y ministerio de Simpson en todo el mundo todavía no habían sido probados por el tiempo. La crónica casi reverente de Thompson es correcta en sus datos, pero da más la impresión de una hagiografía que una biografía.

Bien dijo A. W. Tozer, pastor de La Alianza, autor, redactor de revistas, y consejero espiritual, en su introducción para *Wingspread, A. B. Simpson: A Study in Spiritual Altitude,* también publicado por Christian Publications, Inc. en 1943: "Cualquiera que espera (o que teme) que algún día la historia de su vida sea escrita, debe rogar que no caiga en manos de un enemigo, un discípulo, un rival, ni un pariente. De todos los escritores, estos son los peores biógrafos." Thompson fue un asociado de Simpson. Que él pintara las verrugas e imperfecciones de la vida asombrosa de Simpson era mucho pedir a un discípulo. Como irónicamente lo expresó Tozer, "El verdadero discípulo jamás ve las verrugas; pero si una le es señalada, va a decir que no es más que un callo, causado por una aureola que se le ha caído." En consecuencia, el retrato de la vida de Simpson por Tozer, que sí incluía verrugas e imperfecciones, probablemente escandalizó a muchos pastores, misioneros, y fieles de La Alianza, en aquellos días llamada "la Sociedad." El padre de este autor fue un pastor local aliancista a quien no le gustó el intento de Tozer de humanizar y tratar con humor la vida del Dr. Simpson. Es poco conocido que con el correr del tiempo el Hermano Tozer tuvo ciertas dudas acerca de su biografía de Simpson. "Según el historiador aliancista John Sawin, Tozer le dijo que había deseado retirar *Wingspread* de la venta, porque era 'una interpretación de Simpson, no una biografía.'"[1]

Cuando se celebró en 1987 el Centenario de The Christian and Missionary Alliance, Christian Publications, Inc., publicó *All for Jesus,* un libro que celebraba los 100 años de historia y ministerio de La Alianza. Los editores, Robert Niklaus, John Sawin, y Samuel Stoesz, todos aportaron a los tres capítulos que trazan la vida de Simpson. Aunque el producto fue una versión condensada de la vida y los tiempos de Simpson, contenía algunas fuentes nuevas de información y percepciones valiosas. Pero resultó mucho menos que una nueva biografía oficial de Simpson. Cualquiera de esos tres hombres piadosos, todos historiadores por derecho propio, podría haber escrito una excelente biografía nueva del fundador. Pero esto no sucedió.

Es mi propósito contar la historia de la vida de Simpson con suficiente claridad y detalles para formar un cuadro claro del hombre. Después de *Wingspread,* no se ha escrito ninguna obra biográfica sobre la vida de A. B. Simpson. Sin embargo, muchas tesis académicas han sido preparadas sobre su teología, misiología, himnología, filosofía de educación, y mucho más. Dos de ellos sobresalen. Dr. Darrell Robert

Reid escribió "Jesus Only: The Early Life and Presbyterian Ministry of Albert Benjamin Simpson, 1843 – 1881," que da una invalorable mirada profunda a los primeros años de Simpson. La tesis de Reid revela claramente los años formativos de Simpson que lo condujeron a ser un pastor presbiteriano, hasta que lanzara su ministerio individual a fines de 1881. La segunda tesis es por Dr. William Boyd Bedford, por mucho tiempo pastor aliancista, con el título "A Larger Christian Life: A. B. Simpson and the Early Years of the Christian and Missionary Alliance."

Birth of a Vision, excelente producto del centenario de La Alianza en el Canadá es un *Festschrift* (festival de escritos), redactado por Hartzfeld y Nienkirchen, que se enfoca sobre la vida y obra de este gran hombre de Dios, el don del Canadá al mundo. *The Heart of the Gospel,* por Van de Walle, contiene material biográfico y se enfoca sobre el desarrollo de la teología experiencial de Simpson, conocida como el Evangelio Cuádruple. Además, muchos otros libros han sido escritos a través de los años, por autores "dentro y fuera de" La Alianza, que presentan la historia de Simpson, su misiología, escatología, neumatología, filosofía de educación, inclinación mística, su presentación del Evangelio Cuádruple, y su influencia sobre el movimiento Pentecostal. Todos han sido de provecho.

Es difícil encontrar nuevo material biográfico sobre Simpson. Los que le criticaron le trataron con severidad, y en la actualidad son mayormente olvidados. Su nieta, Katherine Alberta Brennen, escribió un librito intrigante, cerca del tiempo en que Tozer publicó su biografía. La memoria de Brennen, *Mrs. A. B. Simpson—The Wife or Love Stands,* presenta un vistazo fascinante de la familia desde la perspectiva de la esposa de A. B., Margaret Simpson, además de anécdotas que añaden más forma y colorido al cuadro, y hacen que A. B. sea más creíble e identificable con la generación actual de líderes y creyentes aliancistas.

Esta biografía tiene el propósito de presentar a Albert Benjamin Simpson a la familia mundial aliancista de hoy, no como un icónico gigante evangélico barbudo de fines del siglo 19 y principios del siglo 20, sino como un hombre de Dios—parecido a Elías, "un hombre con pasiones como las nuestras." A. B. Simpson ha arrojado una sombra larga y duradera sobre el mundo. Muchos de la nueva generación de almas nacidas en el Reino de Dios por causa de su amplia visión y misión enfocada no conocen a este "gran hombre," ni pueden identificarse con él.

Charles Colson, anteriormente Consejero de la Casa Blanca bajo el Presidente Richard Nixon, y fundador de Prision Fellowship, dijo cierta vez, "Nuestra fe está arraigada en la historia."[2] En verdad, este dicho es cierto. Yo hago una paráfrasis de la cita de Colson: Nuestra historia de la ACyM está arraigada en la jornada de fe de este hombre. Creo que es justo decir en cuanto al movimiento mundial de La Alianza que nuestro futuro como movimiento de Dios depende de la profundidad de esas raíces de fe. Un pastor amigo mío hizo un comentario sencillo pero perspicaz: "Si uno no comprende a A. B. Simpson, entonces no es posible comprender bien La Alianza Cristiana y Misionera." ¡Amén!

Es mi esperanza que esta historia de la vida y el legado de Simpson aliente a otros para vivir su vida "todo por Jesús." Procuro ubicar a Simpson en el contexto de su época, dentro de la perspectiva de eventos y personalidades que hicieron impacto en su mundo y sus tiempos. El hilo de la narración, que dará al libro coherencia y continuidad, es la historia del hombre que se encuentra detrás del movimiento estilo Hechos 1:8, que surgió de las experiencias de su vida y su evolución como un líder cristiano de sus tiempos.

El predicador futuro transformaba la mesa de la cocina en púlpito, reunía a "los hermanos," y les predicaba a esta congregación cautiva.

CAPÍTULO 1

INSTRUYE AL NIÑO EN SU CAMINO

LUCHANDO PARA QUE NO SE NOTARA EN SU BARBUDA cara el dolor y la decepción que sentía, el delgado pastor presbiteriano, quien a los 37 años aún conservaba su aspecto de joven, se desesperaba por su ministerio en la 13th Street Presbyterian Church. Rev. Albert Benjamin Simpson había aceptado el llamado de esta congregación acomodada de Nueva York, después que la iglesia había indicado conformidad con su meta declarada de alcanzar a "las masas desatendidas" de la ciudad. Así que él había empezado un esfuerzo concentrado para alcanzar a esos "desatendidos," las multitudes de la urbe que no asistían a ninguna iglesia.

El nuevo pastorado de Simpson se encontraba en 13th Street, cerca de la esquina con 7th Avenue. Con seis columnas dóricas que le daban un aspecto parecido a un templo romano, la iglesia estaba rodeada por edificios de departamentos construidos de piedra rojiza. Él apuntó en su diario en noviembre 1879: "Me sentí guiado hoy a reconocer mi campo, que se extiende entre 14th y 17th Street, y de 6th Avenue hasta el West Side. Mi alma se llenó de gozo al descubrirlo tan grande y lleno de gente común, a quienes amo. Es todo nuestro, este campo, y Dios está con nosotros y nos bendecirá."[1] Centenares de miles vivían dentro de ese "campo," la mayoría no tocados por el evangelio.

Poco después de instalarse en Nueva York con su esposa y cuatro hijos, Simpson realizó tres semanas de cultos evangelísticos en su nueva iglesia, con muchas decisiones para salvación. Algunas semanas más tarde 37 personas fueron recibidas como miembros nuevos, y los líderes de la iglesia se sentían complacidos. Pero Simpson no estaba satisfecho, así que empezó a predicar en las calles, acompañado por algunas personas robustas de 13th Street Presbyterian. Esta experiencia les parecía algo amenazante a los miembros acomodados, que pocas veces se atrevían a entrar en "Little Italy," o Mulberry Street, o más al sur, al barrio bajo de mala fama, Five Points.

En consecuencia, Simpson y su equipo evangelístico predicaban a centenares de personas nuevas a la ciudad, algunos emigrantes recién desembarcados, y otros que ya tenían empleo en los mercados callejeros cerca de los muelles. Muchos de ellos no entendían bien el inglés, y casi todos decían ser católico romanos. Por la predicación atrayente de Simpson y su explicación sencilla de la gracia de Dios, muchos se dieron cuenta que las buenas obras y la Iglesia no garantizarían la salvación de su alma.

Para la primavera de 1881, Simpson veía que 13th Street Presbyterian estaba llegando a ser un lugar en que personas de toda clase, color, y credo podrían unirse para adorar a Jesucristo como Señor y Salvador. Esto era lo que él se había propuesto, y lo que anteriormente la iglesia había aceptado. Sin embargo, a pesar de la promesa original por la iglesia de apoyar su visión, él descubrió que "ellos no tenían ningún deseo de hacer evangelismo urbano agresivo de las masas que no asistían a ninguna iglesia. No miraban con buenos ojos sus intentos de convertir a su iglesia en un hogar para cualquiera que quisiera entrar."[2] Poco después, Simpson les presentó a los líderes de la iglesia para recibir en membresía un grupo de 100 inmigrantes italianos recientemente convertidos por su evangelismo en la calle. Pero el liderazgo de la iglesia rehusó aceptarlos como miembros de 13th Street Presbyterian. Esta decepción profunda, unida con su estado precario de salud, sus energías desgastadas, y su creciente desilusión con la congregación acomodada, que les amaba a él y a su familia, pero no a "las masas desatendidas," le quebrantó el corazón y la salud de Simpson. Después de meses de invertir sus energías sobre los inmigrantes marginados, la decisión brusca de los líderes produjo un quebrantamiento serio de su salud física y emocional. Esto le obligó a tomar vacaciones prolongadas en el verano de 1881. Poco después, Simpson renunció al pastorado de 13th Street Presbyterian, debido a visiones distintas sobre la misión de la iglesia. En noviembre 1881, se celebró el primer culto de lo que más tarde sería el Gospel Tabernacle de Nueva York, en el Caledonian Club Hall, con la asistencia de siete personas. Dentro de un año esta pequeña congregación había crecido a cerca de 300 personas.[3]

Nueva York no era un imán solamente para los "cansados y pobres" de Europa que anhelaban libertad y oportunidad para una vida mejor. Mujeres jóvenes con muy pocas posibilidades en sus pueblos natales de la América rural, llegaban a la Gran Ciudad, habiendo escuchado de los empleos bien pagados para jóvenes con empeño que deseaban avanzar en el mundo. Pero sus caros sueños pronto desaparecieron frente a la ciudad fría y cruel que sólo esperaba devorarlas. Miles descubrieron rápidamente que las oportunidades para empleo eran limitadas y exigentes. Sin embargo, había otras "oportunidades" abundantes en los bares, salas de baile, guaridas de juego al azar, y por último, los burdeles. Muy pronto

> **"Una iglesia que quiere a los pobres, que los echa de menos y los busca, siempre los ha de encontrar, alimentar, y llenarse con ellos."**

el sueño de una vida mejor quedaba como un débil recuerdo, mientras que la lucha diaria por sobrevivir les conducía hacia abajo en una senda de explotación y abuso.

Muchos habitantes acomodados de Nueva York se sentían atraídos al recién abierto Gospel Tabernacle de Simpson, y sus esfuerzos por alcanzar a los "desatendidos." Simpson promocionaba el movimiento de las misiones de rescate. En su predicación y su práctica, auspiciaba una mezcla única de evangelismo con ministerios de compasión. Como resultado, algunos miembros adinerados del Tabernáculo abrieron misiones de rescate con la aprobación de su pastor. Orfanatorios, hogares de sanidad, y otros servicios para los necesitados recibieron apoyo abierto del pastor. Simpson era motivador y movilizador. No era reformador social, sino ganador de almas. Sin embargo, sentía que el evangelio se compartía mejor con palabras respaldadas por hechos. "Hay campo, no sólo para la adoración a Dios, la enseñanza de las verdades sagradas, y la evangelización de los perdidos, sino también para toda faceta de la filantropía práctica y la utilidad."[4] Continuó, enumerando a diversos ministerios de compasión: ayuda económica de caridad para los pobres, entrenamiento para los desempleados, orfanatorios para los indefensos, refugios para alcohólicos, un puerto seguro para los náufragos de la sociedad.

A. B. Simpson con frecuencia citaba Hechos 1:8, uno de sus textos favoritos y el tema de muchos sermones. A diferencia de predicadores que enfatizaban la extensión geográfica del texto (Jerusalén, Judea, Samaria, y lo último de la tierra), Simpson consideraba a los "samaritanos" como los parias de Nueva York, y la misión de la iglesia era de alcanzarlos: los muy pobres, inmigrantes recientes, minorías raciales, adictos, presos, y prostitutas. Éstos eran "las masas desatendidas" que anhelaban libertad, pero el poderoso Salvador podría alcanzarlos solamente a través de los brazos amorosos de Sus hijos. A razón de este enfoque, el hogar final del Gospel Tabernacle, sobre 44th Street y 8th Avenue, se encontraba en el centro de "Hell's Kitchen" (cocina del infierno), uno de los distritos más necesitados y plagados por criminalidad. Poco después de salir de 13th Street Presbyterian, en el primer número de su revista *The Word, The Work, and The World,* Simpson escribió sobre el poder del amor de Cristo para alcanzar a las masas desatendidas en todo el mundo: "Una iglesia que quiere a los pobres, que los echa de menos y los busca, siempre los ha de encontrar, alimentar, y llenarse con ellos."[5]

En este punto del relato, es necesario hacer ciertas preguntas: ¿De dónde nació este corazón por los "desatendidos?" ¿Qué había causado que este pastor presbiteriano, de mucho éxito y anteriormente muy formal, llegara a ser uno que amaba ardientemente a personas de todo el mundo, además de ser un evangelista muy eficaz? Las raíces muchas veces revelan como ha de crecer el árbol.

Hace 240 años, Escocia y Prince Edward Island (PEI) se parecían en muchas maneras. Cultivar la tierra no era muy fácil en ninguno de los dos lugares, ni tampoco lo era la vida. Los inviernos largos y severos, los veranos cortos, y los caprichos del clima hacían difícil la sobrevivencia. La opresión religiosa y falta de libertad en el Siglo 18 habían obligado a decenas de miles de Firmantes del Pacto a salir de las colinas cubiertas de brezo de Escocia. Su destino fue los ricos terrenos rojos de una isla escabrosa en las provincias orientales del Canadá, fuera de la costa de New Brunswick y Nova Scotia, en medio del Golfo de St. Lawrence. En su nuevo hogar había que desmontar los bosques y cultivar la tierra antes de poder ganarse la vida allí. En 1769 la isla llegó a ser una colonia de Gran Bretaña, llamada St. John Island.[6] Algunos años después el nombre fue cambiado a Prince Edward Island (PEI). Entró en la Confederación Canadiense el primero de julio, 1873.

Así fue que los robustos escoceses dejaron sus hogares por millares, buscando la oportunidad de una vida mejor en el Nuevo Mundo. La Norteamérica británica necesitaba pobladores, y los Firmantes del Pacto deseaban libertad. Eran agricultores, pescadores, artesanos, y comerciantes, y trabajaron arduamente y por largas horas en su tierra adoptiva para proveer una vida mejor para sus crecientes familias. James y Janet Simpson pertenecían a la primera ola de colonizadores que dejaron su hogar en la década de 1770 con destino al Nuevo Mundo.[7] En PEI encontraron lo que habían anhelado—paz y libertad, un lugar donde podían vivir según su convicción de lo que Dios deseaba para ellos. Años más tarde, esta misma isla bella fue el escenario para la novela *Anne of Green Gables,* escrita por Lucy Maud Montgomery.

El 15 de diciembre, 1843, un día frío y tempestuoso, un bebé, el cuarto de nueve hijos, nació en la familia de James y Jane Simpson, la tercera generación de inmigrantes escoceses. Le dieron el nombre de Albert Benjamin. Los Simpson vivían en la costa norte de Prince Edward Island, cerca del pueblo de Cavendish, en la aldea llamada Bayview con vista a Greenville Bay, que sale al Golfo de St. Lawrence. Su casa, ubicada sobre Simpson's Mill Road, sirvió tanto como su hogar como el centro del creciente negocio de la familia Simpson. A mediados de los años 1840, este emprendedor constructor de barcos había empezado a disfrutar el fruto de su labor. Colaboraba con su hermano Alexander, que tenía el negocio de un molino de granos y cardado de lana. Juntos los hermanos exportaban harina, avena, y cebada a mercados en Gran Bretaña por medio de la Cunard Steamship Company.[8] Importaban maquinaria agrícola e industrial desde Manchester para vender en su tienda llena de actividad. Hacía más de seis años que la Reina Victoria había ascendido al trono, y el sol nunca se ponía sobre la bandera británica.

UNA ORACIÓN PROFÉTICA

James y Jane se casaron en la cercana Cavendish Presbyterian Church un poco más de seis años antes del nacimiento de Albert. Perdieron a su primer bebé, James Albert, pero tenían dos niños más, William Howard y Louisa, cuando apareció el bebé "Bertie." Ambos padres eran cristianos devotos y miembros comprometidos de Cavendish Presbyterian. Algunas semanas después del nacimiento, le llevaron al hijo a la iglesia para ser bautizado. Jane Simpson había orado que pudiera entregar a su hijo a Dios, como lo hizo Ana con Samuel. Deseaba que el niño sirviera al

Señor como pastor o misionero. Por la providencia de Dios, el bebé fue bautizado por Rev. John Geddie, el pastor local. Él abogaba poderosamente por las misiones, y cuatro años más tarde llegó a ser el primer misionero canadiense enviado por la Iglesia Presbiteriana a las Nuevas Hébridas. Más tarde fue conocido como "el padre de las misiones presbiterianas a los Mares del Sur."[9] Rev. Geddie le pidió a Dios que Él hiciera del pequeño niño un gran hombre de Dios, que haría impacto para Cristo en su mundo.[10] Pocas veces se ha pronunciado una oración más profética.

Habiendo nacido del linaje de los Firmantes del Pacto, James y Jane, así como sus antecesores, creían en la "sana doctrina." Se fundaba sobre su amor y lealtad a la Biblia como la Palabra de Dios y la Teología

Rev. Geddie le pidió a Dios que Él hiciera del pequeño niño un gran hombre de Dios, que haría impacto para Cristo en su mundo.

Reformada. Colosenses 1:18 expresa su creencia central: "que en todo [Cristo] tenga la preeminencia." La asistencia dominical a la iglesia presbiteriana local fue seguida por la tarde dedicada a leer la Biblia y aprender teología.

Pocos años después, a pesar de vivir relativamente aislados del resto del mundo, la vida se vino abajo para la tranquila aldea de Bayview y la familia Simpson. El "Pánico de 1847"[11] fue una crisis económica causada por especulación exagerada en acciones de ferrocarriles británicos. Produjo una serie de quiebras de bancos, una alza fuerte en las tazas de interés del Banco de Inglaterra, una baja precipitada en las ventas de granos del Canadá, y una grave crisis económica. Justo un año después, Karl Marx y Friedrich Engels publicarían en Inglaterra *El Manifiesto Comunista,* que vaticinó que el capitalismo como se practicaba en el mundo del Occidente estaba destinado a fracasar, con el amanecer de un día nuevo y brillante para el trabajador común.

A LAS TIERRAS INEXPLORADAS DE ONTARIO

James Simpson era un hombre muy trabajador que había levantado un negocio. Pero una tempestad extraordinaria azotó a la isla. Sus clientes dejaron de pagar sus cuentas en la tienda, y la demanda por las embarcaciones que él construía se secó. Cunard dejó de comprar sus productos, y la venta de granos se fue a pique. El creciente negocio Simpson se vino abajo. Este colapso local no era más que una baja de menor importancia en el cuadro mayor, pero produjo consecuencias mayores para James y su familia. La hermosa Bayview ya no podía sostener a James y su creciente familia. Él tuvo que darle la noticia triste a Jane que sería necesario buscar su fortuna por otro lado, confiando en la gracia y dirección de Dios para

La casa Simpson en Chatham, Ontario

hallar un nuevo hogar. Con tales emociones el padre joven vendió su negocio, hizo lo que pudo para concluir asuntos pendientes, y se preparó para hacer mudar a su familia.

Louisa, la hermana mayor de Albert, recordó la mudanza que sucedió en 1847. James fletó un barco local y partió, con otras siete familias, para "el oeste salvaje" del Canadá. Para Louisa el viaje fue una aventura, pero Bertie, de tres años y medio y nunca muy robusto como niño, pasó la mayor parte de la travesía enfermo. Cuando llegaron a Montreal abordaron otra embarcación con dirección a los Grandes Lagos, y por fin llegaron a Chatham, Ontario, entre Toronto y Detroit. En el otoño de 1847 James encontró una casa e instaló a la familia, y Jane empezó a acomodarse a su nueva vida.

OTRA VEZ TRAGEDIA

James se hizo socio con un constructor local de barcos y empezó a reconstruir el patrimonio de la familia. Pero una vez más, parecía que "la Providencia" no sonreía sobre la familia Simpson. Poco después de llegar a Chatham, un brote mortífero de fiebre, una de las epidemias del cólera que plagaban a muchos pueblos nuevos, diezmó la población infantil de Chatham. Probablemente estaba relacionada con la epidemia de tifoidea que se extendió por la provincia algunos años antes, introducida por inmigrantes irlandeses infectados.[12] La enfermedad mortífera se llevó a la hermana menor de Bertie, Margaret Jane. La madre, de corazón quebrantado, que estaba esperando a otro bebé, todavía luchaba para formar un hogar en este tosco pueblo fronterizo, y temía por sus hijos. Ella insistió que James sacara a la familia inmediatamente de Chatham.

Así fue que James encontró un terreno de 100 acres a unas nueve millas de Chatham, y en 1850 trasladó a la familia a la granja no desarrollada en el bosque. Su nuevo hogar fue una casa rústica de troncos. Siendo un perito carpintero, y comprometido a proveer un hogar decente para su familia, James se esforzó para convertir la cabaña en una casa cómoda, e hizo muebles de nogal americano de árboles de la granja.

Chatham es el centro administrativo de Kent County en la región sudoriental de Ontario, ubicado sobre el Río Thames. Anteriormente había sido un puerto de la armada británica, pero el pueblo había llegado a ser la estación terminal en el norte del "Underground Railroad" (vía clandestina) para esclavos de los Estados Unidos que se fugaban de la esclavitud. La familia Simpson habría tenido conocimiento de este hecho, puesto que antes de la Guerra Civil, hasta 25 por ciento de la población de Chatham se componía de esclavos fugitivos o sus hijos.[13] Como ciudadanos del Imperio Británico, que había abolido la esclavitud en 1833, la familia seguramente se sentía profundamente impresionada por los ex esclavos, que estaban trabajando terrenos propios en la comunidad de Buxton, en las afueras del pueblo, en la libertad del Canadá.

Aunque James no era agricultor, con mucho esfuerzo pudo sostenerse del terreno. Con trabajadores contratados y la ayuda de sus hijos que estaban creciendo, desmontó los bosques, construyó una casa nueva, y por fin la granja rendía más o menos bien. Con el tiempo él llegó a ser un miembro prominente de la comunidad, anciano de la Chatham Presbyterian Church, y miembro del consejo municipal. Jane, de gustos refinados y anteriormente parte de la sociedad en PEI, lamentaba la pérdida de su bebé, Elizabeth Eleanor, que nació en el cumpleaños de Bertie. La madre, quebrantada de corazón, luchaba con su vida en el campo, con muy pocos vecinos aparte de algunos agricultores que hablaban el gaélico.

Por fin la vida se hizo más tolerable para James y Jane. Ella, con sus dones artísticos,[14] hizo que su hogar fuera atractivo y cómodo. Aunque vivían a una buena distancia del pueblo, el largo viaje de los domingos a la iglesia en carro tirado por caballos fue un compromiso inquebrantable, a menos que los inviernos crudos de Ontario les obligaran a quedarse en casa. Cuando Bert tenía un poco más edad, sus padres a veces dejaban a los niños en casa e iban solos a la iglesia. Entonces el predicador futuro transformaba la mesa de la cocina en púlpito, reunía a "los hermanos," y les predicaba a esta congregación cautiva. Es probable que, "como profeta sin honra en su propia tierra,"[15] el joven Bert tuviera que soportar alguna crítica o broma de sus hermanos, que no eran "santitos."

DOCTRINA Y DISCIPLINA

Ambos padres eran bastante cultos, según las normas de esos tiempos. Como tales, dieron alta prioridad a la educación de sus hijos. Harold Simpson, hijo de un primo de Albert, en su libro, *Cavendish—Its History and People,* dio una descripción de James Simpson como "uno que imponía una férrea disciplina, estableció normas altas para su familia, y con firmeza hacía cumplir las reglas. Creía en la eficacia de la vara de castigo, que fue usada ocasionalmente."[16] Los niños Simpson asistían a las escuelas públicas; se les exigía sacar buenas notas, y también leer y memorizar de la pequeña biblioteca selecta que Jane había juntado. Con regularidad leían de poetas ingleses como Milton, Kirke, White, y Pollock. Para la edad de 10 años Albert, y su hermano mayor Howard, habían leído la obra de Gibbon, *Decline and Fall of the Roman Empire.*[17]

Los domingos por la tarde, después de asistir en la mañana a la iglesia y participar del almuerzo preparado por la madre, James les hacía preguntas a los niños sobre el "Shorter Catechism" (Catecismo Menor) de la Westminster Confession, que en realidad no les parecía muy corto. El joven Bertie y sus hermanos asimilaron enormes cantidades de dogma que, aunque no siempre comprendido, se esperaba que les pasara de la cabeza al corazón.

Para completar su educación, también estudiaban obras de teología como *The Saints' Everlasting Rest,* de Baxter; el *Fourfold State,* de Boston; y *The Rise and Progress of Religion in the Soul,* de Doddridge.[18] Simpson dijo más tarde que simplemente al ver esos tomos gruesos, le entraba un sudor frío por su énfasis sobre la pecaminosidad total de la humanidad, la elección de los predestinados, y la gracia irresistible que salvaría a los pecadores totalmente depravados y los mantendría salvos.[19] Este tipo de lectura ayudó en la formación del sensible e impresionable Bert. Louisa le describió como "muy tímido y de imaginación activa, y cualquier cosa fuera de lo común dejó una huella profunda sobre su memoria. La idea de castigo le llenaba de terror. Yo nunca vi que recibiera una azotaina, pero si alguna vez la recibió, fue administrada suavemente."[20] Como resultado, sus padres piadosos procuraron instruirle en el camino correcto, esperando y orando que su Dios soberano le llamara a Bertie entre los escogidos para salvación. Lo único que faltaba en su desarrollo espiritual temprano fue una clara explicación de lo sencillo que es recibir ese evangelio de la gracia.

UNA PIEDRA DE RECUERDO

A la edad de nueve años Bert leyó la biografía de John Williams, el misionero mártir de Erromango, una de las islas recién alcanzadas del Pacífico Sur. Parecería que Dios había colocado otra "piedra de recuerdo" en la vida del joven Simpson. Fue criado en un ambiente de oración, en una cultura profundamente religiosa, y con el estudio de pesadas obras teológicas. Para los inicios de su adolescencia Simpson se sentía cada vez más consciente de las realidades espirituales. El muchacho impresionable, muchas veces temeroso,[21] que a una edad temprana había sentido el deseo de servir a Dios, se estaba dando cuenta de su condición pecaminosa y perdida. De esta manera la ramita se doblaba, cerca al punto de romperse.

Simpson como adolescente

"Pero fue imposible sostener por mucho tiempo la presión de tanto trabajo pesado sobre un cerebro y cuerpo joven, aun no completamente desarrollados. Me sobrevino una crisis espantosa, en que me parecía que los mismos cielos se caían."

—A. B. Simpson

CAPÍTULO 2

CUANDO SE ROMPE LA RAMA

"EL PRIMER RECUERDO DE MI NIÑEZ es de mi madre, como muchas veces la escuchaba durante noches largas y oscuras, llorando en voz alta en su cuarto por su soledad y tristeza. Recuerdo que me levantaba y me arrodillaba al costado de mi camita, aun antes de conocer a Dios por mí mismo, y oraba que Él la consolara."[1] Estas palabras tomadas de "Su Propia Historia," un bosquejo autobiográfico que encontramos en "El Álbum de Recortes de Simpson" coleccionado por McKaig, fueron escritas a petición de amigos y asociados, para "dejar en forma permanente la historia de lo que el Señor ha hecho conmigo."[2]

Sin duda, este recuerdo temprano del niño Bertie hizo profundo impacto en él, después de la mudanza desde Prince Edward Island (PEI) hasta la granja aislada fuera de Chatham. El viaje traumático hasta el oeste de Ontario y el "exilio" posterior en la casa solitaria en el bosque aisló a su madre, no sólo de su familia y personas conocidas por muchos años, sino también de los nuevos amigos que había conocido en Chatham. "Lo que la aplastaba aun más fueron los recuerdos de su bebita Elizabeth Eleanor," que había muerto cuando recién se estaban estableciendo en el pueblo de Chatham. En este ambiente triste, "su niñito tuvo su primera experiencia religiosa cuando ciegamente procuraba encontrar al corazón del Único que podría ayudarla."[3] Ella estaba empezando la vida en "una de las regiones más inhóspitas que se puede imaginar."[4]

UNA PIZCA DE RELIGIÓN

Simpson cuenta que su próximo recuerdo tenía "una pizca de religión."[5] Estaba jugando con una navaja (cuchillo plegable) de un amigo, algo que sería un tesoro para cualquier muchacho de esos tiempos. Por desgracia, Bertie perdió la navaja, y el primer pensamiento que le vino a la mente fue de orar. "Hasta ahora recuerdo que se me vino un impulso para arrodillarme y orar acerca de la pérdida. Poco después me dio gran deleite encontrarla. El incidente marcó una impresión profunda sobre mi pequeño corazón, y me dio la convicción que ha durado toda mi vida, y que innumerables veces ha dado resultado, que es nuestro privilegio llevarlo todo a Dios en oración."[6] Creciendo en un hogar piadoso en que la oración era parte usual de la vida, el niño ya conocía lo que era la oración. Sin embargo, estos dos casos en su niñez de acercarse a Dios en oración, aunque sucedieron años antes de su conversión, dejaron una huella sobre su alma en cuanto a llevar todas las cosas a Dios, Quien escucha y contesta la oración.

Simpson siempre estaba agradecido por la vida consecuente y la fe ejemplar de sus padres, pero más tarde comentó, "En realidad, las influencias durante mi niñez no eran tan favorables como para producir la conversión temprana como ahora lo son en muchos hogares cristianos."[7] Las raíces de la familia Simpson se extendían hasta los terrenos teológicos de los Firmantes del Pacto escoceses, quienes no esperaban para sus hijos "experiencias de conversión," sino creían que el bautismo infantil introducía al niño al pacto. En algún momento posterior se esperaba que Dios soberanamente haría que esa semilla de fe produjera fruto y llevara a la convicción de salvación. En los años posteriores, la jornada teológica de Simpson le condujo al "nuevo pacto" inaugurado por el sacrificio de Cristo y recibido por gracia y fe.

Los comentarios de Simpson acerca de estas influencias de su niñez deben ser entendidos en el contexto de un anciano que dictaba porciones de sus recuerdos pocos años antes de su muerte en 1919. Es posible que estuviera contrastando la diferencia entre "un hogar puritano bien ordenado" que enfatizaba la absoluta santidad de Dios y su ira justa, y uno menos estricto que se enfocaba más sobre el amor de Dios. Él describió a su padre como "un buen presbiteriano de la vieja escuela, que creía en el Catecismo Menor y la doctrina de la predestinación y todas las reglas convencionales de un hogar puritano bien ordenado." Su padre se levantaba a diario antes del amanecer y prendía una vela para "sentarse en el cuarto sombrío para leer la Biblia y tardar bastante en su devocional matutino. Este cuadro me inspiraba un tipo de temor reverencial."[8]

PIEDAD FINGIDA

Sin embargo, el joven Albert pronto demostró que, a pesar de su crianza en un ambiente tan devoto, todavía tenía que luchar contra su propia "depravación total." Más tarde recordaba una de las pocas azotainas que recibió; tal castigo siempre le causaba mucho temor y pérdida del sueño, por su anticipación de "la ira venidera." El asunto fue que había estado corriendo mientras jugaba un domingo por la tarde, lo que su padre consideró una profanación terrible del día de descanso. Por tanto, se decretó que recibiría una azotaina el lunes temprano, puesto que el domingo era demasiado sagrado para aplicar un castigo. Su hermano mayor, Howard, con más experiencia, le sugirió una manera de escaparse de la sentencia pendiente. "Me dijo muy en secreto que me levantara la próxima mañana a la hora que mi padre acostumbraba levantarse, que prendiera una vela y me sentara en un rincón de la habitación con mi Biblia, y que demostrara un espíritu de penitencia y seriedad. [Howard] se sentía casi seguro que mi padre aceptaría el gesto y me suspendería el castigo."[9] Es fácil imaginarnos a Simpson, con una sonrisa arrepentida, cuando compartía este secreto con su secretaria de muchos años, Emma Beere, que escribía sus recuerdos: "Siento tener que decirle que fui lo suficientemente hipócrita como para practicar esta artimaña, y como le cuento, cierta mañana en que debía recibir una azotaina, salí en silencio de mi cama y me senté con cara solemne para practicar mi fingido devocional. Hasta ahora veo en mi imaginación a mi padre, sentado en silencio, mirándome de reojo por debajo de sus lentes, como asegurándose que yo estaba en serio. Cuando él terminó su devocional, salió sin hacer ruido para ir a su trabajo, y no se mencionó más el castigo."[10]

Simpson más tarde reconoció el valor de esos primeros años severos, que "inspiraban en mi espíritu de joven un horror instintivo a lo malo, lo que posteriormente muchas veces me protegía cuando me encontré entre las tentaciones del mundo."[11] Como el tercer hijo de nueve que sobrevivieron, el joven Bert estaba cerca del "medio" de la familia, y observó que el estilo de criar a los hijos de James y Jane cambiaba, con la llegada de sus hijos, a menos ley y más gracia. "En la historia posterior de nuestra familia," anotó, "estas severas restricciones no fueron aplicadas a los niños menores, cuando una época más liberal extendió su influencia sobre nuestro hogar, pero no puedo decir que el cambio era beneficioso."[12]

El muchacho estaba entrando en la adolescencia, una etapa crítica que dejó en él huellas profundas. El joven Albert había experimentado tristeza temprano en su vida. La quiebra del negocio de su padre, la pérdida de su hogar en PEI, el viaje largo y triste a Chatham, además de la epidemia y la pérdida de su hermanita, todo esto le agobiaba mucho. Al compartir la historia de su conversión en *El Evangelio Cuádruple,* Simpson escribió, "Recuerdo que cuando era niño, el sonido de la campana que anunciaba un funeral me afectaba fuertemente. No soportaba escuchar que alguien se había muerto."[13] La tristeza y la muerte eran cargas pesadas sobre su alma.

TRAUMA DE ADOLESCENTE

Simpson tuvo varios encuentros con la muerte durante la adolescencia. Una vez se salvó por un pelo cuando fue con sus compañeros para nadar en un pozo natural local. Se fijaron en algunas uvas silvestres que crecían al otro lado del río, que sólo se podrían alcanzar cruzando a nado.

> **La idea de morir en tal estado sin esperanza, con el infierno como su destino, le hacía pasar noches sin dormir y días sin gozo.**

Animado por sus amigos, Simpson se lanzó valientemente. El problema fue que no sabía nadar. Inevitablemente, la gravitación prevaleció sobre la locura, y él empezó a agitar los brazos y hundirse. En sus propias palabras: "En muy pocos momentos no podía tocar fondo, y con una sensación de agonía que jamás me olvidaré, me encontré ahogándome dolorosamente debajo del agua. Hasta ahora recuerdo que toda mi vida se me presentó en visión en ese momento. Bien puedo entender los relatos de personas cerca de ahogarse, cuya historia pasada parece presentarse en un instante como en fotografía delante de su mente en el momento de perder el conocimiento."[14] En su mente él veía su obituario en el periódico local. En el último extremo, los gritos de sus compañeros captaron la atención de algunos hombres que estaban pescando cerca. Ellos le alcanzaron en su bote y lo depositaron en la orilla, donde por fin recuperó el conocimiento, para el alivio de todos.

En otra ocasión, fue tirado de cabeza encima de su caballo cuando el animal tropezó. Afortunadamente, el caballo cayó debajo de él; si él hubiera caído debajo del caballo, habría quedado aplastado. Se despertó momentos después para encontrar que su caballo le estaba empujando suavemente, como si dijera, "¡No pasó nada; yo estoy bien, y tú también!" El comentario mordaz de Simpson fue, "Estoy seguro que [estas experiencias] hicieron mucho para profundizar mi seriedad espiritual."

Cerca del mismo tiempo sucedió otro accidente peligroso. Mientras que estaba visitando una casa en construcción, subió por un andamio, pisó una tabla no asegurada, y se cayó. Por instinto, extendió la mano y agarró una madera firme, a la vez que gritaba asustado, pidiendo ayuda. Cuando ya no podía sostenerse más, se cayó en los brazos de su padre. La descripción escueta de Simpson indica la seriedad del caso: "Esa caída me habría lisiado o matado."[16]

La acumulación de estas experiencias espantosas en tan poco tiempo le inquietó a Bert, haciendo que se preocupara por su condición espiritual. Temía que no era uno de los elegidos por Dios, y reconocía sus inclinaciones al pecado. La sensación profunda de su pecaminosidad le llenaba de culpa y vergüenza. La idea de morir en tal estado sin esperanza, con el infierno como su destino, le hacía pasar noches sin dormir y días sin gozo, aplastado por una conciencia de culpa y la sensación de desesperanza.

La Iglesia Presbiteriana, Chatham, Ontario

PRIMERA CRISIS RELIGIOSA

Como adolescente, Albert era alto y delgado. Fue entonces que experimentó lo que él llamó "mi primera crisis religiosa."[17] Por algún tiempo había deseado "estudiar en preparación para el ministerio." No había recibido un "llamado" dramático, pero en su corazón crecía la seguridad que él sería un pastor presbiteriano. Pero había un obstáculo grande que impedía su sueño. Su hermano Howard, el hijo mayor de la familia y excelente alumno, tenía prioridad. Como el primer hijo, había sido dedicado al ministerio desde antes de nacer, predestinado para el púlpito. Albert, más bien, estaba predestinado a la granja. Una parte de la lucha espiritual de Bert consistía en que se sentía pasado por alto en relación con Howard; este desaire le parecía injusto.

A la vez que sucedía esta lucha, Albert llegó a la conclusión que si fuera pastor, tendría que renunciar de ciertas actividades "mundanas." No sería correcto que un pastor participara en cosas que sus padres consideraban "mundanas," como ir de caza y matar animales. Pero estas cosas fueron justamente lo que Albert quería hacer.

Así que el adolescente, con intereses opuestos, tomó parte del dinero que a duras penas había ahorrado por trabajos ocasionales y compró una escopeta, aunque su madre estaba horrorizada por armas de fuego. Ella rehusaba tenerlas en su casa, porque había perdido a su hermano años atrás en un accidente con una escopeta. "Por algunos días me divertí a lo lindo," contó Simpson. "Saldría al bosque a escondidas con mi ídolo prohibido, y luego, con la ayuda de mi hermana [Louisa], lo escondería en el altillo de la casa."[18] Pero en cierto día fatal, su madre descubrió el arma prohibido, y Albert fue obligado a devolverlo a la tienda, "perdiendo no sólo mi escopeta sino también mi dinero."[19] Avergonzado por su rebeldía, el humillado cazador tomó la decisión de renunciar los placeres de este mundo y dedicarse a su sueño de llegar a ser pastor, a pesar de los factores que había en contra. Para cambiar su destino de agricultor a predicador, se necesitaría una consulta de familia.

Uno puede imaginar al hijo que con palabras vacilantes pero solemnes expresaba su deseo de estudiar para el ministerio. Reconociendo el derecho de Howard, como el primogénito, Albert simplemente pidió permiso de sus padres para asistir al college para preparación pastoral, sin pedir ayuda económica de la familia. Puesto que su padre había esperado que Albert trabajara en la granja, darle permiso para asistir al college en realidad tendría un costo para sus padres, porque perderían valioso trabajo en la granja.

A pesar de esto, sus padres, doblemente honrados, le dieron su bendición y consintieron en que él asistiera al college por su propia cuenta. Habiendo superado esa barrera grande, el joven Albert tenía una idea de como ganar dinero y ahorrar para sus estudios futuros. Aceleraría su educación por estudios especiales con un instructor en preparación para tomar el riguroso examen dirigido por las autoridades locales de la educación pública. Si aprobara este examen, recibiría un certificado que le permitiría enseñar en la "escuela común" para niños menores. En consecuencia, Albert, de 14 años, y Howard, de 16, iniciaron estudios bajo la dirección de un pastor presbiteriano jubilado, y más tarde, con su propio pastor, Rev. William Walker.

Estudiaron con éxito griego, latín, matemática avanzada, gramática e historia de Inglaterra. Su padre le dio a cada uno un caballo para poder viajar las nueve millas de ida y vuelta de su casa a la escuela. La salud delicada de Howard le obligó a desistir del plan, y Albert continuó solo. Pronto se trasladó a una pensión en Chatham, se matriculó en high school a la edad de 14 años, y se dedicó a sus estudios. Fue cuando vivía en el pueblo que sucedió el incidente cuando casi se ahoga.

Henry G. Guinness

PREDICACIÓN FOGOSA—CONVICCIÓN PROFUNDA

A fines del 1858 Bert asistió a cultos evangelísticos en Chatham dirigidos por H. Grattan Guinness, un fogoso evangelista irlandés de 23 años—el Billy Graham de sus tiempos. Grattan Guinness había realizado giras evangelísticas exitosas en Gales, Escocia e Irlanda, y fue "invitado para ayudar a sostener el [Segundo] Despertar que estaba extendiéndose por Norteamérica . . . "[20] Llegó a Philadelphia en noviembre 1858 y empezó una gira agotadora, predicando hasta 13 veces por semana. Después de Philadelphia, fue a Nueva York y otras ciudades de EE.UU. y del Canadá por seis o siete meses. Éste fue el primer encuentro del joven Bert con un hombre cuya relación de mentor le influiría posteriormente en su escatología, su filosofía de la educación cristiana, y su intensa carga por los perdidos en todo el mundo.[21]

Guinness fue famoso por mensajes sobre los tiempos finales que despertaban el temor de Dios en sus oyentes. "Bajo su penetrante predicación, Albert sintió profunda convicción . . . Todavía cargando el peso de la convicción, se fue caminando a su casa para pasar el fin de semana, y se perdió en el bosque. Por casualidad encontró algunas sepulturas de indígenas que habían sido profanadas, y la escena horrible le afectó mucho a su espíritu sensible, que aún no estaba recuperado de la experiencia cuando estuvo cerca de ahogarse. Su padre lo encontró y lo llevó a la casa, pero sufrió una larga enfermedad. Él estaba sufriendo profundas tinieblas espirituales, y muchas veces solamente podía dormir cuando su padre lo abrazaba. Fue durante esta época que se convirtió," escribió su hermana Louisa muchos años después.[22]

Simpson más tarde describió lo que antecedió a su primera crisis física y emocional: "Pero fue imposible sostener por mucho tiempo la

Él estaba sufriendo profundas tinieblas espirituales, y muchas veces solamente podía dormir cuando su padre lo abrazaba.

presión de tanto trabajo pesado sobre un cerebro y cuerpo joven, aun no completamente desarrollados. Me sobrevino una crisis espantosa, en que me parecía que los mismos cielos se caían. Me había acostado en mi cama, cuando de repente me parecía que veía una luz extraña que brillaba delante de mis ojos. Entonces mis nervios cedieron y salté de la cama, temblando y casi desmayándome. Inmediatamente se me vino un escalofrío congestivo muy violento que casi me quita la vida. Añadiendo a los horrores de aquella noche, en la pensión donde me hospedaba había un hombre que sufría de delírium tremens, y sus gritos de agonía y sus maldiciones parecían añadir a mi propio malestar los horrores del infierno mismo. A la mañana, tuve que pedir permiso para ausentarme, y regresé a la casa de mi padre, hecho un desastre."[23] Al parecer, esta escena en la pensión sucedió antes de su caminata a su casa, cuando pasó por el cementerio de los indígenas, donde su padre lo encontró profundamente traumado emocionalmente.

EL RELOJ MOFANTE

Simpson continúa el relato: "El doctor me dijo que yo no debía ni mirar un libro por un año, que mi sistema entero había sufrido un colapso y que me encontraba en grave peligro. Entonces empezó un período de agonía mental y física que es imposible describir en palabras. Me posesionaba la idea que algún día, a las tres, iba a morir. Cada día, cuando se acercaba esa hora, me sentía postrado por un espantoso nerviosismo, mirando el reloj en un suspenso de agonía hasta que pasara la hora, maravillado que aún estuviera con vida."[24]

Su ansiedad en cuanto a la duda, si era predestinado o no para la salvación, contribuyó mucho a su colapso físico y mental. Por varias semanas, el sonido mofante del reloj y la imagen del movimiento lento de la manecilla hacia la hora fatal le inspiraban pánico. Estando seguro que estaba a punto de morir, clamaba a Dios por misericordia. "Aterrorizado y desmayando, llamaba a mi padre que se acercara a mi cama, diciéndole que me moría. Lo peor de todo era que no tenía ninguna esperanza, ningún Cristo. O, ¡como mi padre intercedía por mí ese día! y yo clamaba en desesperación total que Dios me concediera vida, sólo lo suficiente para que pudiera ser salvo. Después de pasar una sensación que me parecía interminable, de caerme en un abismo sin fondo, llegaría el descanso, y la crisis había pasado por un día más. Miré al reloj, y la hora de las tres había pasado. Pero ese día también pasó, y aún no era salvado."[25]

Aunque lectores de otra época pueden cuestionar la estabilidad mental de Simpson y considerarlo un fanático religioso desequilibrado, debemos recordar que personas criadas en un estricto hogar puritano, instruidos que Dios era totalmente soberano en escoger a los que serían redimidos, tomaban muy en serio su religión. Alguien tan sensible a las realidades espirituales como lo fue el joven Albert Simpson comprendía las implicaciones de la teología Reformada. En consecuencia, su reconocimiento de su propia pecaminosidad, sin entender plenamente el don de salvación para todos por la gracia de Dios, le llevó al colapso.

"LA PRIMERA BUENA OBRA"

Después de meses de temer el movimiento lento de la manecilla del reloj, la obsesión por fin disminuyó, y Bert gradualmente recuperó la salud. Aun estando convaleciendo, la gracia se encontró con el joven buscador, que ya tenía 15 años. "Por fin, un día encontré por casualidad en la biblioteca de mi pastor, un libro antiguo [escocés] llamado *Gospel Mystery of Sanctification,* por Marshall. Mientras que volteaba las páginas, encontré una oración que me abrió los ojos, y a la vez me abrió las puertas de la vida eterna. Sustancialmente, decía, 'La primera buena obra que podrás hacer es creer en el Señor Jesucristo. Hasta no hacer esto, todas tus obras, tus oraciones, lágrimas y resoluciones son en vano.'" De inmediato, Simpson se tiró de rodillas y "levantando la mirada a la cara del Señor, a pesar de mis dudas y temores, le dije, 'Señor Jesús, Tú has dicho que "al que a mí viene no le echo fuera." Me acerco ahora de la mejor manera que pueda, y creo, porque Tú me has mandado creer que Tú me recibes, que me salvas,

"Desde este momento soy tu hijo, perdonado y salvado, simplemente porque acepto tu palabra."

y que desde este momento soy tu hijo, perdonado y salvado, simplemente porque acepto tu palabra. Ahora me atrevo a mirarle al rostro de Dios y decirle, Abba, Padre, Tú eres mío.'"[26]

Aunque no sabía lo que le esperaba en el futuro, el joven A. B. Simpson llegó a conocer y experimentar, no sólo una doctrina, sino la Persona divina habitando en su ser—Jesucristo, su Salvador.

Después de su conversión, Bert regresó a la rigurosa preparación para el "Examen de Entrada," y a la edad de 16 años consiguió el certificado de maestro para "la escuela común." Durante el siguiente año enseñaba una clase de unos 40 alumnos, la cuarta parte de ellos mayores que él. Anhelaba por todos los medios tener un poco de barba o bigote para ocultar su juventud. Pero descubrió que no sólo podía controlar la clase, sino también ayudarles en su aprendizaje, enseñándoles en una voz barítono agradable que los mantenía cautivados. Esto fue el primer indicio de sus dotes excepcionales en hablar y su capacidad innata para liderazgo, los cuales más tarde él desarrollaría y perfeccionaría.

En consecuencia, la primera parte del Evangelio Cuádruple, una síntesis del evangelio que Simpson confeccionó a principios de la década de 1880, llegó a ser una viva realidad en su corazón. Como más tarde escribió en *The Word, The Work, and The World:* "Cristo es nuestro Salvador completo de la culpa . . . del pecado innato, de la enfermedad . . . por el tiempo y la eternidad."[27] Esta verdad llegó a ser la primera "voz" de un coro del evangelio de cuatro voces. Esta ocasión en la vida del joven Bert le trajo una paz no usual a su corazón, y meses de bendición espiritual. Posteriormente, antes de entrar al college, Simpson leyó la obra de Doddridge, *Rise and Progress of Religion in the Soul,* y decidió preparar un "pacto" entre sí y su Señor, comprometiéndose a una vida piadosa en rendición absoluta a la voluntad de Dios. Esta obra de dos páginas, escrita a mano en un inglés algo formal al estilo de la versión King James de la Biblia, con mucho del vocabulario probablemente tomado de la obra de Doddridge, funcionó como una ancla para su vida. Volvería por lo menos dos veces después al documento para renovar sus votos a Dios, firmando y fechando el texto con un entusiasta "¡Amén!"[28]

Ahora perdonado de sus pecados y sintiendo una pasión nueva por predicar el evangelio, Bert se dedicó a su trabajo y enseñó a sus alumnos con toda su pericia y energía, ahorrando su pequeño sueldo en preparación para el siguiente paso de su jornada. Pronto enfrentaría otro examen, esta vez preparado por el Presbiterio de London, Ontario, como prueba de entrada. Al aprobarlo se le permitiría matricularse en Knox College, el seminario presbiteriano del Canadá.

Mientras que el joven Simpson anticipaba este próximo paso en ese mismo año, al otro lado del Atlántico surgió "otro evangelio" en la forma de la obra de Darwin, *El origen de las especies por medio de la selección natural, o la preservación de las razas preferidas en la lucha por la vida,* publicado en Inglaterra en noviembre 1858. Aunque esta enseñanza novedosa tardó muchos años en cruzar el Atlántico, esta nube pequeña que provenía de "la mano de un hombre," posteriormente se engrandecería e inundaría la Iglesia Cristiana del mundo entero con confusión e incredulidad.

A. B. Simpson,
de 17 años

Esta ambición egoísta llegó a ser una carga creciente para su corazón hambriento, que quería más de Dios y menos de sí mismo.

CAPÍTULO 3

SIGUIENDO EL LLAMADO

Durante el año escolar de 1861, mientras enseñaba en la "escuela común" después de su conversión, la vida espiritual del joven Simpson creció en forma exponencial. Muchos de los libros clásicos escritos por santos del Movimiento Reformado de años anteriores le habían llegado a ser amigos y guías queridos, en vez de doctrina pesada. Fue en este tiempo que Bert leyó *Rise and Progress of Religion in the Soul* por Doddridge.

Más adelante en el otoño, mientras que la "guerra nada civil" proseguía con furia al sur en los Estados Unidos, Simpson puso su mira en ingresar a Knox College. Este joven del campo iba a ir a la ciudad grande de Toronto para prepararse para el ministerio. Sin embargo, antes que el joven A. B. pudiera pisar los recintos sagrados de la antigua Elmsley Villa, la primera ubicación de Knox College, él tuvo que demostrar que era un candidato preparado y digno.

UN EXAMEN EXIGENTE

Para un joven que en ese tiempo tenía aspiraciones de ser un pastor presbiteriano digno, las barreras eran altas para entrar en un seminario. La cultura del día tenía el ministerio pastoral en alta estima. Por eso, para entrar en el seminario, el primer obstáculo no fue simplemente enviar una "solicitud" a una escuela lejos de su casa con el expediente de sus estudios y unas pocas referencias. Albert y los otros candidatos tenían que presentarse ante el London Ontario Presbytery para ser examinados en la forma correcta. Como había recibido tutoreo de su pastor, Rev. William

Walker, y era hijo de James Simpson, un respetado anciano presbiteriano, estas calificaciones no le eran impedimento para ser candidato. Sin embargo, sólo después de varias horas de entrevistas les dieron permiso a A. B. y sus colegas a comenzar sus estudios en Knox College.

Como escribió A. E. Thompson, "[Simpson] había estudiado con tanta diligencia bajo sus tutores ministeriales en la escuela secundaria y durante el tiempo que él enseñaba [en una escuela primaria] que, aunque tenía sólo 17 años, él fue admitido al tercer año (el último año) del curso literario."[1] El requisito de Knox College fue, o el curso completo de artes en la University of Toronto, con la cual fue el primer seminario en afiliarse, o tres años de estudios académicos en sus propias aulas como prerrequisito para el curso de tres años en Teología.

Debido a su base académica sobresaliente, el joven Simpson llegó a ser parte de un grupo destacado de alumnos admitidos al curso híbrido, en el cual estudió el programa ministerial aprobado en Knox College, el "curso literario," además de asistir a algunas conferencias en la University of Toronto.[2] La meta de Bert fue el pastorado, y él se concentró en sus estudios teológicos y bíblicos en Knox, a la vez que completaba con éxito el último año de universidad. Mucho de la pasión y dominio por las obras clásicas resultaron de sus estudios en el college.

LAS FINANZAS DE UN ALUMNO

Aunque Bert tenía sólo 17 años, él se mostró un alumno destacado. Como él mismo financiaba su educación, él aprovechaba cada oportunidad para ganar más dinero al competir por "becas," o dinero que se otorgaba por los mejores ensayos escritos sobre temas escogidos por los administradores. En la escuela primaria, él aprendió que podía escribir bien y ganó premios sencillos, como libros y diplomas. Ahora, Bert estaba listo para cosas mayores.

Así que el ambicioso Bert se propuso ganar las competencias de composición. En su primer año, mientras que estaba matriculado en el tercero, o sea el último año del curso académico, antes de ingresar a los estudios del seminario, él ganó C$120.00 en un examen competitivo sobre literatura clásica.[3] En su segundo año en Knox, su "Bosquejo de Argumentos a Favor del Bautismo Infantil" se mostró bíblica y teológicamente correcto. Debido a la fuerza de sus argumentos y excelencia literaria, él ganó el primer premio de C$40.00, una cantidad considerable para su matricula del primer año. Irónicamente, 20 años más tarde, un Albert Simpson más maduro y con más base bíblica, escribió acerca del bautismo infantil: "Pero en años posteriores tuve que cambiar de parecer en cuanto a los argumentos y opiniones doctrinales que había sostenido tan decididamente en mi sabiduría de adolescente."[4] Este cambio posterior de opinión formaría parte de una transformación mayor en la vida de A. B. Simpson.

El año siguiente, 1863, motivó mucho más a Bert después que ganara el Premio Príncipe de Gales, con valor de C$120.00. El tema fue mucho más grandioso: "La Preparación del Mundo para la Aparición del Salvador y el Establecimiento de Su Reino." Él trabajó mucho tiempo y con mucho esfuerzo en los primeros borradores. Pero debido

Debido a su base académico sobresaliente, el joven Simpson llegó a ser parte de un grupo destacado en Knox College.

a su costumbre de esperar hasta la última hora para preparar la versión final, se encontró enfrentando un maratón de toda la noche. Tenía que entregar el trabajo la mañana siguiente, a las 9:00 AM. Faltando como ocho horas, A. B. literalmente se estaba quedando dormido frente a su escritorio. Él pidió a la farmacia enviarle "algo que me mantuviera despierto por seis o siete horas, no importa el costo, y al tomarlo durante la noche, se mantenía firme mi cerebro en su esfuerzo tremendo."[5] Y sí, a pesar de un espasmo de su mano que hizo necesario dictarle a su compañero de cuarto la última parte del documento, se terminó la composición y se la entregó al profesor a tiempo. Después de varias semanas de oración, esperando que los jueces calificaran los ensayos, se hizo el anuncio. Simpson ganó el premio codiciado, y fondos suficientes para cubrir sus estudios por el resto de ese año. El año siguiente, 1864, él ganó el primer premio por dominio en la literatura clásica, y se graduó con altos honores de Knox College. Así que, su estudio y diligencia en la escuela rural cerca de Chatham, su tiempo corto en high school, y la enseñanza rigurosa de su pastor, le habían preparado para una carrera futura como escritor, además de pastor y evangelista.

EL ESTUDIANTE AMBICIOSO

El "Album de Recortes de Simpson" es una antología fascinante compilado por Dr. C. Donald McKaig, por muchos años profesor en Nyack

Missionary College (ahora Nyack College). En la sección titulada "Mi Propia Historia," se encuentra un resumen autobiográfico escrito por Simpson en el cual él reconoce un rasgo de su personalidad: su ambición y determinación para distinguirse. Más adelante él aprendió que la excelencia académica es una meta digna de ser buscada, pero jamás a

Esta "ambición egoísta que tanto le controlaba su vida" llegó a ser una carga creciente para su corazón hambriento, que quería más de Dios y menos de sí mismo.

expensas de la experiencia espiritual. Tres veces en "Mi Propia Historia," Simpson menciona sus "motivaciones que eran tan intensamente ambiciosas y mundanas." Esta "ambición egoísta que tanto le controlaba su vida" llegó a ser una carga creciente para su corazón hambriento, que quería más de Dios y menos de sí mismo. Como era un estudiante destacado, él sabía que podía tener éxito en lo académico donde otros fracasaban. El resultado de este auto-conocimiento fue que se dio cuenta de problemas serios de orgullo, así como de sus dones y habilidades.

Simpson recordaba sus días en Knox College en "Student Days," un artículo en la revisita *The Christian and Missionary Alliance* de diciembre 1901. "El profesor no me metía la instrucción a la fuerza; más bien me desafiaba a rendir lo mejor, a hacer el trabajo yo mismo. Él me vació de mi vanidad, despertó las fuerzas dormidas de mi mente, y me enseñó a pensar por mí mismo. Sacar lo de adentro, y no llenar, es la educación verdadera."[6] Los compañeros de clase de Simpson se daban cuenta de las capacidades del joven Bert. En palabras de un estudiante de Knox, Dr. J. W. Mitchell, "Mis primeros recuerdos del Dr. Simpson remontan a los primeros años de los 1860, cuando él llegó a Knox. Su foto da una representación justa de él como era en ese entonces, recién salido de la granja de su padre y de enseñar en una escuela rural, y da poco indicio del gran hombre de Dios que llegaría a ser en los años siguientes . . . Él tenía dones populares de alta categoría, y yo opino que estaba ansioso de entrar en el campo donde podría ejercerlos, y estaba seguro que podría salir adelante."[7]

Otro compañero de clase lo describe como "un joven muy atractivo—su cuerpo ágil, activo, elegante; su rostro radiante de bondad, amistad, generosidad; su voz resonante, melodiosa, bien controlada. Sin duda

Simpson, de 21 años

muchas veces recibía lisonjas y halagos de admiradores y parientes, todo lo que tendría la tendencia de desarrollar su vanidad y auto-importancia; pero jamás vi rastro alguno de estas cualidades, tan comunes en los hombres jóvenes destacados, en el joven Sr. Simpson."[8] Aunque sus compañeros de estudio no veían orgullo en el joven Bert, él sabía que sí existía, y le fue un dilema grande en su posterior caminar con Cristo.

Simpson cuenta que cuando recién llegó a Knox College, él pensaba de sí mismo como competente en cierta materia de estudio. Sin embargo, su profesor se propuso hacerle ver su ignorancia y autosuficiencia imprudente. Más tarde Simpson estaba agradecido que le había mostrado cuan poco él sabía de muchas cosas. Aunque sin duda era un estudiante excelente con buena preparación, él tenía que darse cuenta de lo que no sabía antes de comenzar a compartir con otros lo que sí sabía. Knox College, un centro de preparación para futuros pastores presbiterianos, era Reformado y Calvinista en su teología, y sólidamente ortodoxo y evangélico. Se puede describir el ambiente espiritual como frío en vez de ferviente, pero los alumnos no fueron sujetados a los efectos mortíferos para la fe de la teología "liberal o modernista," que recién se estaba enseñando en seminarios principales en Alemania y Gran Bretaña. En otra generación los efectos del humanismo y el materialismo devastarían a las denominaciones tradicionales en Norteamérica por infiltrar sus seminarios, así produciendo pastores que ya no creían en la fe de sus antepasados.

LAS TENTACIONES DE LA VIDA EN LA CIUDAD

Además de los desafíos en Knox College y la University of Toronto, A. B. tuvo otro aspecto de la vida para explorar. Había sido criado en un hogar cristiano de los más estrictos, con teología Reformada y piedad Puritana metidas en la forma más rigurosa a su mente y corazón, desde una edad temprana. En Chatham, él nunca había experimentado lo que él llamaba "las tentaciones de la vida de la ciudad." Ahora, lejos de la granja y metido a la vida del college, él tuvo que aprender a enfrentar estas pruebas.

Su compañero de cuarto en su primer año también estaba en el curso especial ministerial, pero era su mayor, y más experimentado en las costumbres del mundo. Simpson lo describió como "un tipo muy listo y atractivo, un hombre de gustos y hábitos sociables."[9] Tenía excelentes gustos literarios y le gustaba recitar poesías. Al mismo tiempo, bebidas alcohólicas tenían un lugar prominente en su lado del cuarto. Cada semana este bon vivant auspiciaba "cenas de ostras" en su cuarto, donde sus amigos, mayormente estudiantes irreverentes y no religiosos de la escuela de medicina, con hábitos aun peores que los de su compañero de cuarto, llegaban para la comida gratis, diversiones, y licor. Bert nunca había observado tal comportamiento, y se sentía incómodo e impotente. El ambiente vulgar y la actitud cínica hacia cosas espirituales enfriaban el fervor de la fe del estudiante ingenuo. Más tarde Simpson expresó tristeza por la manera que estas influencias le afectaron su vida de oración y su sentir de estar cerca de Dios. Cuando tenía más edad y era más sabio, Simpson confesó: "Yo no dejé de orar, ni de caminar en alguna medida con Dios, pero la dulzura y lo precioso de mi piedad temprana se habían marchitado. Me da pena decir que no recuperé la bendición perdida hasta que había sido pastor del evangelio por más de diez años."[10]

Al comenzar su segundo año en Knox, su hermano mayor también llegó para estudiar. Howard se había quedado en Chatham, enseñando en una escuela local, como había hecho su hermano menor. Ellos decidieron compartir un cuarto. Los dos jóvenes asistían a Cooke's Presbyterian Church, y el pastor, Rev. John Jennings, se fijó en ellos y su necesidad de vivienda. Puesto que muchas de las familias más prósperas de la iglesia les daban techo a estudiantes de Knox College, Rev. Jennings le contó de estos estudiantes excelentes al Sr. John Henry, un negociante local y miembro fundador de Cooke's Presbyterian Church. Así que el Sr. Henry los invitó a su casa para una entrevista, y aparentemente formó una impresión positiva de los hermanos Simpson, lo suficiente para recibirles en su casa. Henry tenía dos hijas; la mayor, Margaret, aunque era dos años mayor que "Bertie" (como ella le llamaba), le atrajo la atención. Lo mismo era el caso de Howard; aunque era mayor de Bert por más de tres años, era estudiante de primer año. Su "hermanito" ya era un estudiante destacado de segundo año, que había ganado un premio literario, y se estaba ganando una reputación, dentro y fuera de la universidad, como un joven con gran potencial.

EL PREDICADOR "NIÑO FENÓMENO"

Después de dos años de estudios en Knox College, estudiantes ministeriales se consideraban listos para predicar como suplentes en iglesias locales. Para A. B., fue una manera de ganar experiencia valiosa en el púlpito, además de un pago honorario para ayudar con sus gastos. En más de una iglesia rural, los ancianos se sorprendieron cuando el "niño" enviado por el college se presentó el domingo para predicar. Aunque no tenía ni arrugas ni barba, el tembloroso adolescente subió al púlpito y

Aunque no tenía ni arrugas ni barba, el tembloroso adolescente subió al púlpito y comenzó a asombrar a los hermanos con su voz resonante y movimientos hipnóticos.

comenzó a asombrar a los hermanos con su voz resonante y movimientos hipnóticos. A. W. Tozer describió su prédica en *Wingspread*: "Para ortodoxia, es intachable; para claridad y lógica, es de primer orden; y para belleza y eficacia de presentación, es mejor que cualquier sermón que estos amantes de sermones hayan oído durante largas jornadas."[11]

Harold H. Simpson, de *Cavendish: Its History, Its People,* recuerda el relato del primer ensayo de Bert en el púlpito cuando predicó en Tilbury, cerca de su casa. "Hemos hecho referencia al papel importante de la prédica en la tradición presbiteriana. Fue una prueba severa. Sus padres, sus hermanos, sus compañeros de juegos, y vecinos estaban en la congregación."[12] A. E. Thompson, su primer biógrafo, escribió: "Ayer él era Bert Simpson, su compañero, su rival en pruebas de mente y fuerza. Hoy está parado en alto sobre ellos en el púlpito . . . en el lugar del ministro, detrás de la Biblia abierta, donde ni su padre piadoso aparecería para hablarles como un mensajero de Dios . . . El joven, cuya voz dejaría atónitas a personas en cinco continentes, no les falló."[13]

UN PREMIO MEJOR

Mientras que estudiaba en el college el joven Bert no sólo escribía ensayos para sacar buenas notas y ganar premios de dinero; también estaba buscando un premio aun mejor, "un tesoro," como afirma Proverbios 18:22. Como era un joven ambicioso que siempre buscaba lo mejor, el estudiante de seminario se había enamorado de Margaret Henry, hija de su anfitrión. Cincuenta años más tarde, les contó a estudiantes de la University of Toronto "que él había dejado su corazón en la puerta de una residencia de esta ciudad cuando la abrió la hermosa hija de la casa."[14] El autor de Proverbios 30:19 escribe de "el rastro (camino) del hombre en la doncella." Aparentemente, el camino de Bert con Margaret fue el camino de paciencia y persistencia. En el librito, *Mrs. A. B. Simpson—The Wife or Love Stands,* escrito por la nieta de Simpson, Katherine Alberta Brennen, leemos descripciones crípticas pero románticas de su cortejo:

> *Al caminar por St. George, los espíritus de generaciones de antaño parecían bailar a mi alrededor sobre pies invisibles. Me sentía como si yo misma estuviera viviendo en aquellos días, de los cuales yo antes escuchaba hora tras hora relatos a los pies de Abuela.*
>
> *Pasando Knox College . . . [donde] Abuelo estudió teología y amor.*
>
> *Margaret Henry, con su manera formal y aires sofisticados—la hija mayor de uno de los fundadores de Cooke's Presbyterian Church.*
>
> *"¡Bertie Simpson! Ese joven campesino alto y torpe. ¡Bah!" dijo Abuela Simpson, ella que era del tamaño de un alfiler. Pero, ¿qué hacer?*
>
> *Junio—ese tiempo deleitoso—el aire lleno del canto de pájaros—el ambiente lleno de promesas de matrimonio desde hace muchas generaciones.*
>
> *Fue en mayo—o talvez en junio mismo. Nadie está normal en esa temporada aturdida y exaltada del año. Aun los teólogos tienen que respirar aire fresco. ¡Cualquier hombre con la audacia o fuerza de*

voluntad—que podría obligarle a ella a caminar en medio de un prado lleno de vacas, a la vez manteniendo su dignidad con paso fuerte!

"¡Oh!" dijo Abuela Simpson. "Como quieres, Bertie, la hora es tuya . . . "[15]

Así comenzó una relación entre Albert B. Simpson y Margaret L. Henry. "Se veían durante los años que él estaba en Knox College, y sería difícil encontrar una pareja menos probable. Ella medía sólo 4 pies con 11 pulgadas; era pequeña en estatura, pero grande en personalidad. Ella tuvo la mejor educación que el dinero podía comprar en la Toronto Model School, y después la escuela privada (finishing school) de Miss Brown. Margaret se mostró animada, exigente y dogmática. Había recibido clases de baile, frecuentaba el teatro, y estaba acostumbrada a las cosas más finas de la vida. El joven Bert, hijo artístico y ambicioso de agricultor, dado a la melancolía, estaba conciente de sus raíces humildes. James y Jane Simpson habían pertenecido a un "nivel social" más alto en Prince Edward Island, pero la pérdida del negocio familiar y el traslado a Ontario Occidental

Bert y Maggie Simpson, recién casados

resultaron en una posición económica más insegura. Sin embargo, ellos invirtieron en la educación de su hijo como una manera de reclamar lo que habían perdido. El joven Bert se propuso hacer de su parte, y lo mostró por su deseo de alcanzar éxito y salir adelante.

Juntos, Bertie y Margaret con el tiempo formaron una relación que muchas veces fue probada por circunstancias particulares de cada uno, además de sus diferencias de opinión en cuanto a la dirección de Dios. La relación de ellos no fue fácil, y pasaron décadas hasta que estuvieran cómodos bajo el yugo que Dios les había puesto.

La biografía escrita por A. E. Thompson cuenta una pequeña joya que ilumina su relación. Puesto que el joven seminarista tenía mucha demanda por su capacidad en el púlpito, él le mostró sus sentimientos por ella al tomar "la suma munífica de diez dólares, que recibió por sus servicios dominicales, y en seguida los gastó en un regalo para su novia."[16] Recordando que diez dólares en los años 1860 valdrían diez veces o más de esa cantidad ahora, es obvio que "Bertie" admiraba a la dama diminutita y bien nacida. Aunque Margaret era mayor y de más alta sociedad que su novio campesino, ella le dio su corazón. Con el tiempo ellos emprenderían una jornada de 54 años que les llevaría desde la respetabilidad en una iglesia convencional a vivir por fe en un movimiento innovador del evangelio completo, con implicaciones en el mundo entero. Tales son los caminos de Dios.

El estudiante de Knox College se graduó el 15 de abril, 1865,[17] el mismo día de la muerte de Abraham Lincoln, y cerca del tiempo del cese de hostilidades en la Guerra Civil de los Estados Unidos, una de las guerras más sangrientas en la historia de los Estados Unidos. Albert Simpson se graduó de Knox College con altos honores.

Durante ese verano de 1865 ocurrió un incidente poco conocido que le causó vergüenza al joven graduado. En el verano de 1863, Simpson había sido asignado por la Home Missions Committee al Presbytery of Hamilton durante los tres meses de abril a junio. Durante este período, él predicaba alternadamente en Welland, Crowland, y Port Colborne. Port Colborne estaba al este de Chatham, sobre el Lago Erie. Lo hizo bien en las tres iglesias y "sus dones en el púlpito era notables."[18]

Dos años más tarde, después de su graduación de Knox College en abril, en las actas del Toronto Presbytery de agosto 1, 1865, consta que Simpson aparentemente había tenido un compromiso de matrimonio con una "Señorita Carter" de Port Colborne, pero el compromiso se había disuelto a fines de junio del mismo año. Antes de que Simpson se presentara ante el Toronto Presbytery en agosto para sus "discursos de prueba," para recibir la credencial como ministro presbiteriano, una carta al Presbytery del hermano de la Srta. Carter, con fecha del 25 de junio, manifestó que Simpson "había abandonado en forma incorrecta ese compromiso," resultando en consecuencias para la salud de su hermana.[19]

Después de esta carta hubo otra, enviada al Toronto Presbytery el 25 de julio, de la Srta. Carter misma, declarando que "durante el período del compromiso del Sr. Simpson con ella, su conducto había sido cándido y honorable, y que ellos se había separado en forma amistosa, por acuerdo mutuo." El presbiterio dejó el asunto, reconociendo que el hermano de la Srta. Carter había enviado su carta en forma maliciosa, calculando el tiempo de enviar la carta para dañar la carrera del joven.[20]

Así que, al día siguiente, Bert y otros graduados de Knox se presentaron ante el Toronto Presbytery para su "prueba de certificación pública." Esto fue el último obstáculo antes de ser reconocidos oficialmente como ministros presbiterianos. Con lo que recién le había pasado, y lo que estaba delante de él, es difícil imaginar la tensión que le enfrentaba a Albert Simpson ante la junta de examinadores. ¡Y de veras fue una prueba difícil! Fueron examinados con mucho cuidado en su conocimiento de hebreo y griego bíblicos, la Biblia, teología, historia y gobierno de la iglesia. Además, su experiencia religiosa personal se miró con un escrutinio cuidadoso. También tenían que leer un discurso oral basado en las Escrituras ante los doctores eruditos, y presentar ensayos escritos, uno de ellos en latín. Simpson también tuvo que predicar un sermón sobre Romanos 1:16, dar un discurso sobre Mateo 4:1–11, y presentar una exposición de Romanos capítulo 7.[21] ¡Y todo eso en un solo día! Habiendo aprobado esta prueba de fuego, Simpson fue licenciado como ministro de la Presbyterian Church of Canada.

UNA ELECCIÓN CRÍTICA

Después de presentarse ante el Presbytery para su examen final, A. B. tuvo que hacer una decisión importante, lo que él describió en sus propias palabras:

> *Cuando yo era un ministro joven de veintiún años, recién saliendo de mi seminario teológico, yo tenía que escoger entre dos campos de labor; uno fue muy fácil, en un pueblo encantador, con una iglesia*

> *refinada, cordial, y próspera, del tamaño ideal para servir como campo para uno que deseaba pasar algunos años preparándose para ser útil en el futuro; el otro, una iglesia grande y absorbente, de una ciudad, con cientos de miembros y cargos pesados y abrumadores, que sin duda demandarían el máximo de cuidado, labor y responsabilidad.*[22]

La primera parroquia estaba en Dundas, Ontario, descrita por Tozer como "una aldea encantadora y soñolienta" cerca de Hamilton. Por estar cerca del Lago Ontario el Canal Desjardins fue excavado, conectando Dundas y el lago, y el ferrocarril Great Western Railroad pasaba por la aldea. Todo esto hizo que Dundas fuera una pequeña ciudad próspera, y un lugar prometedor para ministrar. A la vez, la "iglesia grande y absorbente" que mencionó Simpson estaba, de hecho, en el corazón de la ciudad cercana, Hamilton. Knox Presbyterian Church era una posición pastoral acaudalada e importante, en ese entonces una de las iglesias más importantes del Canadá. Anteriormente había tenido como pastores algunos de los más destacados predicadores presbiterianos canadienses. Sólo los mejores oradores ocupaban el "escritorio sagrado" de Knox Presbyterian. A pesar de eso, el joven A. B. había recibido el llamado de Knox Presbyterian cuando su pastor anterior se jubiló.

La decisión le fue difícil para un hombre tan joven, con dones obvios pero no probados, considerando la responsabilidad. En las palabras de Simpson mismo, "Si acepto la iglesia pequeña, me demandará poco, y yo le daré poco. El resultado: estancamiento; me pondría ocioso, y dejaría de crecer. Si acepto la iglesia grande, me obligará a esforzarme a suplir sus demandas más grandes, y el esfuerzo mismo me hará desarrollar los dones de Dios que hay en mí. La iglesia pequeña me podría deshacer; la iglesia grande seguramente me forjará."[23] La "humildad" convencional parecía requerir que aceptara el llamado de Dundas, donde él podría crecer y probarse. Por otro lado, su aspecto de luchador, siempre listo para un desafío, le indicó que no debía aceptar lo fácil y predecible, sino lo exigente, como un llamado de Dios, y con ello aprender y crecer.

Al mismo tiempo que estaba decidiendo cual llamado debía aceptar, el joven graduado, recién absuelto de una carga seria, tenía que dar un paso que le resolvería su "problema" de ser soltero. Ser pastor de una iglesia tan prestigiosa, siendo soltero, no era una opción; así que Albert se puso a encender de nuevo las brasas del fuego que en tiempos pasados habían ardido entre él y la hija de su anfitrión. A principios de setiembre 1865, Albert le pidió la mano de Margaret a su padre; él dijo "Sí," y la hija dijo lo mismo. De esa manera algo apurada, ellos dieron el primer paso que los uniría por toda una vida de buscar el llamado de Dios.

En el siguiente mini-capítulo del libro *Mrs. A. B. Simpson—The Wife or Love Stands* leemos:

> *El martes, 13 de setiembre, en Cooke's Presbyterian Church, Toronto, por el Rev. Dr. Jennings—Margaret Henry a Albert Simpson. Para los novios y las novias, es una historia antigua, mas siempre nueva. "Yo, Margaret, te tomo a ti, Albert . . . sea que mejore o empeore tu suerte."*[24]

HACIENDO LAS COSAS A LO GRANDE

Siempre un hombre que hacía las cosas a lo grande, el recién graduado del seminario predicó su primer sermón como pastor nuevo de Knox Church, Hamilton, Ontario, el domingo 11 de setiembre, 1865. Al día siguiente, se reunió con el Knox Presbytery, donde fue ordenado y recibió el título codiciado, "Reverend" delante de su nombre. Al día siguien-

Rev. Albert B. Simpson estaba en el púlpito de su primer encargo a la edad joven de 21 años.

te, 13 de setiembre, él y Margaret se casaron en Cooke's Presbyterian Church en Toronto. Los recién casados hicieron un crucero en el Río St. Lawrence para su luna de miel. Para el sábado 17 ellos habían regresado para mudarse a la residencia pastoral en la Main Street de Hamilton. Al día siguiente, Rev. Albert B. Simpson estaba en el púlpito de su primer encargo a la edad joven de 21 años.

Ese mismo año, al otro lado del Atlántico, William Booth fundó el Ejército de Salvación para alcanzar a los desatendidos de Londres, y Hudson Taylor fundó la China Inland Mission, que evangelizaría a los no alcanzados del interior de la China. Estos dos hombres y sus ministerios servirían de modelos para el pastor joven, recién entrando en el pastorado en Hamilton, dándole visión y carga para las masas desatendidas, en su país y en el extranjero.

El joven pastor "regular" se había puesto "irregular," y de todo corazón se había dedicado a evangelizar a las masas descuidadas en las ciudades grandes de Norteamérica.

CAPÍTULO 4

EL PASTOR REGULAR

CUANDO UNA PELÍCULA FOTOGRÁFICA SE SUMERGE en el baño químico revelador, la forma de la imagen aparece poco a poco. De manera similar, el crecimiento y la madurez de Rev. Albert B. Simpson, recién ordenado, poco a poco aparece a nuestra vista durante su primer pastorado en Hamilton, Ontario. De la primera forma nublada hasta la imagen completa, el proceso requiere tiempo y paciencia. Dios siempre tiene suficiente de los dos.

Una de las razones que el joven predicador fue considerado para pastorear una iglesia prestigiosa como Knox Presbyterian de Hamilton es que había predicado allí como estudiante suplente por tres meses en la primavera de 1861, antes de su graduación. El pastor anterior había renunciado hacía más de un año. La "sesión" de la iglesia, los presbíteros locales, deseaban encontrar un pastor excelente lo más pronto posible. Ya habían llamado a dos pastores presbiterianos bien conocidos, quienes al principio aceptaron, pero más tarde rechazaron la invitación. Así que, "la sesión estaba en sesión" hasta que tuvieran un nuevo pastor.

En esos días el énfasis estaba en la buena predicación, y se deseaba que el buen trabajo pastoral fuera un agregado. Era común que los sermones del domingo eran citados en el periódico del lunes, a veces en su totalidad. El *Hamilton Spectator,* comentando de la excelencia de su elocución, comentó, "El reverendo señor ha justificado la alta opinión que ya se ha formado de él, y ha creado un sentir de satisfacción que un hombre de tanta promesa se haya asociado con una de las congregaciones de nuestra ciudad."[1]

Aunque la juventud de Simpson, su cuerpo flaco de seis pies de estatura, y sus modales serios, hacían incómodos a algunos miembros de la iglesia, en el momento que se paró detrás del púlpito, abrió la Biblia y comenzó a hablar, su apariencia joven fue olvidada. Los santos se deleitaron en sus sermones. Su nieta, Katherine Brennen, escribió que "cuando él era estudiante en Knox College, dando una charla en la calle, Abuelo tenía la habilidad de atraer a grandes masas de personas para escuchar sus palabras."[2] Su voz cautivante, ojos penetrantes, movimientos rítmicos de acuerdo a sus palabras, y mensajes profundos lo señalaron como un joven de dones no usuales. Cada semana él pasaba muchas horas estudiando y preparando sus sermones, escritos a mano y memorizados. Felizmente él tenía una excelente memoria, y hablaba con libertad y convicción. Pero era más que simplemente un buen predicador.

Como Knox Church no había tenido pastor por un buen tiempo la asistencia había bajado, y los ancianos querían que regresaran las ovejas descarriadas. Un solo domingo de regreso en la iglesia era suficiente para que siguieran asistiendo. Sorprendentemente, el joven pastor también cumplía un programa impresionante de visitación, muchas veces visitando hasta una docena de hogares en un día. En sólo un año la asistencia había vuelto a lo que había sido antes que llegara Simpson. El santuario estaba lleno, y muchos nuevos conversos se hicieron miembros después de recibir a Cristo. Lo interesante es que Simpson no predicaba en forma evangelística. No hacía invitaciones para pasar al altar después del sermón. La mayoría de los nuevos conversos llegaban por una visita pastoral o una búsqueda personal.

EL TRABAJO REGULAR DEL MINISTERIO

Uno de los pastores presbiterianos más destacados del Canadá en ese tiempo, Rev. Thomas Wardrobe de Guelph, Ontario, predicaba en forma evangelística para decisiones. Pocos de sus colegas le siguieron el ejemplo. Desde mediados del Siglo 19, Finney y Moody hicieron populares las reuniones evangelísticas en los Estados Unidos, y Wardrobe recomendaba tales reuniones en el Canadá. Él visitó a Simpson y le invitó a participar en reuniones de avivamiento en Guelph. Sin embargo, el joven Rev. Simpson le contestó en forma seria: "Yo creo en la obra regular del ministerio,"[3] y se negó a participar con él. Muchos años después, Wardrobe estaba sorprendido y contento al escuchar que su amigo, el joven pastor "regular" se había puesto "irregular," y de todo corazón se había dedicado a evangelizar a las masas descuidadas en las ciudades grandes de Norteamérica.

¿UN YUGO INCÓMODO?

Aunque Simpson en Knox College había recibido una preparación excelente para el ministerio, su joven esposa, Margaret, no tenía tal preparación. Como lo menciona Niklaus en *Todo por Jesús,* "Margaret, sin preparación para el pastorado aparte de su conversión, su hogar cristiano,

Pastor Simpson de Knox Presbyterian Church

y educación de high school, estaba a la entrada de un futuro inseguro. Él volaba, ella batallaba. La visión que él tenía de cosas celestiales a veces le ocultaba sus deberes como padre y esposo, mientras que las preocupaciones prácticas de ella a veces no le permitían darle honor al profeta en su propia casa."[4] Cuando ella se casó con Simpson, su fe era algo superficial y corta de vista.

Simpson con cariño le llamaba "Maggie" o, a veces, "Peggy." Katherine Brennen describió sus "maneras formales y afectadas . . ."[5] Ella era obstinada, emocional, y de lengua mordaz, consentida de niña, y acostumbrada a lo mejor de todo, como la niña del ojo de su papá. Muchas veces ella vio la vida de esposa de un pastor como insoportable.

Brennen describe un día al principio de su matrimonio: "Pasaron los días, llenos del cariño de un esposo cristiano—aunque él tenía sólo 21 años. Un temor inexplicable de los truenos se posesionaría de Abuela. De dónde él estuviera, cuando el cielo se ponía oscuro, Abuelo iría a la casa para asegurarle a ella que él siempre estaba cerca."[6]

El oro no probado por fuego no tiene valor en las pruebas de la vida.

Aunque Albert mostraba ternura y gracia, él también luchaba con un tipo de ira lenta, que cuando se prendía, a veces explotaba vehementemente. Inevitablemente, esas escenas fueron seguidas por lágrimas y ruegos por perdón. Brennen describe un momento de crisis en su matrimonio que se relacionaba con la visión creciente que él tenía por los perdidos, y las luchas de Margaret en aceptar las decisiones de Bert que afectaban directamente a la familia:

> *Todavía torturada y afligida por emociones contradictorias, Abuela de ninguna manera pasaba días llenos de paz. Abuelo, que no se atrevía a decirle "no" a esa voz suave y apacible, pasaba agonías de oración por el poder sobrenatural para cruzar los abismos y escalar las cumbres. Abuela cuenta de momentos terribles en que un chispazo casi de homicida le entraba a los ojos. Pareciera que el diablo siempre busca causarles las peores torturas mentales a los que son escogidos para rendirle a Dios el servicio más espectacular. El Señor siempre se porta como caballero con el Maligno. El oro no probado por fuego no tiene valor en las pruebas de la vida.*[7]

Aunque los recuerdos de Brennen de la vida de sus abuelos podrían ser demasiado dramáticos, dado que se escribieron más de 20 años después de la muerte de su abuela, Bert y Maggie seguramente lucharon con el problema perenne del equilibrio entre el hogar y el ministerio. Tal escena como se describe arriba, de un hombre venerado por generaciones de personas en todo el mundo, es chocante. ¿Cómo se puede reconciliar tal cuadro con el gran hombre de Dios cuya visión por los perdidos y pasión por Cristo hicieron impacto a millones alrededor del mundo? Este joven pastor y su esposa tuvieron que aprender a seguir a Cristo como cualquier otra pareja, con sus luchas, sus tristezas, y sus victorias. Sin embargo, A. B. Simpson con el tiempo escaló las cumbres. A la "foto" que se desarrollaba, le faltaba mucho para llegar a ser el retrato acabado.

Según los informes que tenemos, Albert y Margaret no podrían haber sido esposos más desiguales en su unión. Sin embargo, a pesar de años de tensión conyugal por mala comunicación y falta de compartir su visión, por no comprenderse entre sí ni la dirección del Señor, Dios obró en ambos. Después de 20 años de matrimonio, por fin llegaron a estar de acuerdo. Más o menos en ese tiempo, Margaret se dio cuenta que su esposo verdaderamente era un visionario. Frecuentemente cuando él miraba atrás a Margaret, que andaba con paso pesado con la familia, él descubría que iba adelante, caminando solo.

¿SIMPSON Y CIGARROS?

Brennen cuenta una historia chistosa del joven Reverendo Simpson y sus colegas ministeriales. Después de llegar a ser pastor de Knox Church, Simpson asistía a las reuniones de los pastores presbiterianos locales, llevadas a cabo en las casas de los pastores. Ella lo describe en *Mrs. A. B. Simpson—the Wife or Love Stands:*

> *Fue la costumbre de los ministros del distrito reunirse para hablar de todas las cosas en común. Cierta reunión, según la secuencia debida, se llevó a cabo en la casa pastoral [de Simpson]. Un olor extraño de humo de tabaco comenzó a subir al segundo piso. De repente se abrió la puerta de la oficina y una figura que parecía enorme por su furia—de cuatro pies, una pulgada (de veras medía cuatro pies, once pulgadas)—estaba parada en la puerta. "¡FUMANDO! ¡Fuera de la casa! ¡Fuera de la casa!" dijo Abuela Simpson, y como un solo cuerpo, los de la asociación ministerial salieron.*[8]

Muchos años después, en una "Charla del Viernes" en el Gospel Tabernacle de Nueva York en 1900, Simpson recordó esos días:

> *Recuerdo que mucho tiempo después que había dejado esa costumbre terrible de fumar, que había sido un alivio en mi vida temprana, no lo eché de menos. Descubrí que el Espíritu Santo es*

un Substituto, pero inmensamente mejor, una influencia serena y reparadora que me ayudaba a conseguir el sueño. Pero hace años (1881), sufrí un serio quebrantamiento y por meses me sentía muy mal. No había aprendido a conocer al Señor como mi Sanador. Recuerdo esos días terribles de intranquilidad y miseria, noches seguidas que no dormí nada. Yo buscaba algo, y me vino a la memoria—"Tu cigarro. ¡Eso te dará descanso y tranquilidad!" Así que, lo probé, pero no me consoló, sólo me hacía sentir mal. Lo probé varias veces, pero me enfermaba cada vez más. Había llegado a Mara, y las aguas eran amargas. Me daba asco, así que no aprendí más ese hábito; me era repugnante.[9]

Es cierto que requiere de un esfuerzo imaginar a A. B. Simpson fumando un cigarro; sin embargo, este relato puede servir de ánimo a los que han luchado con el tabaco o cualquier otra adicción. Él fue un hombre joven, criado en círculos que todavía no habían aprendido que las muchas formas y sabores del tabaco llevan, junto con su consuelo, el problema de adicción, y consecuencias graves de salud. Más tarde Simpson y otros abrazaron la enseñaza sobre santidad, que reconocía el cuerpo como el templo del Espíritu Santo. El individuo "cuidador" que vive en ese santuario de carne debe mantenerlo celosamente para el Espíritu Santo que mora en él. Esto fue otra lección que aprendió el joven Pastor Simpson en su lento progreso como hombre de Dios. Poco a poco, la imagen que se estaba formando tomaba cada vez más el aspecto de Aquel que vivía y gobernaba adentro.

ESPÍRITU DISPUESTO—CARNE DÉBIL

Así que la joven pareja pastoral se esforzó para hacer los ajustes necesarios mientras que él perfeccionaba sus capacidades pastorales. Para 1871 ellos tenían tres hijos varones—Albert Henry, Melville Jennings, y James Gordon, de edades cinco, tres, y menos de un año. La iglesia, hacía dos años, en forma generosa le había ofrecido dos meses de vacaciones después de la remodelación de la Knox Church que el Pastor Simpson supervisó. Él tomó sólo un mes, y eso resultó demasiado poco, y demasiado tarde. Como resultado de su rutina estricta de estudio de la Biblia, preparación de sermones, y mucha visitación, la constitución física de Bert se estaba agotando bajo la tensión de demasiado trabajo y falta de descanso. Por fin la salud le falló y él ya no pudo más, ni física ni emocionalmente.

En abril 1871 él fue a su doctor después de un ultimátum de la iglesia, y de Margaret. El doctor le ordenó tomar un permiso de ausencia. Para fines de mayo, Knox Church envió a su pastor querido en un viaje extendido por las Islas Británicas y Europa. El propósito del "tour" fue de ayudar a Bert a recobrar la salud, así como de ganar algo de "cultura" valiosa, mientras que viajaba por Gran Bretaña y el continente. Durante su odisea europea, Simpson le escribió una serie de cartas a Maggie que revelaron el corazón de un esposo y padre amoroso, y un hombre de Dios que estaba llegando a la madurez.

"He tenido algunos momentos tristes y solitarios hoy, y luché por mucho tiempo con mis emociones pesimistas e incrédulas. He tardado mucho para ver otra vez . . . que no tenemos que hacer nada más que confiar en Cristo y amarlo."

—A. B. Simpson

CAPÍTULO 5

CARTAS A MAGGIE

En sus siete años de matrimonio, este permiso de ausencia fue la primera vez que Bert estuviera lejos de Margaret y la familia. Él había viajado a funciones de la iglesia y estaba fuera de la casa por unos pocos días, pero un tour europeo de tres meses y medio era otra cosa. Sus cartas revelaron un esposo que extrañaba su casa después de unas pocas semanas lejos de su esposa y familia. El correo transatlántico dependía del calendario de los barcos, y muchas veces él tuvo que esperar dos semanas o más para recibir una carta de la casa. Varias veces las cartas se cruzaron en barcos viajando en direcciones opuestas. Había que enviar las cartas atrasadas de un país a otro para alcanzar al hombre que viajaba solo, y que quería aprovechar al máximo su "tour de cultura."

Sus cartas siempre terminaban con declaraciones amorosas y muchos besos (KKKK) para "Mi querida Maggie" y los niños. Al progresar el viaje, las cartas revelaban un hombre que estaba recobrando la salud física y emocional. Su correspondencia arroja mucha luz sobre el joven pastor, de sólo 28 años, con seis años en su primer pastorado. La primera carta con fecha del 8 de junio, 1871, demuestra que Bert se estaba recuperando.

> *Ahora peso 155 libras, y mirando en mi diario yo pesaba sólo 146 el 15 de abril, el día que me examinó el Dr. Mullen. Nueve libras en seis semanas no está mal. Espero que esto siga, y me consuela que ya he pasado lo peor. Lo mejor es que mi mente ha recobrado*

su entusiasmo y vigor. Ahora puedo pensar y hablar, y ya no siento el adormecimiento que casi me convierte en imbécil durante los últimos dos meses que estaba en casa, y que yo sentía como un peso de plomo sobre mi espíritu. Siento una confianza renovada en mis capacidades dadas por Dios, y espero regresar mejor preparado que nunca para hacer un buen trabajo en mi propia tierra.[1]

Con seis pies de estatura, Simpson medía aproximadamente seis pulgadas más que el hombre norteamericano promedio en ese tiempo. Así que, pesando 146 libras cuando le falló la salud, Bert Simpson probablemente se parecía un palo flaco.

"PESADEZ IRRITANTE"

El tour europeo le daría una oportunidad de recobrarse de la "pesadez irritante de los últimos meses,"[2] como él describió su condición antes de viajar a principios de mayo 1871. En sus cartas él cuenta del viaje

SS Peruvian

de dos semanas desde Montreal a Irlanda en el barco un tanto sucio, el *SS Peruvian* de la Allan Line. Llegando a Escocia, viajó por tren a Edimburgo, donde asistió a una conferencia presbiteriana. Después viajó a Irlanda e Inglaterra. Allá pasó varios días en Londres, apenado que Spurgeon estaba enfermo de viruela. Por eso canceló su visita al famoso Metropolitan Tabernacle de Spurgeon. El resto de su itinerario le llevó desde Londres a Bruselas, y después a Colonia y un crucero a Basel sobre el Río Rin. Entonces viajó a Milán, Venecia, Florencia, Roma, Nápoles, y bajó y subió por la costa de Italia en camino a Ginebra, Suiza. La última parte del viaje le llevó a París, Londres, Escocia, y por fin a casa a fines de agosto. A pesar de ser agotante, el viaje fue "justo lo que recetó el doctor," porque le dio oportunidad no sólo de conocer la cultura europea, sino también para un cambio de ritmo después de los años intensos de ministerio en Hamilton.

Las cartas escritas en su tour por Europa revelan a un hombre que amaba y extrañaba a su esposa y sus hijos. Están repletas de relatos chistosos, como la vez que subió al tren equivocado, y el furioso conductor alemán, que no hablaba nada de inglés, le hizo bajar del tren al canadiense tonto que no hablaba nada de *Deutsch.* "También hay la historia escrita en el Hotel de L'Universe en Bruselas la tarde del 4 de junio, de cruzar el Canal de la Mancha. A la mitad de la cruzada, las olas eran tan fuertes que:

> *Antes de haber pasado una media hora sobre el agua, la cubierta y los salones estaban llenos de palanganas y de seres humanos acostados, hombres, mujeres y niños vomitando, y en su miseria se acostaron sobre bancas, sofás, y aun como puercos, en el piso.*[3]

Felizmente, la descripción termina allí. Es suficiente decir que el Reverend Simpson pronto estaba en los portillos con su propio *mal de mer,* que dejó su ropa mojada por el resto del paso del Canal, y después en el viaje por tren hasta Gante, en Bélgica.

DECADENCIA EUROPEA

Las cartas de Simpson también revelan un ojo del observador, notando los hábitos de consumo elevado de alcohol por los europeos, las escenas bellas de los Alpes que vio cuando estaba viajando por tren y diligencia, y los muchos hoteles donde se alojó. Se puso triste al observar a las "chicas de flores de Venecia . . . señoritas vestidas en forma atractiva y modesta, mayormente de tela blanca de algodón . . . [quienes] se le acercan a uno con una rama de flores, y le ofrecen una."[4] Estas pobres jóvenes prostitutas trabajan el las calles y plazas, donde él recibió dos proposiciones no deseadas. Siendo de la ciudad de Hamilton, de costumbres victorianas, Simpson fue escandalizado y triste al ver la decadencia moral de Europa.

Simpson fue un viajero olvidadizo que perdía y después encontraba su paraguas, su Biblia, su guía para viajeros de Bradshaw, y horario de los trenes, así como otras cosas de menos importancia. Sus problemas con el cambio de dinero, horarios de los trenes, recibir envíos de dinero de Margaret, y muchos otros detalles triviales llenan las cartas. Había muchos chistes y comentarios divertidos para los niños Bert y Melville, y el bebé Gordon en las páginas, así como palabras constantes de amor y preocupación por Margaret.

Las cartas son fascinantes en que revelan a un Simpson poco conocido. La mayoría de las fotos de Simpson le muestran como un hombre serio, casi profético, de unos 60 o 70 años. En el tiempo de estas cartas él tenía 28 años, y todavía estaba madurando para ser un dinámico pastor y líder, lleno del Espíritu, lleno de fe y visión. Simpson tenía 38 años cuando se lanzó por fe para fundar el Gospel Tabernacle en 1881, y las dos "Alianzas" pocos años después.

CRISTO EN MÍ

Su correspondencia revela a un hombre creciendo en su compromiso con Cristo, y profundizándose en su comprensión de la relación "Cristo-en-mí/Yo-en-Cristo" que fue una característica de su futura predicación y sus escritos. En una bella carta escrita en la tarde del 11 de junio del *Hotel Suisse* en Basel, Suiza, Simpson derrama su corazón a su esposa:

> *He tenido algunos momentos tristes y solitarios hoy, y luché por mucho tiempo con mis emociones pesimistas e incrédulas. He tardado mucho para ver otra vez lo que tantas veces he visto antes, pero que tan frecuentemente pierdo de vista, que no tenemos que hacer nada más que confiar en Cristo y amarlo. No debemos tener ninguna ansiedad, porque eso muestra que amamos alguna otra cosa más que a Él; y no tendremos ninguna [ansiedad] si lo amamos supremamente, sólo a Él.*[5]

Esta carta probablemente es la primera evidencia escrita de lo que llegó a ser el mensaje distintivo de Simpson, "En Cristo." Él escribió, "Yo muchas veces me pregunto, precisamente lo que quería decir el apóstol con 'Cristo habita por la fe en nuestros corazones.' Pero recientemente he llegado a ver que simplemente significa que Cristo mora en nuestros afectos, o sea, nuestra alma." Él sigue comparando esto con su relación con Margaret.

> *Cristo amó, y tú sabes lo que es tener cualquier amigo querido en el corazón. Su forma, sus rasgos, su carácter, su bondad, sus actos de cariño, su nobleza, todos están en tu memoria y en tus afectos, y están grabados tiernamente en tu corazón . . . De esta manera, te tengo en mi corazón . . . Es por cierto tipo de fe que esto es cierto. Ahora, pasemos todo esto a Jesús. En el mismo sentido que el apóstol ora (Efesios 4:13-20) que Cristo pueda morar en nuestro corazón—no presente en forma física sino presente en la mente y los afectos—amado, con un lugar en nuestros sentimientos más tiernos . . . ¡O, que nos demos cuenta de esto, de tener a Cristo siempre en el corazón! . . . ¡O que pudiéramos levantar esta oración más frecuente y encarecidamente para nosotros mismos! Hagámoslo así, mi querida esposa; procuremos ser llenos del amor de Cristo y de toda la plenitud de Dios.*[6]

Aquí, un esposo preocupado se esfuerza para explicar lo que él estaba comenzando a comprender acerca del significado distintivo de la frase, "Ya no vivo yo, mas Cristo vive en mí." En el viaje, él ministraba a Margaret, leía y meditaba en la Palabra, y oraba acerca de estas verdades profundas hasta que llegaron a ser realidad en su vida. Por su amor a su esposa, quien estaba luchando en su caminar con el Señor, él compartió con ella los "grandes secretos de una vida feliz y santa" que él había encontrado.

COSAS OMITIDAS DE LAS CARTAS

Como muchos esposos, Bert no le decía a Margaret todo lo que le pasó en Europa. Se había ordenado el viaje por la salud delicada de Bert, y su necesidad de ponerse fuerte y sano. En una ocasión, él le escribió de subir a la cumbre del Monte Rigi, de 5,899 pies sobre el nivel del mar, en el pequeño tren de cremallera a vapor. La semana siguiente, mientras que estaba en Florencia, Italia, subió las 414 gradas de la linda torre de campana en la catedral de la ciudad. Años después, Simpson describió estas experiencias: "Bien recuerdo el día en Europa cuando me atreví a subir hasta la cumbre de la Rigi en Suiza por tren, y otra vez cuando intenté subir las muchas gradas del Campanile en Florencia. Cuando los paroxismos de asfixia me asolaban, determiné que jamás me meto otra vez en tal peligro."[7] No, Maggie no recibió noticia de estas aventuras atemorizantes. El tour definitivamente le refrescó a Bert y le dio energía, pero estaba lejos de gozar de salud completa.

Su tour de 1871 tomó lugar inmediatamente después del año clave 1870, en que Europa fue sacudida por motines callejeros, revoluciones, y cambios sociales radicales. Marx y Engels habían publicado *El Manifiesto Comunista* pocos años antes, y la promesa de un "paraíso sin Dios" socialista apelaba al espíritu de escepticismo que iba en aumento en las universidades de toda Europa. El *Origen de las Especies* de Darwin había sido publicado pocos años antes, y el concepto de "origen sin creación" estaba cautivando a los centros intelectuales. Una inquietud social sacudía Europa Occidental cuando los pobladores demandaban libertad de gobiernos opresivos, de explotación económica, y de urbanización rápida. El nacionalismo alzó su cabeza fea y produjo conflictos entre los pueblos.

GUERRAS Y RUMORES DE GUERRA

En la guerra Franco-Prusiana de 1870 Francia fue provocada desacertadamente a entrar en guerra contra los estados alemanes guiados por el "Canciller de Hierro" Bismarck. Este conflicto corto unió los varios reinos y ducados, con el resultado que Alemania llegó a ser la nueva superpotencia europea, mientras que se debilitó la corrupta Segunda República Francesa. El conflicto terminó con el Sitio de París, y el bombardeo brutal de la Ciudad de las Luces, causando la caída del gobierno y la pérdida de las provincias fronterizas de Alsacia-Lorena a los alemanes como parte de las negociaciones de paz.

En Italia, fuerzas para unificación nacional y liberación de los estados italianos del gobierno papal resultaron en el movimiento de independencia dirigido por Garibaldi y el Conde Cavour [del noroeste de Italia]. Esto con el tiempo resultó en la derrota del Estado Papal y su ejército, y el Pontificio Pío IX llegó a estar virtualmente preso en el Vaticano. Estas escenas de liberación y unificación y la pérdida de poder del Papa y del Vaticano sobre el pueblo italiano posteriormente fueron muy importantes en la escatología de Simpson, puesto que él veía la institución del papado como el Anticristo del libro de Apocalipsis.[8]

Los aires intoxicantes de libertad soplaron en la península italiana, y Simpson vio a primera mano los resultados de batallas en Italia y Francia. Vecindades destruidas por bombardeos, edificios destruidos por proyectiles, y casas agujereadas por balas dieron evidencia de combates feroces. Él escribió de Ginebra, Suiza, el 2 de julio:

> *Francia todavía está tambaleando de su reciente borrachera de sangre e intoxicación loca, pero toda Europa está agitada por los disturbios de una gran revolución venidera, y nadie se siente seguro, y ningún país está seguro, y nadie sabe qué sucederá mañana. Hablo sólo de lo que he visto y oído en Escocia e Inglaterra, y en Irlanda, en Alemania, en Italia y Francia, y otra vez digo, doy la espalda a los sistemas sociales que se están disolviendo y el ambiente revolucionario y las condiciones preocupantes de este mundo viejo y cambiante, y miro a ese gran Nuevo Continente. Regreso con un nuevo amor y una nueva esperanza para América, la esperanza para el futuro del mundo.*[9]

ESPERANZA PARA EL FUTURO DEL MUNDO

Simpson, siempre un estudiante ávido de historia y observador perspicaz, aprendió mucho de sus viajes en 1871, que le proveyeron buen material para sermones y charlas públicas que dio posteriormente en Hamilton. En su viaje de retorno a casa Simpson regresó a Inglaterra, donde visitó el Metropolitan Tabernacle de Spurgeon, de 7,000 asientos,

> **El predicador joven tenía experiencia suficiente para evaluar el mensaje de Spurgeon con respeto y honestidad.**

"acabado con gran sencillez y elegancia, y bien adaptado para un público grande."[10] Él escuchó al famoso predicador bautista británico, gordo y sufriendo de gota, predicando "un sermón excelente," aunque no tan elocuente y poderoso como él había esperado. Simpson, el predicador joven, tenía experiencia suficiente para evaluar el mensaje de Spurgeon con respeto y honestidad. El Metropolitan Tabernacle le quedó en la mente de Simpson como un modelo para uso posterior.

Knox Church de Hamilton, Ontario

En sus cartas, Simpson le pide a su esposa la talla de su vestido, y sugerencias para regalos para sus hijos y parientes. Mientras que viajaba por el continente, absorbiendo la belleza e historia, su mente se mantenía enfocada sobre su regreso a Knox. En el tour se sentía responsable por visitar todos los posibles lugares históricos, las vistas pintorescas, y características culturales que ofrecía el Viejo Mundo.

Inclusive, él asistió a unos partidos de tenis en Wimbledon y vio jugar el equipo canadiense, aunque a éste no le fue muy bien. Sus últimas cartas revelan un esposo y padre ansioso por regresar a casa. A fines de agosto 1871, Simpson retornó a los brazos abiertos de su esposa y familia, y a la congregación apreciativa de la iglesia que le esperaba el siguiente domingo en la Knox Church.

Con energía y entusiasmo renovados, Simpson tomó otra vez las riendas pastorales. Durante los nueve años que él sirvió allí la iglesia recibió a 750 miembros nuevos; toda la deuda fue cancelada. Numerosos grupos de oración, una Sociedad Femenil de Socorro, y donaciones fervientes para misiones caracterizaban los últimos años de su ministerio allí. Tristemente, menos de seis meses después de regresar de su tour continental, una tragedia hirió a la familia Simpson.

EL AGUIJÓN DE LA MUERTE

El padre anciano de Margaret, John Henry, se enfermó gravemente en Toronto. Como su hija mayor y su apoyo principal después que él perdió a su esposa, Margaret viajó para estar con él. Llegando apenas a tiempo para pasar unas pocas horas con él antes que la muerte le llamara a su eterno hogar, ella recibió un telegrama de Bert. El pequeño Melville, de sólo tres años y medio, estaba muy enfermo con difteria. El telegrama decía, "Melville muy bajo." En agonía, Margaret dejó a sus hermanos que estaban de duelo y viajó rápidamente a su casa para encontrar que su hijito estaba muriendo. "Cuando lo pusieron en los brazos de ella, los labios del bebé sólo tenían la fuerza para decir, 'Permaneced en mí, y yo en vosotros,' el versículo que ella le estaba enseñando. La cabeza del niñito se cayó—y no se movió más."[11] Lo que siguió fue una noche oscura para el alma de Margaret. "No puede existir Dios," protestó su corazón angustiado. Los padres en su dolor se abrazaron bajo el golpe fuerte de la muerte. Simpson más adelante recordó que él siempre se había sentido sin recursos para aconsejar a personas que estaban de duelo, porque él no había perdido a un ser querido. Pero tener el cuerpo muerto de su hijo en sus brazos, después de clamar a Dios y, aparentemente no haber recibido respuesta, le dio al padre y pastor, quebrantado de corazón, una nueva profundidad de compasión que antes no había sentido.

Con el tiempo, Margaret dijo que el pequeño versículo, Juan 15:4, que el bebé Melville le murmuró, "fue el primer mensaje que jamás entró a la profundidad de mi corazón, y que me preparó para la experiencia más profunda en Cristo, en la cual entré años después."[12] Permanecer en Cristo y Él en ella. En el tiempo de Dios, la verdad acerca de la cual Simpson le había escrito desde Inglaterra por fin encontró tierra preparada en su corazón. Poco a poco la llaga abierta de la pérdida se sanó, y la pequeña Mabel Jane, su primera hija, nació a fines de 1872. Su noche de tristeza terminó con gozo en la mañana.

Cuando lo pusieron en los brazos de ella, los labios del bebé sólo tenían la fuerza para decir, "Permaneced en mí, y yo en vosotros," el versículo que ella le estaba enseñando.

UNA MUDANZA NO ESPERADA

En octubre 1873, Simpson asistió a una convención del Evangelical Alliance en la ciudad de Nueva York. Esta confraternidad de cristianos evangélicos se había organizado en Londres 30 años antes para fines de mayor unidad y cooperación en ministerios, y ahora estaba arraigándose en Norteamérica. Sintiendo que se le abrían los horizontes, el joven pastor de Hamilton anhelaba ser parte del movimiento más grande del Reino de Dios. Mientras que estaba en Nueva York, fue invitado por la Thirteenth Street Presbyterian Church a dar un sermón durante la convención. Delegados a la convención de Louisville, Kentucky, asistieron al servicio en que Simpson predicó. Esta invitación extraordinaria dada a un joven pastor de una ciudad provincial canadiense, cuya reputación se le había adelantado,

Él había dirigido a la Knox Church hasta dónde él pudo, y esperaba con anticipación el próximo paso de ministerio. Presentía un nuevo desafío de Dios.

impresionó a los hombres de Louisville. Convencido por lo que vieron y escucharon, la delegación le invitó a visitarles antes de regresar a Hamilton. Entonces ellos retornaron a su iglesia y compartieron la noticia. Simpson visitó la ciudad próspera, y sintió la dirección de Dios. Puesto que la iglesia estaba en el proceso de buscar un pastor, su visita y predicación, más la fuerte recomendación de los líderes de la iglesia, resultaron en una invitación pastoral.

De regreso en Hamilton, Simpson encontró que tenía que considerar no sólo una invitación, sino tres, por sus servicios ministeriales. Chalmers Church de Quebec le había extendido una invitación, y también un telegrama "muy irregular" de Knox Church de Ottawa, Ontario, anunciando la llegada de una delegación para presentar su invitación. Había también el pedido original de la Chestnut Street Presbyterian Church de Louisville, con su oferta de un salario atractivo. Knox Church no tenía ningún deseo de ver salir a su pastor, pero Simpson sentía que esta invitación de Kentucky era de Dios. La "session" de Knox, con renuencia, le dio permiso para salir, con fecha del 20 de diciembre, 1873. En su sermón final, del 15 de diciembre, la noche antes de cumplir sus 30 años, su texto fue 2 Corintios 6:1–2.[13]

"He aquí ahora el día de salvación," su sermón fue citado textualmente por el periódico de Hamilton, *The Daily Spector*, a la mañana siguiente. El artículo que acompañaba el sermón declaró:

Anoche el Rev. A. B. Simpson predicó su sermón de despedida en Knox Church. La iglesia estaba llena mucho antes que comenzara el servicio, y para la hora que comenzó el sermón, más de 500 personas llegaron a la puerta de la iglesia y vieron que no pudieron entrar. El sermón fue escuchado con atención por la congregación.

Simpson salió de Knox Church en una nota de optimismo. En unas pocas semanas, Dios había dirigido a Simpson y su joven familia en el siguiente paso en su viaje de fe. Él había dirigido a la Knox Church hasta dónde él pudo, y esperaba con anticipación el próximo paso de ministerio. Presentía un nuevo desafío de Dios. Margaret, aunque había estado cómoda en Hamilton, estaba contenta de moverse más al sur. El clima más templado resultaría en menos resfríos y enfermedades para su familia, y probablemente tendría un efecto positivo en la salud débil de su esposo. Además, la iglesia les ofrecía un salario muy generoso de $5,000 al año, un aumento alentador para las finanzas de la creciente familia. Ellos no esperaban que el nuevo pastor hiciera visitas a hogares, con la excepción de enfermedades graves, y él llevaba en su equipaje un buen "barril de sermones," el resultado de nueve años de estudio y preparación, lo que haría más liviana su carga de trabajo. Como beneficio adicional le ofrecían dos meses de vacaciones cada verano. En todo sentido, la situación en Louisville parecía ser ideal para Simpson y su familia.

Sin esperar ni un momento, él tomó el tren a su casa, y dentro de poco se encontraba en su oficina, resuelto a esperar hasta que fuera bautizado, santificado, o crucificado; no importa como se llamara, él quería ser lleno del Espíritu de Jesús.

CAPÍTULO 6

BIENAVENTURADOS LOS PACIFICADORES

Después de ocho años como pastor de la Knox Presbyterian Church en Hamilton, Ontario, Rev. Albert Simpson, joven pero con años de experiencia, renunció a ese pastorado. Había aceptado el llamado de la Chestnut Street Presbyterian Church de Louisville, Kentucky, la iglesia presbiteriana más grande de aquella ciudad. Margaret estaba contenta por la traslado, porque fue evidencia que su esposo, que ya tenía 30 años, era una estrella en ascenso en la iglesia presbiteriana. El clima más templado le agradó a Simpson porque él estaba preocupado por su salud, que no era tan robusta. Así que, los Simpson hicieron sus maletas y abordaron el tren con sus hijos, Albert, Gordon, y la bebé Mabel para el largo viaje hacia el sur, al Bluegrass State. Llegaron poco antes de la navidad de 1873 al "frío de Kentucky" que era más templado que el clima de Hamilton. Simpson fue instalado como pastor de la Chestnut Street Presbyterian Church el 2 de enero, 1874.

"EL PUEBLO DE DIOS PELEA Y RECUERDA"

Lo que ellos encontraron al llegar fue un microcosmos de la iglesia en la parte sur de los Estados Unidos. La Guerra Civil había terminado ocho años antes. El ejército del sur depuso sus armas; Robert E. Lee le había ofrecido su espada a Grant, y la Unión fue restaurada. Las contiendas familiares terminaron, y poco a poco la paz había regresado a la nación— menos a la Iglesia de Jesucristo, Príncipe de Paz. Las denominaciones protestantes principales de aquel entonces, la Metodista, Bautista, y Presbiteriana, todas se habían dividido por las diferencias sobre la esclavitud y derechos de los estados. Estas divisiones resultaron en el establecimiento de denominaciones bautistas, metodistas y presbiterianas del sur y del norte. Tozer comentó acerbamente, "El mundo pelea y se olvida; el pueblo de Dios pelea y recuerda."[1]

A Louisville llegaron el Pastor Simpson y su familia del *Dominion of Canada,* parte del Imperio Británico, que había declarado ilegal la esclavitud en 1833. Él había crecido en Chatham, Ontario, el destino final del "Underground Railroad" (vía clandestina). Probablemente el joven Bert había visto ex esclavos que habían huido de los estados sureños para comenzar una nueva vida en el Elgin Settlement, establecido por el clero presbiteriano local y esclavos liberados de raza negra. Años después, esta pareja canadiense llegó a una ciudad que había sido un importante mercado de esclavos. Ubicada sobre el Río Ohio, Louisville se había beneficiado por ser un centro comercial cerca de áreas donde se cultivaba algodón, tabaco y otras cosechas que requieren de mucha mano de obra.

Simpson inmediatamente comenzó con decisión su nuevo ministerio. Después de pocos meses hubo más de 150 nombres nuevos en la lista de membresía. Preparado por sus años en Hamilton, Simpson siguió su costumbre de visitación pastoral, a pesar de que no se lo requerían. Después de poco tiempo, el joven pastor presbiteriano fue reconocido como uno de los líderes eclesiásticos más prominentes de Louisville.

NO TAN BIEN CON SU ALMA

Más o menos al mismo tiempo, Simpson comenzó a sentir que no todo estaba bien con su alma. Su predicación excelente atraía a personas

> **"Anoche vine acá para escuchar hablar al Hermano Moody, pero antes que sucediera eso, yo vi a Jesús, y ¡Él es todo lo que necesito!"**

nuevas a la iglesia para escuchar el evangelio, pero cuando le tocaba conversar con los parroquianos acerca de las verdades profundas de la vida cristiana, sus palabras le sonaban huecas. Siendo por naturaleza pensativo, Simpson veía cosas en su vida que no le agradaban, y sabía que tampoco le podrían agradar a Dios. Desde sus primeros días en la escuela, siempre había sido ambicioso, procurando salir el primero y el mejor. Tal vez esto resultó porque Bert se sentía pasado por alto por ser el segundo hijo, y tuvo que negociar la aprobación de su padre para asistir al seminario, aunque no le iba a costar a la familia. Él y Howard hacían competencias por premios en el college, y aun para la mano de Margaret. A pesar de las razones por esta característica, le preocupaba profundamente al joven pastor. Habiendo escuchado de la enseñanza de D. L. Moody acerca de una experiencia más profunda, un "bautismo del Espíritu Santo" que da victoria sobre tendencias pecaminosas, y también poder para el ministerio, Simpson decidió entregarse a la oración y a "permanecer" en Cristo para alcanzar este paso nuevo y más profundo de su caminar cristiano.

A mediados de 1874 él escuchó de una reunión especial en Chicago dirigido por Moody para los que buscaban este caminar más profundo con el Señor. Tomó el tren hacia "Chicago, la Ciudad de los Vientos" y fue a la carpa grande levantada para la conferencia. Habiendo llegado temprano, él asistió a la reunión para testimonios, y escuchó a un hermano sencillo que se paró y testificó: "Anoche vine acá para escuchar hablar al Hermano Moody, pero antes que sucediera eso, yo vi a Jesús, y ¡Él es todo lo que necesito!"[2] Simpson escuchó esas palabras y percibió que Dios le decía, "Anda a tu casa y búscame." Sin esperar ni un momento, él tomó el tren a su casa, y dentro de poco se encontraba en su oficina, resuelto a esperar hasta que fuera bautizado, santificado, o crucificado; no importa como se llamara, él quería ser lleno del Espíritu de Jesús.

JESÚS NOS DA LA VICTORIA

Mientras que esperaba en oración, Bert miró a su biblioteca y vio un libro que alguien le había regalado, *The Higher Christian Life,* por William Boardman. Así como en su experiencia de adolescente cuando buscaba la salvación, Dios le habló por medio de un escritor: "El que nos había justificado estaba esperando para santificarnos, para entrar en nuestro espíritu y para sustituir Su fuerza, Su santidad, Su gozo, Su amor, Su fe, y Su poder, por nuestra falta de valor y capacidad, para que esta sustitución fuera una viva realidad."[3] Se dio cuenta que el que entró en su corazón pecaminoso para purificar y perdonar, no lo dejaría para pelear solo contra el pecado. Este mismo Salvador vivía dentro de él para hacerlo santo, útil para el servicio, y victorioso sobre los pecados fangosos que lo arrastraban al Pantano de Desaliento.

En su biografía, Thompson cita a Simpson en su explicación de este momento crítico, después de la salvación, que él llamaba, "Jesucristo—nuestro Santificador:"

Nosotros también creemos, y éste es el punto enfático en nuestro testimonio, que esta experiencia de Cristo nuestro Santificador marca una crisis definitiva y distinta en la historia de una alma. No entramos en ella por crecimiento, sino que cruzamos una línea definitiva de demarcación tan clara como el tiempo en que las huestes con Josué cruzaron el Jordán y se encontraban en la Tierra Prometida, y levantaron un gran montón de piedras para que jamás se olvidaran de esa hora de crisis.[4]

Simpson describió lo que le había pasado que produjo un cambio tan significante en su vida, como él mismo testifica en su "Testimonio Personal de Santificación," dado el 12 de setiembre, 1915, en su primera iglesia en Hamilton, Ontario, en el cincuentenario de su ordenación:

Tirándose a los pies de ese Maestro glorioso, él reclamaba la poderosa promesa, "Habitaré en ti y andaré contigo." Por el umbral de su espíritu pasó un Ser tan real como el Cristo que apareció a Juan en Patmos, y desde ese momento un nuevo secreto ha sido el encanto, la gloria, y la fuerza de su vida y testimonio. Y él jamás se olvidará como deseaba regresar a su tierra natal y sus amigos de antaño, y contarles de ese secreto mágico y maravilloso, ocultado por siglos y de generaciones, pero ahora revelado a los santos, que es Cristo en vosotros, la esperanza de gloria. Desde ese tiempo no fueron sus luchas, su carácter, su cultura ética, su bondad moral, sino su dependencia constante sobre el Ser Viviente quien ha dicho, "Porque yo vivo, vosotros también viviréis."[5]

Entonces Simpson enumeró las muchas bendiciones que resultaron de ese momento de "muerte a mí mismo," que le llevó a una vida más profunda y rica en Cristo. Del espíritu de victoria contra "su propia naturaleza intensa, su fuerte voluntad propia, sus tentaciones peculiares, y su vida espiritual que había sido una humillación constante,"[6] resultó una eficiencia mental de "la mente de Cristo" y una resistencia física basada en Su fuerza todo-suficiente. Se presentó una nueva dimensión de oraciones contestadas, en que parecía que la "chequera del cielo" se le había caído en las manos, para girar y firmar por fe. Fue después de este más profundo caminar con Cristo en Louisville que "la luz gloriosa de la verdad profética y esperanza milenial"[7] se aclaró a su corazón. Apartándose poco a poco de la optimista posición postmilenial de hacer llegar el reino de Cristo, y aceptando la teología de hacer regresar al Rey basada en Mateo 24:14, Simpson regresó a este punto crítico muchas veces durante el transcurso de su vida, cuando el Espíritu le revelaba un nuevo "enemigo para cada día del mes del calendario cristiano,"[8] como lo describe su librito fascinante, "*Thirty-One Kings.*"

El libro *Todo por Jesús* describe el resultado de este punto decisivo, que comenzó un nuevo período marcado por un aumento de productividad:

> *Durante los más de cuarenta años siguientes de su ministerio, Simpson se refería repetidamente a ese momento de entrega a Cristo como su Santificador, el Único que podría hacerle santo. Fue el punto decisivo de su ministerio, así como el Apóstol Pablo recordaba su experiencia de conversión en el camino a Damasco.*[9]

Por varios años después, este poder divino de "Cristo-en-mí" para la vida y el servicio le capacitó en su ministerio y le amplió su "ancho de banda" espiritual.

UN ANTIGUO MENSAJE MEDIEVAL

Poco tiempo después de esta experiencia definitiva de "la vida más profunda" que le marcó un hito, otro libro hizo un impacto profundo en su vida. Le regaló el libro una persona que era "un espíritu afín," miembro de su iglesia en Louisville. Simpson lo llamaba "un antiguo mensaje medieval." Aunque contenía escritos de hombres y mujeres de los siglos 15 y 16, el libro, compilado por dos cuáqueros, William Backhouse y James Janson, fue publicado por primera vez en 1839. Con el título *A Guide to True Peace,* su énfasis fue "que Dios estaba esperando en la profundidad de mi ser para hablarme, si yo podría ponerme suficientemente tranquilo para escuchar su voz."[10] Simpson luchaba para calmar su mente de los miles de pensamientos que clamaban por su atención, para poder escuchar la voz de Dios. Con el tiempo aprendió a captar el silbido suave y apacible en la profundidad de su ser, que comenzaba a hablarle con inexpresable ternura, poder, y consuelo. Así comenzó un proceso de aprender a escuchar el

Simpson luchaba para calmar su mente de los miles de pensamientos que clamaban por su atención, para poder escuchar la voz de Dios.

susurro del "Espíritu Santo en mi corazón que era la oración de Dios en mi alma secreta . . . la respuesta de Dios a todas mis preguntas, la vida y fuerza para cuerpo y alma."[11]

Refrescado y renovado en su hombre interior, Simpson, un verdadero hijo de Isacar, comprendía los tiempos y sabía qué hacer. Como era del Canadá y no había participado en la esclavitud ni la Guerra Civil, el nuevo pastor en la ciudad era un mediador en potencia entre las partes rivales dentro de la iglesia. Sin duda, Simpson llegó a la escena con sentimientos fuertes acerca de la esclavitud. Años más tarde en el Missionary Training Institute, él reclutó a estudiantes afroamericanos cuyos padres y abuelos habían sido esclavos. La nueva parroquia de Simpson en Louisville, la Chestnut Street Presbyterian Church, había sido una excepción a la regla. La Guerra Civil no había dividido la congregación; sin embargo, él reconoció que pastoreaba "una iglesia rica y de moda, pero sin vida espiritual," donde hubo líneas de división serias durante la guerra. El pastor anterior había podido mantener la unidad de la iglesia, mientras que otras iglesias presbiterianas en Louisville sufrieron división. Un historiador ha notado que la Chestnut Street Presbyterian Church era "la única iglesia de esta ciudad que se había quedado tranquila en sus relaciones eclesiásticas durante la guerra, y durante el tiempo infeliz de la separación de 1866."[12]

Por la participación de Simpson en la vida de la iglesia presbiteriana en el Canadá, sus colegas en Kentucky lo reclutaron para hacer lo mismo. Dentro de poco fue nombrado como fiduciario de Center College, el college de la denominación, y fue nombrado como consultor de la Danville Theological Seminary. Además, Simpson fue uno de los organizadores de la sesión de la Evangelical Alliance de Louisville.

En todas estas actividades, Simpson visualizaba la iglesia reavivada y comprometida de nuevo a la tarea de alcanzar a los perdidos.

LA GUERRA ENTRE LOS SANTOS

Para el fin de su primer año, Simpson, turbado por el aparente espíritu de división entre las iglesias de Louisville, creía que esto sólo sería eliminado si los pastores se reunieran para oración y reconciliación. Simpson percibía que Dios quería reavivar la iglesia y salvar almas. Él llegó a ser un proponente fuerte por la Evangelical Alliance. Alentado por él y otros colegas, los pastores de la ciudad se reunieron para una semana de oración unida a principios de 1875 en varias iglesias evangélicas para considerar reuniones evangelísticas a nivel de toda la ciudad, y todos ellos estaban de acuerdo. En Louisville había miles de familias que no asistían a ninguna iglesia, devastadas por el alcoholismo y los costosos males sociales de esa adicción. La mayoría de los pastores asistieron de buena voluntad.

Cuando la reunión se realizó en la Chestnut Street Presbyterian Church, Simpson presentó ideas para reuniones evangelísticas unidas. Tozer describe la primera reunión:

> *Entonces, sabiendo que si él les permitía hablar, terminarían en conflicto y oponiéndose a las reuniones, él sugirió que se pusieran de rodillas para clamar a Dios por avivamiento. ¡Su plan dio resultado! Al orar, el fuego [del Espíritu] se puso tan caliente que todos ellos "se derritieron," con excepción de un viejito recalcitrante que rechinó los dientes, agarró su sombrero, salió molesto, y no regresó más.*[13]

En la siguiente reunión, dos pastores que no se habían hablado desde el principio de la guerra en 1861 se dieron la mano y restauraron la comunión. Por el carácter simpático de Simpson y su manera tan cortés de exhortar, la enemistad desapareció y los pastores pudieron trabajar en forma unida. Por fin, ocho años después que los cañones se callaron, la "guerra no santa" entre los santos terminó, y la paz llegó a Louisville. Por fin estaban listos para pensar en tener reuniones evangelísticas para alcanzar a los perdidos de Louisville.

El siglo 19 había visto surgir un nuevo tipo de evangelismo, con evangelistas dotados uniéndose con populares cantantes de música gospel, para alcanzar a los que no asistían a ninguna iglesia. Muchas veces se realizaba en ambientes neutrales, que no tenían relación con ninguna iglesia, tales como auditorios públicos, teatros, carpas, o aun al aire libre. Charles Finney, y más tarde D. L. Moody, proveyeron un modelo que otros siguieron. Major Daniel Whittle, antes un oficial del ejército del

Al orar, el fuego se puso tan caliente que todos ellos "se derritieron."

norte y colega de Moody, colaboraba con P. P. Bliss, un cantante y músico destacado. Dios usó este "dúo dinámico" en muchas ciudades grandes con gran éxito. Como resultado, 24 pastores de Louisville decidieron invitar al equipo Whittle-Bliss a tener reuniones en su ciudad.

Simpson fue la persona responsable por invitar a Whittle y Bliss y organizar la campaña evangelística. En febrero 1875 Whittle y Bliss comenzaron una campaña evangelística de tres semanas en el Library Hall de Louisville, que tenía cupo para más de 2,000 personas. Simpson vio a primera mano la eficacia de este tipo de alcance a las masas sin iglesia. Hubo una reunión de oración diaria al mediodía seguida por lecturas bíblicas a las 3:30, con el evento principal a las 7:30 p.m. Noche tras noche el auditorio estaba repleto con las muchas personas atraídas por las canciones de Bliss y la prédica del evangelista. Simpson notó el poder de los mensajes sencillos basados en la Biblia y enfocados en un solo tema. Aunque muy sencillo, el formato fue eficaz; cientos de hombres, mujeres, y niños respondieron a las invitaciones al altar. La campaña se extendió desde el 10 de febrero hasta el 12 de marzo, 1875, dejando un impacto profundo en la ciudad por años. En el corazón de Simpson nació un deseo fuerte de repetir el esfuerzo.

Durante la campaña, Whittle inesperadamente tuvo que regresar a casa por una emergencia familiar, y Simpson lo reemplazó, con la ayuda de Bliss . . . Él predicó de Lucas 14:17, sobre la invitación del hombre rico a una cena—"Venid, que ya todo está preparado." Él habló de la cena preparada por Jesucristo para todos los que vendrían a Él. Como se informó en la *Louisville-Courier* de marzo 1, 1875, el sermón "produjo un efecto con aspecto maravilloso,"[14] con casi 400 personas poniéndose de pie.

Al terminar la campaña, Simpson exhortó a los pastores a seguir con reuniones evangelísticas, compartiendo la prédica y usando músicos locales. Esta experiencia fue otro momento crucial en su vida. Por el resto de ese año, predicaba en forma evangelística en la iglesia, como también en Macauley's Theatre, a pesar de ser criticado por sus "espectáculos dominicales." Se agregaron ciento setenta y cinco miembros a su congregación.[15]

Como resultado del ambiente de fe producido por la campaña y la llenura del Espíritu Santo, el interés de Simpson en la sanidad divina aumentaba. Le pidieron orar por un hombre joven que sufría de parálisis. Al lado de la cama, él oró, y "de repente el joven abrió los ojos y comenzó a hablarme." Para gozo y asombro de Simpson, el hombre fue sanado milagrosamente. Como resultado, Simpson comenzó a orar por su propia salud, que mejoró. Más tarde él compartió este descubrimiento con un médico cristiano devoto, quien declaró que tal doctrina era presuntuosa. Simpson abandonó su creencia, y su salud empeoró.[16]

YA NO UN "PASTOR REGULAR"

Un año más tarde Simpson, ahora un predicador evangelístico que había desechado la mentalidad de los días en Hamilton de ser un "pastor regular," desafió a su iglesia a construir un "tabernáculo" para llevar el evangelio a los no evangelizados. Esto inició un conflicto que duró por dos años. Simpson visualizaba una estructura no pretenciosa pero atractiva, construida y dedicada sin deudas.[17] En esta disputa entre lo "económico" versus "lo suntuoso," los líderes adinerados ganaron el partido. La iglesia compró un lote excelente en la esquina de Broadway y Fourth Avenue por $32,000. Simpson propuso un diseño moderno—un auditorio semi-circular para tener acústica excelente, con filas de asientos que ascendían y balcón, y ningún asiento lejos de la plataforma. Con capacidad para 2,500 personas, la estructura semi-octagonal formó un "círculo familiar." El diseño siguió el modelo del famoso Brooklyn Tabernacle de Rev. Dewitt Talmadge, que se consideraba uno de los mejores edificios públicos en América en cuanto a acústica natural y comodidad. Vendiendo la propiedad que tenían en Chestnut Street, más una campaña para recoger fondos, Simpson calculaba que el costo de $65,000 sería factible.

Así que se colocó la piedra angular el 23 de mayo, 1876, como una señal de la bendición de Dios sobre la visión de Simpson para su iglesia. En una caja de metal dentro de la piedra angular se colocaron algunos periódicos locales, un manual de Chestnut Street Church, una pequeña bandera americana, un anillo de oro, y un texto bíblico, "Permaneced en mí, y yo en vosotros," como último recuerdo de Melville, el pequeño hijo de Albert y Margaret. Este versículo representaba dejar atrás el dolor, la tristeza, y los fracasos del pasado, y mirar adelante hacia un día mejor. Pocas semanas más tarde el Pastor Simpson y su familia salieron de Louisville para vacaciones de seis semanas, visitando a su familia en el Canadá. Regresando al fin del verano, Simpson descubrió que la construcción no había avanzado.

"ÉL GUARDA TODOS SUS HUESOS"

Poco después que regresara la familia Simpson de sus vacaciones de verano, el Pastor Simpson desapareció por varias semanas. El número del primero de octubre, 1876, del *Courier-Journal* anunció: "Rev. A. B. Simpson, habiéndose recuperado de una leve herida de bala que sufrió en el brazo mientras cazaba hace unas semanas, predicará en la Chestnut Street Presbyterian Church esta mañana."[18]

Simpson recordó el incidente en un número de *The Alliance Weekly* en 1915, donde él relató lo que pasó:

> *Yo estaba leyendo anoche una Biblia antigua que he tenido desde el año 1870. Estaba bien gastada . . . subrayada e interlineada con tinta roja, verde, morada, y negra, y vi la historia de cuarenta años inscrita en el margen. Había un pequeño versículo, "Él guarda todos sus huesos; ni uno de ellos será quebrantado." Yo vi en el margen, con fecha de años atrás, las palabras, "Dios ha hecho que sea verdad esto." Recordé que fui un pastor joven y terco; fui de vacaciones y me llevé mi escopeta. Se explosionó en mis manos, y casi desmayando, encontré que estaba sangrando rápidamente de la muñeca. Pensé que los huesos estaban hechos añicos. Me encontraba en el bosque, lejos de la casa. Cuando llegué a casa lo primero que hice fue coger esa Biblia, y Dios me dio ese versículo, "Él guarda todos sus huesos; ni uno de ellos será quebrantado." Y aunque todos decían que los huesos estaban hechos pedazos, y el doctor estaba preocupado que yo podría tener tétano, y dijo que los huesos saldrían por pedacitos, ningún pedazo ha aparecido. Hasta el día de hoy tengo una cicatriz, y desde ese día no he cazado ni un pájaro.*[19]

El apunte críptico en la antigua Biblia reveló a un pastor joven que no había aceptado la lección que aprendió años atrás cuando compró y después perdió la escopeta prohibida. Había jurado que nunca más iba a cazar, y la consecuencia de quebrantar su voto resultó en una experiencia espantosa y una lección aprendida. El asunto no tenía que ver con la escopeta ni de cazar, sino con la obediencia a la "voz interior."

VISIONES RIVALES

Durante la ausencia de Simpson por vacaciones con la familia, la comisión de construcción procuró cumplir con el diseño de Simpson y a la vez los deseos de los que querían una estructura imponente que "se parece a una iglesia," con vidrieras, nave en forma de bóveda, y vigas ornamentadas. El presupuesto original de $65,000 había aumentado a $105,000, con $40,000 que todavía faltaban para pagar la construcción. Con el tiempo, debido a retrasos y sobrecostos, el total llegó a $150,000.

Durante los siguientes dos años, hubo conflicto entre Simpson y un grupo de interesados de la iglesia en cuanto al diseño, el financiamiento, y por último, cual filosofía de ministerio prevalecería. Esta contienda con los líderes de Chestnut Street Presbyterian produjo tensión seria en la casa de los Simpson. Margaret no quería que Bert estuviera peleando con la iglesia, porque estaba preocupada que esto podría arriesgar su ministerio y la seguridad de la familia. La tensión fue tal que se quebrantó la salud física y emocional de Simpson. La combinación matadora de constante trabajo pastoral y evangelístico, más la lucha acerca del Broadway Tabernacle, y estrés en el hogar, le obligaron a dejar el púlpito por cinco meses.

Exhausto, Simpson viajó a Clifton Springs Sanitarium, en el centro del estado de New York, fundado por Dr. Henry Foster, un médico metodista piadoso de Nueva Inglaterra. Él había sentido el llamado de Dios en 1850 para abrir un centro de curación con agua sulfurosa. Como el primer centro médico de esa región, rápidamente creció y prosperó. Uno de los principios de Foster al establecer el sanatorio fue su deseo de ministrar a pastores, misioneros, y maestros que normalmente no tenían recursos suficientes para tales tratamientos. La biografía de Foster, por Samuel Adams, capellán de Clifton Springs por muchos años, revela a un doctor con un llamado claro de Dios para establecer un lugar de curación que reconociera que "Cristo es el Sanador." Adams relata que

Foster tuvo una experiencia definitiva de ser lleno del Espíritu Santo en 1849, antes de fundar Clifton Springs. Sin duda, Simpson y Foster habrían tenido muchas conversaciones acerca de este tema, que llegó a ser un elemento importante en la formulación del Evangelio Cuádruple de Simpson.

Aparentemente Simpson fue allá por motivo de los principios cristianos firmes del sanatorio. Es probable que el hecho que Clifton Springs funcionaba sobre principios caritativos facilitó que Simpson

El apunte críptico en la antigua Biblia reveló a un pastor joven que no había aceptado la lección que aprendió años atrás.

fuera allá para un período prolongado. Foster fue pionero en tratamientos de salud físico y mental, creyendo que el espíritu debía ser el primer enfoque en el tratamiento. Dr. Foster visitaba a cada paciente a diario; por años dirigía los servicios cada mañana en la capilla, y ministraba al alma mientras trataba al cuerpo.

No se sabe si Margaret y los hijos acompañaron a Simpson o si él estaba allá solo. Su descanso médico comenzó después de una reunión de la sesión de la iglesia el 12 de julio, cuando Simpson salió temprano y entregó la dirección de la reunión a otra persona.

John Sawin anota las observaciones de Simpson acerca de su tiempo en Clifton Springs:

> *Yo antes recibía mucho beneficio de tratamientos eléctricos. Recuerdo la primera vez que entré al baño eléctrico en Clifton Springs. Dije que esto es exactamente lo que he sentido cien veces por el toque del Espíritu Santo, pero es mucho más débil. Dije, tengo algo mucho mejor que esto, aunque nunca lo he aplicado a mi cuerpo. Lo he sentido mil veces en mi corazón; ahora veo que lo puedo tener para mis nervios y músculos también. Nunca más me metí en un baño eléctrico, pero fui a mi cuarto y, digo con humildad, le pedí al Señor bañarme en el Espíritu Santo, que me sumergiera, que hiciera de cada nervio un cordón pulsante por el cual pudiera correr la corriente divina.*[20]

Hoy en día, leer de "eléctrico" y "baño" en la misma frase como un tratamiento médico es un poco exótico. Sin embargo, se decía que el tratamiento con voltaje bajo proveía beneficios para el tratamiento de reumatismo, dolor de músculos y la espalda, trastornos del sistema nervioso, dolor de cabeza migraña, artritis, y problemas neuromusculares. Desde mediados de julio hasta fines de enero 1878, Simpson estaba ausente de la iglesia en Louisville. Para noviembre, con su pastor todavía incomunicado, los miembros comenzaron a pedir que se tomara alguna acción. En diciembre, Simpson escribió a la iglesia, pidiendo consejo de la sesión "en cuanto a [mis] relaciones futuras con la iglesia."[21] La iglesia ya le había escrito, antes que llegara la carta de Simpson, sugiriendo que renunciara como pastor de Chestnut Street Presbyterian. Así que, el día después de la Navidad, la sesión se reunió para considerar la carta de renuncia recién recibida de Simpson. Su médico le había aprobado su regreso a la iglesia en enero para servir hasta la fecha de su renuncia, 1 de abril, 1878, si la sesión así lo aprobara. Parecía que el tiempo de Simpson en Louisville estaba a punto de terminar, pero Dios aparentemente tenía otros planes.

En dos reuniones posteriores, los esfuerzos de la sesión para aceptar la renuncia de Simpson fueron frustrados, con un voto final el 20 de enero, 1878. Ciento treinta miembros votaron a favor de su permanencia, contra treinta y siete por su renuncia. Por lo tanto, Simpson regresó a Louisville para tomar otra vez sus responsabilidades pastorales en una iglesia dividida, con su liderazgo desmoralizado por no poder despedir al pastor popular. Su primer sermón el 27 de enero se basó en Filipenses 3:13–14: "Hermanos, yo mismo no pretendo haberlo ya alcanzado; pero una cosa hago: olvidando ciertamente lo que queda atrás, y extendiéndome a lo que está delante, prosigo a la meta, al premio del supremo llamamiento de Dios en Cristo Jesús."

Simpson había regresado para hacer, como San Pablo, un nuevo comienzo en su vida, dejando atrás las desilusiones del pasado y extendiéndose al premio del supremo llamamiento de Dios en Cristo Jesús. Él volvió a su rutina pesada de pastorear a su rebaño, además de predicar regularmente en Macauley's Theatre. Por un año y medio ministraba y observaba la construcción del Broadway Tabernacle. Él informó a los de la sesión que no dedicaría la iglesia mientras que llevaba una deuda de $40,000. La sesión invalidó esa decisión y fijó una fecha para la "inauguración" del nuevo edificio, el 6 de junio, 1878. La sesión acordó que celebrarían la "dedicación" en el otoño, creyendo que para ese tiempo se habría cancelado la deuda.

En la inauguración, Simpson tuvo un papel menor como pastor anfitrión, y pastores invitados predicaron y dirigieron el programa. Simpson habló brevemente, suplicando a la congregación que "hiciera un último y valiente sacrifico" para pagar ese mismo día la deuda que quedaba. En realidad, esto no sucedió el 6 de junio, 1878, sino a mediados de 1881, cuando Simpson ya estaba en Nueva York. Irónicamente, el hermoso edificio nuevo fue destruido por un incendio dos meses después que se había cancelado la deuda.

TODOS LOS DÍAS, DE TODAS MANERAS, ¿MEJOR?

En el verano de 1878, después de la inauguración, Simpson asistió a una "Conferencia Profética para Creyentes" en Watkins Glen, New York, mientras estaba de vacaciones. Fue influenciado por prominentes maestros que tenían la posición premilenial en cuanto al retorno de Cristo, en contraste con las raíces postmileniales reformadas de Simpson. Ese énfasis de la conferencia profética influyó en la "migración" de Simpson de la enseñanza postmilenial a la premilenial.

En su tour de Europa buscando sanidad en 1871, Simpson llegó a dudar cada vez más de la optimista perspectiva postmilenial que enseñaba que Cristo retornaría al fin de un período de mil años, que resultaba de la cristianización del mundo. En vez de ver las cosas como "cada día, de todas maneras, siempre mejorando," él veía que el aumento de conocimiento y poder en el mundo occidental "civilizado" resultaba en hacer al hombre pecaminoso más eficiente en la violencia, los crímenes, y la guerra. Así que, el clamor de la conferencia fue que hombres y mujeres se consagraran a la tarea de la evangelización mundial, cumpliendo así la Gran Comisión, y preparando el camino para el retorno de Cristo.

Después de la conferencia Simpson viajó a Chicago, profundamente impactado por lo que había escuchado. Mientras que estaba allí, tuvo un sueño perturbador. Soñó que estaba en una sala grande, sentado con miles de cristianos. Sobre la plataforma hubo una multitud de asiáticos—hombres, mujeres, y niños, que parecían ser chinos. Lo más inquietante fue que ellos no decían nada. Ningún sonido salía de sus labios, pero retorcían las manos, implorando con la cara, como si pidieran algo del público. Como la visión macedonia con mímica, su grito sin palabras parecía decir, "¡Pasa acá y ayúdanos!" Simpson se despertó del sueño transpirado, profundamente convicto por la desesperación en esas caras. Él sintió que Dios le estaba llamando a dejarlo todo y ser misionero a la China.

"¡ANDA, BERTIE, ANDA!"

Él le escribió a su esposa y compartió la visión singular. Cuando regresó a casa se lo comentó a Margaret. Ella lo rechazó, y dijo que él estaba libre para ir a la China, pero que ella y los hijos se quedarían en casa. En el relato pintoresco en que Katherine Brennen cuenta lo que recordaba su Abuelita de la "visión de la China," Margaret le dijo, "¡Anda, Bertie, anda! ¡Y gloria al cielo si puedo deshacerme a mí misma y a los niños de un lunático!"[22] A pesar de que Maggie no quería tener nada que ver con la idea, Bert se co-

> **"¡Anda, Bertie, anda! ¡Y gloria al cielo si puedo deshacerme a mí misma y a los niños de un lunático!"**

municó con la Presbyterian Mission Board y se presentó como candidato para ser misionero. La respuesta de la misión, después de algún tiempo, fue que Simpson padecía de un caso serio—demasiado viejo, demasiado enfermizo, demasiados hijos, y demasiado tarde.

Aunque la visión no le llevó a la China, le dio una pasión por los perdidos en cualquier parte del mundo, haciendo memoria de la oración profética de John Geddie cuando Simpson era bebé, unos 35 años antes. Aparentemente Geddie, años después, reconoció que hubo algo especial en ese momento bautismal en la Cavendish Presbyterian Church de Prince Edward Island a principios de 1844. Geddie, en una de las pocas veces que regresó al Canadá más de 20 años después, a propósito buscó al joven pastor Simpson en Hamilton, Ontario, para hacerle recordar la predicción de su oración de dedicación.

Además de su carga por alcanzar a los no alcanzados de Louisville y otras ciudades grandes de Norteamérica, los ojos de Simpson ya estaban enfocándose sobre un campo más ancho—el mundo. Más tarde, recordando ese momento, Simpson reconoció que había sido otro paso en su vida que pronto le iba a llevar en una nueva dirección.

LA PREFERIDA DE PAPÁ

En abril de 1878 los Simpson le dieron la bienvenida a su segunda hija, Margaret May Simpson. La linda bebé, "La Preferida de Papá," de adulta llegó a ser pianista y música experta, que podía tomar los poemas y melodías de su padre y transcribirlos para usar en el Gospel Tabernacle.

Ese mismo mes Simpson repasó su "Pacto Solemne," lo que escribió y firmó por primera vez como cristiano joven en enero 1861. Esta tercera vez de renovar sus votos tempranos fue parte de la obra de Dios en la vida de Bert por todo lo que había pasado en Louisville. La búsqueda de la llenura del Espíritu Santo en pureza y poder pronto fue seguida por un nuevo deseo de alcanzar a los perdidos. Sus conflictos con la iglesia en cuanto a visión o vanidad le llevó a reconocer que en Louisville él no estaba libre para hacer lo que Dios estaba poniendo en su corazón. Su negación de dedicar el nuevo Broadway Tabernacle y la sensación que su tiempo en Louisville estaba terminando produjeron un aumento de inquietud y presión en la casa Simpson. Margaret no estaba de acuerdo con Albert en cuanto a sus diferencias con los líderes de la iglesia acerca del Broadway Tabernacle. Fuertes discusiones resultaron en palabras hirientes, cuando Bert, de 36 años y Margaret, de 38, pronto alcanzarían la edad media. Desgraciadamente, lo que él escuchaba de Dios no era audible todavía para su esposa, que estaba luchando. Lo que él entendía como la dirección clara de Dios para salir de Louisville a un desafío nuevo y más grande, le aterrorizó a Margaret.

UNA IGLESIA ABIERTA PARA TODOS

Aunque su "visión de la China" no lo hizo misionero, sí puso en acción un proceso inevitable. La hermosa ciudad sureña para él era demasiado provincial, rígida, y satisfecha con el *estatu quo* para la visión que Dios había puesto en el corazón de Simpson. Los momentos decisivos de los años en Louisville le estaban empujando hacia la metrópolis más grande de Norteamérica, donde la mayoría de las juntas y sociedades misioneras tenían su sede—New York City. Él vislumbraba pastorear allá una "iglesia popular" con compromiso de alcanzar a las masas descuidadas. Soñaba de una iglesia abierta para todos, sin cobrar alquiler por los asientos ni una cuota mensual, comprometida a invertir sus recursos libremente ofrendados para alcanzar a los no alcanzados, supliendo la gama de necesidades alrededor del mundo. Para él, Jerusalén, Judea, Samaria, y los fines de la tierra eran lugares que estaban al alcance de todos los que confían en Dios y obedecen sus mandamientos.

Cuando llegó una invitación de la elegante 13th Street Presbyterian Church en Nueva York en noviembre 1879, Simpson demoró en responder. Viajó allá y pasó tres semanas para reunirse con la sesión, predicando tres domingos seguidos, y buscando la voluntad de Dios para esta decisión. Margaret quedó horrorizada y firmemente resuelta en su oposición. ¿No había dicho su esposo, años atrás, que Nueva York era una ciudad de "corruptos pecadores, quebrantadores del Día del Señor, amantes de las riquezas, y personas tipo Gotham que desafiaban a Dios?" Él no ocultaba su desdén por la ciudad. Y ahora, ¿quería llevar a sus cuatro hijos pequeños para criarlos allá?[23] Su furia y frustración por la resolución de él para ir a donde ella se negaba a seguirle, le impulsó a destruir los apuntes de Simpson en su diario en el tiempo que estaba en Nueva York.[24] Ella aparentemente los leyó y vio sus pensamientos acerca del estado del alma de ella, y el desafío que le esperaba a él. Profundamente herido y confundido por el enojo de ella, él comenzó, poco después, un nuevo diario donde registró sus emociones, oraciones y planes:

> *Noviembre 10, 1879, lunes por la tarde*
>
> *Al Señor Jesucristo dedico estas páginas. Que Él guíe cada palabra y lo haga un record santo y feliz. M. sacó las páginas que yo había escrito aquí durante las últimas dos semanas; así le permitió Dios a su mano tonta y pecaminosa. Pobrecita. Yo he orado y orado por ella hasta que últimamente no puedo orar sin sentir angustia intensa. La dejo con Él, confiando que Él la guíe al arrepentimiento y la salvación. Ella ha sufrido mucho últimamente. Está poseída de una amargura intensa, y yo estoy lleno de dolor y temor. Yo estaba en duda si debía pedir a los hermanos de la sesión que le hablaran, y rogaran que se reconcilie, pero después de hablar con uno de ellos, vi que sería en vano, y espero a Dios en silencio. Confío que mi propio corazón pueda permanecer puro y misericordioso en todo.*[25]

Éste es otro momento chocante para todos los que han honrado y venerado la memoria de esta pareja tan poderosamente usada por Dios. Aquí se descubren los secretos de una familia entregada a Dios, pero dividida por temor y enojo. El marido visionario no comprende el corazón de madre de su esposa, que ruega que sus hijos no tengan que crecer en el campo de diversión del diablo. Páginas arrancadas y palabras ásperas crearon tensiones en un matrimonio que había sufrido mucho estrés por los últimos años en Louisville. La fe, más el miedo y la confusión, todos reinaron en la casa de los Simpson.

El domingo, 9 de noviembre, Simpson presentó su renuncia a la iglesia en Louisville. No fue aceptada por la sesión. Más bien, el liderazgo habló en contra de su renuncia, y escribió un memorial elogiando los dones del pastor y su carga por los perdidos. Simpson escribe: "También aprobaron una moción del Sr. Jones, que había sido mi adversario más persistente en mis planes para la obra, una serie de resoluciones de las cuales no soy digno, muy notables por su calidez y elogios."[26] A pesar de las contiendas anteriores entre la sesión y el pastor de voluntad de hierro, ellos no querían permitirle salir. Pero Simpson, aunque complacido por el gesto tan generoso, estaba convencido en cuanto a la voluntad de Dios. Por eso, él con firmeza presentó otra vez su renuncia al día siguiente, y fue aceptada con renuencia.

UN ESTADO DE DUREZA Y REBELDÍA

Durante los días siguientes Simpson visitaba a sus feligreses, que aun se encontraban en estado de shock por su renuncia. Margaret continuaba en "una condición de dureza y rebeldía," que no mejoraba cuanto más se acercaba la fecha de su partida para "godless Gotham" (la ciudad pecaminosa). Llegó el día, y la familia Simpson subió al tren en Louisville. Para colmo de males, Margaret y los cuatro hijos buscaron asiento en un vagón, mientras que el papá se fue a otro, donde pasó la mayor parte del viaje meditando y orando, preparándose para el nuevo desafío. Llegando a Nueva York el sábado, 22 de noviembre, Simpson predicó al día siguiente. La nota escueta en su diario dice, "Mi primer domingo en Nueva York. Prediqué por la mañana sobre Hechos 1:7–8. Sentí mucha ayuda [de Dios]." Habría sido difícil escoger un tema más apropiado para su mensaje inaugural, para aquel que Dios utilizó para alcanzar con el evangelio, dentro de los próximos años, la gama de necesidad a nivel del mundo. Él necesitaría todo el poder y la capacitación del Espíritu Santo para realizar todo lo que Dios tenía guardado para él.

Se puede imaginar su horror cuando los inmigrantes mal vestidos entraban ruidosamente al elegante santuario, acompañados por sus niños no muy limpios. El sueño tan preciado de Simpson vino a ser la peor pesadilla para la iglesia.

CAPÍTULO 7

ÓRDENES SELLADAS

La noche de su llegada a Nueva York Simpson escribió en su diario: "Hoy pedí un versículo para Nueva York, y no recibí nada. Dios hizo que yo estuviera dispuesto a dejarlo todo a Él y avanzar con órdenes selladas."[1] Es evidente al leer las siguientes anotaciones que aún quedaban muchas preguntas en su mente. Empezó a buscar una casa, aparentemente sin éxito, pero decidió encomendar el asunto a Dios. Iniciando su nuevo ministerio, estaba "volando a ciegas," por fe que caminaba en la oscuridad.

Puesto que la sesión de la 13th Street Presbyterian Church deseaba fijar la fecha para su instalación, Simpson en su diario oró por claridad:

> *Carga extraordinaria esta noche en la reunión de la sesión. Propusieron y solicitaron mi instalación en una fecha próxima. ¿El Maestro claramente me pide esto? ¿O será que me detiene ahora para mantenerme libre para una obra más amplia—lo que yo he deseado—como Evangelista? ¿O me ordena aceptar este cargo por el momento, permitiendo que Él abra el camino en el futuro para cualquier otra cosa que tenga para mí? Con toda seguridad, por su gracia haré lo que Él me indique. Anhelo e insisto en tener Su camino y Su plena bendición, o no podré vivir. Señor, ¡no me permitas errar!*[2]

Durante los siguientes días, mientras que Margaret se mantenía enojada y distante, Simpson seguía adelante, oraba mucho, y se preparaba para empezar a trabajar. Sintió la dirección de Dios para "escribir la visión," como Habacuc lo había hecho, y confiar en Él para su cumplimiento. Por fin, habiendo encontrado una casa y conseguido algunos muebles, la familia Simpson se instaló en su hogar en Nueva York el 5 de diciembre, 1879. Margaret, a pesar de su resentimiento acerca del traslado, poco a poco empezaba a mostrar indicios de aceptación. Por meses se alternaba entre palabras ásperas y tristeza por su enojo. Muchas veces él regresaba a la casa para encontrar a sus hijos llorando y su esposa turbada. "Mi esposa está bajo una influencia de agitación y resistencia morbosa. Y no puedo expresarme libremente con ella sin sentir incomodidad y auto condenación. Esta noche cuando llegué, mis hijos estaban llorando y en conflicto," escribió.[3] Simpson oraba, pidiendo gracia para sus relaciones familiares.

IGLESIA LIBRE

Originalmente la 13th Street Presbyterian Church fue una "iglesia libre," que no cobraba alquiler por las bancas en el santuario. Empezó como un esfuerzo evangelístico a los pobres en el sur de Manhattan, llamada "the Third Free Church—Presbyterian" (la tercera iglesia libre presbiteriana). Se construyó un templo sencillo, y varios pastores sirvieron allí, hasta que Rev. Samuel D. Burchard tomó el pastorado en 1839. Burchard nació en Nueva York, pero de joven se mudó a Kentucky por razones de salud. Estudió en Center College y Danville Theological Seminary, donde Simpson sirvió como fiduciario mientras que vivía en Louisville.

Después de la llegada de Burchard, la iglesia cambió su estrategia. Con un énfasis evangelístico, se había enfocado sobre los pobres, sin tomar en cuenta la raza, y tuvo la reputación de ser una "iglesia que favorecía la abolición" (de la esclavitud). Entonces vendieron su hall humilde y en 1847 se mudaron hacia el norte, a los "campos" de 13th Street. Cambiaron a un formato más tradicional, con el cobro de alquiler para las bancas. Estos cambios produjeron una división en la iglesia, pero la gente acomodada del barrio fue alcanzada. Después de 40 años del pastorado de Burchard, la iglesia llegó a ser próspera, la séptima iglesia presbiteriana de Nueva York en cuanto a tamaño. Pero no todo andaba bien. Los cambios sociales que habían presionado a la iglesia 30 años atrás para moverse al norte, otra vez amenazaban con inundarla. Una vez más, el barrio cambió. Los miembros acaudalados se mudaron más al norte o a Brooklyn, "dejando a los judíos y católicos como madera de deriva," como se informó en un discurso conmemorativo del Pastor Burchard.[4]

13th Street Presbyterian Church

En 1877, a pesar de estas presiones, las finanzas de la iglesia parecían estar seguras, pero dos años después el Pastor Burchard renunció al cargo, bajo el alegato de deshonestidad relacionada con finanzas. La sesión de la iglesia decidió permitirle jubilarse en el aniversario 40 de su pastorado, con un paquete económico considerable para facilitar su salida. La iglesia sacó una hipoteca de $15,000 y entregó esa cantidad completa al Pastor Burchard en agosto 1879. Esta decisión dejó a la iglesia con una deuda significante, que se asumió a pesar de la política explícita del Presbiterio de Nueva York que las congregaciones no debían hipotecar sus propiedades sin notificar en forma debida al Presbiterio. Así que Simpson fue llamado a la 13th Street Presbyterian bajo estas circunstancias.

La poderosa predicación evangelística de Simpson, más sus visitas a todas las familias de la congregación en las primeras tres semanas, produjeron un aumento en el número de congregantes, después de la salida del Pastor Burchard.[5] La energía de Simpson y su pasión por las almas confirmaron la sabiduría de haberle invitado al pastorado. Varios miembros nominales llegaron a ser seguidores convertidos de Cristo. Dentro de unas cuantas semanas después de su llegada, en casi cada culto público gente se acercaba a la sala de consejería para orar pidiendo la salvación. Posteriormente empezó a celebrar cultos al aire libre en la zona de "Little Italy," un barrio pobre al sur de la iglesia. Dentro de poco por lo menos 100 inmigrantes recién llegados, sin esperanza espiritual, fueron alcanzados por el pastor, aún joven, y otros amigos de su iglesia. El equipo evangelístico llevó el evangelio sencillo de Cristo a los recién llegados a América, y ellos aceptaron tanto al mensajero como el mensaje.

Uno de los primeros retos que Simpson tuvo que enfrentar en 13th Street Presbyterian fue la práctica, por mucho tiempo discutida, de alquilar las bancas. Este método de financiar las iglesias era muy común, y usado en varias denominaciones. La mayoría de las iglesias protestantes urbanas de Norteamérica servían a familias de raza blanca de las clases media y alta. Los nuevos inmigrantes a América provenían de países mayormente católicos u ortodoxos, y los judíos venían escapándose de pogromos en Europa Oriental. Irlanda, Italia, Polonia, Rusia, y otros países europeos enviaron embarcaciones enteras con "their huddled masses, yearning to be free" (masas hacinadas anhelando libertad). Mayormente eran pobres, con poca o ninguna educación, y por inercia llegaban a las grandes iglesias católicas u ortodoxas que representaban sus países de origen. Estas iglesias los recibían amistosamente, y funcionaban como centros sociales y culturales que atendían mayormente a los pobres, que no podían pagar para orar. Sin embargo, estas iglesias hacían poco para eliminar la pobreza espiritual de los necesitados recién llegados. Los judíos errantes se quedaban en cualquier lugar donde encontraban alojamiento y empleo, y por lo general fueron despreciados por los demás inmigrantes, tanto como por los nacidos en América.

UNA IGLESIA PARA EL PUEBLO

Aunque no era una práctica muy popular, las iglesias protestantes encontraban que el alquiler de las bancas les proveía una fuente estable de ingresos. No importaba si una familia asistía o no asistía, el alquiler de su banca la mantenía reservada para ellos. Así su cuota mensual sostenía las finanzas de la iglesia. Simpson y otros se oponían a esta práctica y querían que se eliminara. La visión largamente sostenida por A. B. Simpson era de "una iglesia para el pueblo," abierta para todos, sin alquileres, que recibía a los ricos, los de clase media, y los pobres. Los americanos de varias generaciones como los europeos recién llegados, los ex esclavos como los libres, asiáticos y judíos, todos encontrarían un puerto seguro en el Cuerpo de Cristo. Él ansiaba dirigir una congregación en que el color de la piel, la clase social, la casta, y la posición social no tenían importancia. Aunque esto pareciera idealista, hasta ingenuo, él creía que tal lugar abriría el camino para que los no alcanzados sin iglesia encontraran el camino de la salvación.

Cuando Simpson invitó a sus amigos italianos a la muy de moda 13th Street Presbyterian Church, los santos quedaron escandalizados, y la sesión sorprendida. ¡Esto no se hacía! Cuando Simpson pidió que

Little Italy, por los años 1890

los nuevos creyentes fueran bautizados y recibidos como miembros, los líderes de la congregación le sugirieron suave pero firmemente que les buscara otra iglesia donde se sentirían más a gusto.[6] Esta actitud le entristeció el corazón, así como había luchado con la sesión de Chestnut Street en Louisville, para que aceptara su visión por todos los perdidos, ricos y pobres.

Antes de aceptar el llamado al pastorado de 13th Street Presbyterian Church, Simpson había compartido claramente con los líderes su visión por los desatendidos y personas sin iglesia de Nueva York. Su meta fue que la iglesia fuera un centro evangelístico, que recibía a todos. Mientras que esta idea se mantuviera como un sueño distante, los dirigentes de la sesión la aceptaron con entusiasmo. Se puede imaginar su horror cuando los inmigrantes mal vestidos entraban ruidosamente al elegante santuario, acompañados por sus niños no muy limpios. El sueño tan preciado de Simpson vino a ser la peor pesadilla para la iglesia. Como siempre, el punto álgido era si la iglesia se serviría a sí misma, o buscaría a los perdidos. Aunque esta congregación bien intencionada amaba la pasión de su pastor, no compartía su compromiso de alcanzar a todas las clases y llevar a su seno gente cuyo estatus revelaba claramente que no eran de su categoría.

ESTABLECIÉNDOSE

A pesar de las decepciones e impedimentos encontrados en el nuevo pastorado, la vida en el hogar Simpson poco a poco retornó a cierta normalidad y calma. Al Pastor Albert le gustaba trabajar con las manos, y construyó un estante para libros en su oficina. Esto le rindió satisfacción y espacio necesario para su biblioteca que estaba creciendo, además de ahorrar dinero. Muchas veces a través de los años la familia le encontraba ocupado en proyectos para la casa, que le proveían una interrupción necesaria en su programa pesado de predicación, visitación, escritura y redacción.

EL EVANGELIO PARA TODO EL MUNDO

Una de las motivaciones de Simpson que le llevó a Nueva York fue la idea de una revista misionera ilustrada. La "visión de la China" que había tenido, y su convicción creciente acerca de la relación entre el cumplimiento de la Gran Comisión y la Segunda Venida de Cristo, le habían atraído a este centro para las misiones mundiales. En sus primeros días en Nueva York visitaba a docenas de familias de la iglesia, a la vez que trabajaba hasta altas horas de la noche sobre el primer número de *The Gospel in All Lands* (El evangelio en todas las tierras). Con el propósito de servir como recurso para cristianos individuales e iglesias, la revista mensual presentaba artículos por líderes de misiones y misioneros, perfiles de distintos países, e informes sobre regiones y pueblos que aún esperaban el testimonio del evangelio. Él visualizaba su potencial para la movilización misionera en Norteamérica, mucho más allá de las publicaciones denominacionales y las cartas de misioneros pidiendo oración. Lo que él se proponía requeriría una enorme inversión de tiempo, energía, y sus finanzas personales.

Para el enfoque del primer número escogió el continente del África, en el momento histórico en que las potencias europeas se preparaban para "la gran competencia para repartir el África."[7] Al igual que la mayoría de personas interesadas por las misiones en aquel entonces, Simpson aprobaba estas acciones de los europeos para establecer o reforzar sus territorios coloniales. Lo que superficialmente parecía ser una respuesta altruista al llamado de David Livingstone para "El Cristianismo, el Comercio, y la Civilización" para África, fue en realidad, una carrera desenfrenada para saquear el "continente oscuro" y robar sus tesoros. Con un exceso de confianza, la comunidad misionera protestante vio esto como una respuesta, por mucho tiempo aplazada, al problema de ese continente cerrado. El tiempo pronto revelaría las verdaderas motivaciones detrás de estos acontecimientos.

Durante el siguiente año el diario de Simpson reportaba decisiones para Cristo cada domingo. Él estaba luchando físicamente debido al traslado a la nueva iglesia y las múltiples predicaciones que hacía. Además, sentía los efectos de la visitación pastoral y su trabajo como escritor y redactor de la revista *GAL*. Sus energías limitadas requerían tiempo para recuperarse después de sus responsabilidades de los domingos, y la falta de personal en la iglesia cargaba más trabajo sobre el pastor. En algo más de un mes después de llegar a Nueva York, Simpson, trabajando solo, escribió y redactó el primer número de la revista misionera, de 52 páginas, enfocada sobre el África.[8] En su diario, casi todos los días mencionaba su deleite por el progreso en la producción de la revista, pidiéndole a Dios fortaleza y energías para completar la publicación a la vez de mantener su recargado programa de trabajo en la iglesia.

El número sobre el África, publicado en febrero, fue seguido en marzo por otro de igual tamaño sobre la China. Simpson escribió y redactó la mayor parte de los artículos, incluyendo contribuciones por otros autores. La primera tirada fue de 5,000 ejemplares, que él envió por correo a individuos, iglesias, colleges, seminarios, y organizaciones misioneras. Dentro de dos meses después de la publicación del primer número reseñas entusiastas llegaron, felicitando la combinación de artículos bien escritos y el uso extenso de mapas y grabados. En marzo salió el número sobre Japón, y en abril se enfocó sobre Brasil. Posteriormente, otros números resaltaron a la India, el Oriente Medio, y otras regiones del mundo.

Durante el siguiente año y medio, hasta el verano de 1881, Simpson pudo compaginar sus tareas pastorales con las demandas de la revista. La congregación seguía creciendo por personas convertidas. Margaret se sentía más en paz en cuanto a su vida en Nueva York, y lentamente "se ponía a la par" con su esposo visionario. Sus hijos, los mayores de ellos ya entrando a la adolescencia, estaban aprendiendo la vida de la ciudad. El primogénito Albert, y su hermano James Gordon, pronto descubrieron estilos de vida que posteriormente les afectarían de manera negativa. La pequeña Margaret, de tres años, era "la niña preferida de su papá."

Al mismo tiempo, nubes oscuras de agotamiento, depresión, y debilidad de salud le rodeaban a Simpson. A mediados de 1880, por exceso de trabajo y descanso insuficiente, la fatiga le obligó a suspender toda actividad por más de un mes, para restaurar sus fuerzas y capacidad para trabajar. Fue entonces que entregó las responsabilidades de redactar y administrar las finanzas de *GAL* al editor Eugene R. Smith, un laico metodista de Baltimore. Durante los siguientes 16 meses Simpson continuó escribiendo editoriales y otras contribuciones para *GAL,* hasta que le entregó el proyecto entero a Smith.

Hasta fines de 1881 Simpson logró realizar prodigios de malabarismo: múltiples sermones cada semana, visitación, evangelismo, y artículos para la revista. Las finanzas de la iglesia mejoraron mucho, hasta el punto que la mayor parte de la hipoteca de $15,000 se había pagado, con promesas para cancelar lo que faltaba para fines del año. Simultáneamente, la pasión de Simpson por las misiones aumentaba; pero cuanto más notaba la falta de compromiso con las misiones para la mayor parte de la Iglesia Protestante, su perspectiva optimista anterior en cuanto al cumplimiento de la Gran Comisión y el retorno de Cristo se hizo más realista. No era que dejó de creer en la conexión íntima entre las dos cosas. Más bien, pensaba que 13th Street Presbyterian no compartía la carga por las misiones que sentía su pastor. Escribía acerca de las increíbles cantidades de dinero que se gastaba en las iglesias de América para construcciones, decoraciones, y mobiliario. Al mismo tiempo, para comparar, las ofrendas para misiones eran un porcentaje minúsculo. Él quedó maravillado por las grandes sumas gastadas en alimentos para mascotas comparadas con la ínfima inversión que se hacía para la evangelización del mundo.

Simpson leyó un libro por Rev. H. Grattan Guinness, el evangelista fogoso de sus tiempos en Chatham, con el título *The Approaching End of the Age: Viewed in the Light of History, Prophecy, and Science* (El fin del siglo que se acerca, a la luz de la historia, profecía, y ciencia), y le influyó mucho en su escatología. Guinness identificaba al Papado católico romano como el Anticristo de Apocalipsis que surgirá antes del retorno de Cristo. Esta lectura le condujo a Simpson al último paso en su cambio de la enseñanza postmilenial a la premilenial. De acuerdo con esto, quedó cada vez más convencido que el retorno de Cristo estaba muy cerca, y que la mayor parte de las profecías del Antiguo y el Nuevo Testamento ya se habían cumplido. Escribió en el número de febrero

1881 de *The Gospel in All Lands:* "seguramente estamos viviendo muy cerca de la gran crisis del mundo."[9]

En consecuencia, las opiniones de Simpson respecto a la iniciativa misionera también cambiaron. Ya no creía que las agencias denominacionales estuvieran preparando a misioneros idóneos para alcanzar a los perdidos alrededor del mundo. Él visualizaba una categoría nueva de misioneros, "las tropas irregulares de Dios," preparados con uno o dos años de enseñanza bíblica, teológica, y práctica en escuelas para la preparación de misioneros, en vez de seminarios teológicos. Sus experiencias personales y observaciones, habiendo servido en las juntas directivas de Knox College y Danville Presbyterian Seminary en Kentucky, le convencieron que, a las pocas personas dispuestas a salir, estas instituciones estaban preparando más allá de las necesidades de las personas a quienes tenían que alcanzar. Su concepto de una escuela de preparación básica fue inspirado por el East London Training Institute, fundado por Guinness, y unas cuantas escuelas similares en Alemania y Suecia. En la *GAL* de febrero 1881 escribió: "Hay un campo grande y creciente de obra misionera para mujeres piadosas. Ellas hacen esfuerzos nobles en este país, levantando fondos. Pero Dios quiere que más de ellas salgan al extranjero . . . ¿No hay alguna mujer leyendo estas líneas que oye en su corazón el susurro casi apagado, *'Anda*?'"[10]

Parece claro que Simpson, consciente o inconscientemente, estaba llegando a un punto de donde no podría regresar. A pesar del aparente éxito de su pastorado, la lucha que experimentó en Louisville en cuanto al Broadway Tabernacle fue similar a la que encaraba en 13th Street Presbyterian Church. Tal vez el primer golpe fuerte a sus sueños para transformar a su congregación, de una iglesia acomodada de clase alta en una "iglesia para el pueblo," abierta para todos, sucedió cuando la sesión de la iglesia rehusó recibir a los inmigrantes italianos. A pesar de que los líderes le habían asegurado que estaban plenamente de acuerdo con su visión para una iglesia enfocada claramente en alcanzar a los olvidados y perdidos de Nueva York, se hacía cada vez más evidente que no estaban dispuestos a seguirle adonde él quería llevarles.

En la primavera de 1881, la salud de Simpson le estaba fallando.[11] No se había recuperado del todo del agotamiento del año anterior, con su ausencia de más de un mes. Luchaba por mantener su programa completo de ministerios en la iglesia. Los miembros explicaban la reducción en sus visitas pastorales, diciendo que "se encuentra débil." Después de predicar el domingo por la mañana y por la noche, tenía que descansar hasta el miércoles para recuperar sus fuerzas. Así, no teniendo la convicción que Dios podría sanarle, ni que lo haría, consultó con un médico prominente de Nueva York. El doctor "insistió en hablarme acerca de mi salud, y me dijo que no tenía la fuerza constitucional suficiente para durar más que unos cuantos meses más. Me exigió tomar medidas inmediatas para preservar mi vida y mi utilidad."[12]

NINGÚN HOMBRE OBRA COMO ÉL

A causa de las palabras fuertes de su doctor, sorprendentemente similares a lo que otro médico le había dicho 10 años antes en Hamilton, Simpson pidió un permiso de ausencia y viajó a Saratoga Springs en el norte del Estado de New York, para curarse en las aguas de ese sanatorio. Simpson describió su estado de mente y corazón al llegar allá:

> *Con salud quebrantada y la melancolía y conflicto que acompañaban esa condición, cierta tarde nos paramos en esa zona de acampada de indígenas y escuchamos al coro Jubilee cantar estas palabras: "Mi Jesús es el Señor de señores, nadie obra como Él." Esta letra resonaba en nuestro corazón como un mensaje celestial, y nuestro espíritu, que se estaba hundiendo, se aferró nuevamente de Él. Unas pocas semanas después descubrimos a nuestro querido Señor como un Sanador y Dios de maravillas, y desde esa ocasión empezó toda la bendita obra, de la cual esta visita ahora es parte.*[13]

En otra ocasión Simpson describió aquella escena y el efecto de las palabras entonadas por los Jubilee Singers:

> *[Las palabras] me cayeron como un hechizo. Me fascinaba. Me parecía una voz del cielo. Se posesionó de todo mi ser. Yo le acepté que fuera mi Señor de señores, y que obrara por mí. No entendía todo el significado de esto, pero le acepté en la oscuridad. Salí de ese culto sencillo y nada pomposo, no recordando ninguna otra cosa, sino sintiéndome extrañamente exaltado, para siempre.*[14]

El coro Jubilee que Simpson escuchó fue un grupo coral afro americano de estudiantes universitarios, hijos e hijas de esclavos puestos en libertad. Después de la Guerra Civil, en 1866 misioneros de las iglesias Bautistas del Norte abrieron un college llamado Fisk University en Nashville, Tennessee, para esclavos recién emancipados. Los Jubilee Singers hacían giras anuales en el verano para levantar fondos para la institución, además de reclutar a nuevos alumnos. Como muchas de las canciones espirituales de los negros de aquel entonces, existen diferentes versiones de la letra. La canción "Ride on King Jesus" (Sigue cabalgando, o Rey Jesús) tiene esta letra:

> *¡Sigue cabalgando, o Rey Jesús! Ningún hombre te puede detener. Sigue cabalgando, o Rey Jesús, sigue cabalgando. Ningún hombre te puede detener.*
>
> *Él es el Rey de reyes; Él es Señor de señores.*
> *Jesucristo, el principio y el fin; ningún hombre obra como Él.*
>
> *El Rey Jesús monta un caballo color de leche; nadie obra como Él.*
> *El Río Jordán lo cruzó; nadie obra como Él.*[15]

Simpson quedó profundamente impactado por el refrán, "Ningún hombre obra como Él." Más tarde él usó estas palabras en la canción que escribió en 1897, "Nadie obra como Él," que llegó a ser una canción favorita de La Alianza, expresando con palabras y melodía la verdad que el Señor obra como ningún otro.[16]

Algunas semanas después, a principios de agosto 1881, Simpson y su familia asistieron a Old Orchard Camp en el estado de Maine. Este campamento sobre la playa posteriormente llegó a ser el escenario de muchas convenciones importantes de La Alianza. Esta vez, durante su estadía, Simpson asistió a pocas reuniones. Pasó la mayor parte del tiempo descansando, orando, meditando y esperando para ver lo que haría su Señor de señores. Uno de los oradores en el campamento fue el Dr. Charles Cullis, un médico laico episcopal. Había alcanzado cierta fama por orar por sus pacientes como parte de su tratamiento, y por ver que muchos de ellos fueron sanados milagrosamente. Él llegó a ser el pionero en Norteamérica en enseñar la base bíblica para creer que la sanidad es parte de la obra expiatoria de Cristo.[17]

Simpson se acordaba del incidente en Louisville en que él había orado por un joven mortalmente enfermo, quien fue sanado casi al instante.

También recordaba que él mismo había disfrutado una mejoría de salud hasta que el médico cristiano le dijo que tal fe era presuntuosa. Como resultado, la duda se le había entrado, y le regresaron la salud delicada, palpitaciones del corazón, y falta de energía y resistencia. Él perdió lo que había descubierto por medio de la oración. Ahora veía nuevas razones por creerlo.

Lo que más le impactó a Simpson fue el testimonio de hombres y mujeres sensatos y honestos, que contaban con sencillez acerca de las sanidades asombrosas en su vida. Simpson percibió que el refrán cargado de esperanza que cantaban los Jubilee Singers era algo más que una simple ilusión. Él decidió seguir el ejemplo de los creyentes de Berea, que buscaban en "las Escrituras, para ver si estas cosas eran así." En sus propias palabras, él describe este momento decisivo de su vida cristiana:

> *Cierto verano escuché los testimonios de muchas personas que habían sido sanadas simplemente por confiar en la palabra de Cristo, exactamente como lo habían hecho para la salvación. Esto me obligó a*

El Campamento de Old Orchard

> *estudiar las Escrituras. Me propuse resolver de alguna manera este asunto. Estoy sumamente feliz que no busqué la solución entre los seres humanos. A los pies de Jesús, en soledad, sin nadie para ayudarme ni guiarme, me convencí que esto es parte del glorioso evangelio de Cristo para nuestro mundo lleno de pecado y sufrimiento.*

Es parte de lo que Él compró por su bendita cruz, para todos los que se atreven a creer y recibir su palabra. Esto fue suficiente para mí. Yo no podía creer esto y a la vez rehusar aceptarlo para mí mismo. Estuve convencido que yo no podía tener ninguna parte de la Palabra de Dios como una mera teoría, ni enseñar que otros hagan algo que yo mismo no había comprobado. Así que un viernes por la tarde [probablemente el 5 de agosto, 1881], a las 3:00 p.m., salí al silencioso bosque de pinos [en el Campamento Old Orchard]. Me acuerdo el lugar exacto; allí levanté la mano derecha al cielo y juré a Dios, como si lo hubiera visto allí cara a cara, y en vista del Día de Juicio, estos tres votos solemnes:

1. *Considerando que he de encontrarme contigo en aquel día, yo solemnemente acepto esta verdad como parte de Tu Palabra y del evangelio de Cristo. Por la ayuda de Dios, jamás la cuestionaré hasta que me encuentre contigo allá.*

2. *Considerando que he de encontrarme contigo en aquel día, yo recibo al Señor Jesús como mi vida física, para cada necesidad de mi cuerpo hasta completar toda mi tarea aquí. Con la ayuda de Dios, jamás dudaré que en realidad Él llega a ser mi vida y fuerza desde este momento, y que me preservará en cualquier circunstancia hasta su bendito retorno, y hasta que toda su voluntad por mí sea realizada perfectamente.*

3. *Considerando que he de encontrarme contigo en aquel día, solemnemente acepto usar esta bendición para la gloria de Dios y el bien de otros. Hablaré de esto o ministraré en relación con ello de cualquier manera en que Dios me llame, o que otros me necesiten en el futuro.*[18]

Como Simpson posteriormente lo explicó en su libro seminal, *El Evangelio Cuádruple*, creía que la sanidad para el cuerpo físico se incluía en la Expiación de Cristo, parte de la obra redentora de Cristo en la cruz. Como dice Romanos 8:11, el mismo Espíritu Santo que levantó de los muertos a Jesús, vivificará a nuestro cuerpo mortal, es decir nos trae vida y salud. La promesa del Antiguo Testamento en Isaías 53:4–5 tiene su cumplimiento en el Nuevo Testamento, en Mateo 8:16–17 y 1 Pedro 2:24: *Por cuya herida fuisteis sanados.*

Jesucristo es nuestro Santificador, viviendo por medio del Espíritu Santo en el creyente, dando victoria sobre el pecado y Satanás, y proveyendo poder para llevar una vida santa y servir de manera aceptable. De la misma manera este mismo Espíritu de Cristo mora en el creyente para sanar y dar salud divina. El concepto de "el Señor para el cuerpo, y el cuerpo para el Señor"[19] así como el Señor para nuestra alma y espíritu, ambos provienen de la teología "Cristo en mí" que se había formado en Simpson. Ese tema llegó a ser el lema principal de su ministerio desde ese día en adelante.

Creyendo en el Señor para su cuerpo, Simpson regresó a su cabaña. Aunque no podía decirle a Margaret que se sentía mejor físicamente, le declaró que había recibido del Señor la sanidad por fe, y que estaba decidido vivir de esa manera. Al día siguiente, un sábado, partieron para New Hampshire y se registraron en un hotel cerca de Mount Kearsarge. Sabiendo que Simpson se encontraba allí, el pastor de la Congregational Church local le invitó a predicar. Al aceptar la invitación, Simpson sintió la dirección de Dios para testificar acerca de su nueva

Mount Kearsarge, New Hampshire

fe en la sanidad. Entonces se libró la batalla. Puesto que todavía no se sentía mejor, dudaba de predicar lo que acababa de aceptar pero que aún no experimentaba en su cuerpo. Así que sacó un sermón que ya había predicado. Más tarde confesó que tuvo mucha dificultad en pronunciar las palabras, porque se sentía muy convicto por su falta de fe y su desobediencia. Salió rápidamente de la iglesia, y fue a un campo cercano, donde se acostó y rogó a Dios perdón, prometiendo ser fiel a su nueva creencia.

Esa misma tarde le pidieron hablar a un grupo pequeño en su hotel. En obediencia les contó humildemente lo que había descubierto sólo dos días antes, que la sanidad se encontraba en la Expiación, que Cristo murió por nuestros pecados y los efectos del pecado, incluyendo la enfermedad. Fue la primera de innumerables veces que predicó sobre el mismo tema. Terminando, tenía paz, pero no sentía ninguna diferencia en su salud.[20]

La mañana siguiente algunos jóvenes alojados en el hotel le pidieron al Pastor Simpson acompañarles para subir la cercana montaña, Mount Kearsarge. Al instante, A. B. Simpson recordó su experiencia aterradora en 1871 a bordo del pequeño tren de cremallera en Suiza, cuando pensó que estaba a punto de morir de asfixia sobre Mount Rigi, de casi 6,000 pies de elevación. Recordaba la misma sensación de estrangularse cuando subía las centenares de gradas en la torre de la catedral de Florencia, Italia, unas pocas semanas después. Subir unas gradas había sido un esfuerzo grande para su corazón débil.

EL LOBO Y EL PASTOR

Ahora, cada célula de su cerebro le decía, "¡No te vayas!" a la vez que su alma le presionaba a confiar en Dios e intentar la subida, o morir. Sentía que el Señor le decía, "Si tienes miedo y rehúsas ir, será porque no crees que Dios te ha sanado. Si lo has recibido para ser tu fortaleza, ¿debes temer cualquier cosa que te pide hacer?" Así que Simpson salió con los jóvenes, y pronto sentía que su corazón se le aceleraba, le faltaba aliento, y le fallaban las fuerzas. Una vez más, sus propias palabras:

> *Al principio me parecía que me quitaría mi último aliento. Sentía toda la debilidad y el temor de antes. Descubrí que en mí mismo no tenía más fuerzas que antes. Pero encontré que había otra Presencia que confrontaba mi debilidad y sufrimiento. Había una*

fuerza divina que se extendía hacia mí, si la aceptara, la tomara, la reclamara, me aferrara y perseverara en ella. Por un lado me parecía que me presionaba un peso de Muerte, y por el otro una Vida Infinita. Y me dominaba el uno, o me levantaba la otra, en relación directa con mi actitud de retroceder o avanzar, de temer o confiar. Parecía que yo caminaba en medio de los dos, y el que yo tocaba me dominaba. El lobo y el Pastor caminaban conmigo, uno a cada lado, pero el bendito Pastor no permitió que me desviara. Me acerqué cada vez más a su seno, y con cada paso me sentía más fuerte. Cuando llegué a la cumbre del cerro, me parecía encontrarme a la puerta del cielo, con el mundo de debilidad y temor echado a mis pies.[21]

El lobo y el Pastor—por un lado la muerte, por el otro la Vida Infinita. Desde ese momento hasta aproximadamente un año antes de su fallecimiento en 1919, Simpson caminaba cada vez más cerca del Buen Pastor, y realizaba el trabajo que harían tres o cuatro hombres "normales." La subida de Mount Kearsarge fue literalmente la piedra fundamental de este momento decisivo de su vida, que cambió la dirección de su ministerio desde ese día en adelante.

LA FE PROBADA POR FUEGO

Unas semanas después, Bert y Margaret regresaron a su hogar en Nueva York con nuevas energías y firmeza. Aunque todavía un hombre flaquísimo que medía seis pies de estatura, Simpson disfrutaba de la salud como nunca antes. Predicaba acerca del Cristo que mora en el creyente para hacerle santo y sano. Aunque este mensaje fue nuevo para su congregación, fue bien recibido. Después de su ausencia prolongada y su sanidad personal, Simpson pronto fue confrontado en cuanto a su fe renovada en el Señor para el cuerpo. Su hija Margaret, de tres años, cayó con un caso serio de difteria. Margaret, la madre, ya había perdido a su hijo Melville Jennings de tres años por la misma enfermedad. Ella demandó a Bert que llamara al médico, pero él rehusó hacerlo. Más bien, ungió la frente afiebrada de su hija y reclamaba las promesas de Dios para su recuperación. Pasó una noche solitaria con ella, mientras que su esposa temía lo peor. A la mañana siguiente, la garganta de la niña estaba limpia, y se despertó lista para jugar.[22]

Después de cierto tiempo, algunos empezaban a cuestionar si su pastor se había vuelto fanático. Al mismo tiempo, Simpson estaba a punto de hacer algo tan drástico que le afectaría su posición como pastor presbiteriano. Habiendo estudiado y predicado por un buen tiempo acerca de Moisés y el cruce del Mar Muerto por los hijos de Israel, Simpson llegó a estar convencido que la manera correcta del bautismo era la inmersión. Había ganado un premio de dinero por un ensayo que escribió como alumno del seminario, defendiendo el bautismo infantil, pero ahora estaba convencido que el bautismo era el testimonio exterior del acto interior de confiar en Cristo para la salvación y para la muerte a la vida egoísta anterior.

En una tarde fría de otoño de 1881, la sencilla Italian Baptist Mission en "el distrito más pobre de Nueva York," fue la escena de otro momento decisivo en la vida de Simpson. Sintiéndose aislado y condenado por sus amigos a causa de su "fanatismo excéntrico," humildemente le pidió al pastor bautista italiano (que se cree fue Antonio Arrighi, quien en ese momento fue el único pastor italiano protestante conocido en Norteamérica) que le bautizara en "la pequeña y humilde escuela construida de madera" que le servía de iglesia para la congregación tan pobre que no podía comprar un edificio.[23] La señora Simpson no estuvo presente para ser testigo de este acto, que puso el último clavo en la tapa del ataúd de su esposo como pastor presbiteriano. Es probable que Simpson envió a esta Misión Italiana a los 100 convertidos italianos que él había ganado para Cristo, después que la sesión de 13th Street Presbyterian había rehusado recibirlos como miembros. Es probable que Simpson escogiera ese lugar nada prestigioso para su bautismo, por la relación ya establecida. Después del sencillo servicio de inmersión, el pastor bautista y su esposa salieron para otro compromiso. Quedando solo en el cuarto frío donde se cambiaba la ropa, Simpson se arrodilló y se regocijó al sentir el calor de la presencia del Señor, por su disposición de entrar en un nivel más profundo de obediencia y muerte a todo lo que anteriormente había valorado. Aunque no estaba seguro a donde le conduciría este paso, salió de la humilde capilla confiado de la dirección del Señor.

Siempre deseoso de ser franco con su iglesia, inmediatamente, el 7 de noviembre, él informó al New York Presbytery de su bautismo por inmersión, y que desde entonces no podría bautizar a los niños. Luego informó a la sesión de 13th Street Presbyterian de su decisión de renunciar del New

York Presbytery, para ser pastor independiente. Una vez más, estos sucesos trascendentales le sorprendieron a Margaret, y otra vez le obligaron a luchar. Con cinco hijos, desde el adolescente Albert a Howard Home, de un año, sin ningún salario, y viviendo en una casa alquilada, la esposa sufrida una vez más cuestionó las decisiones de su marido. Ella por fin se había acostumbrado y se sentía a gusto en Nueva York. Entonces, de repente, en agosto su esposo enfermizo había sido sanado milagrosamente. Ella ahora estaba viviendo con un verdadero Lázaro, a quien Dios había librado de los ropajes de sepultura por su poder sanador.

En la mañana del mismo día [en que Simpson presentó su renuncia al New York Presbytery] los ancianos le visitaron a la señora Simpson en su casa para manifestarle sus profundos pésames. Su esposo contó, "Ellos comentaron que cuando se condolían con ella, sentían como si estuvieran asistiendo a sus funerales."[24] Esta vez, aunque se sentía inquieta, Margaret no reaccionó fuertemente, como lo había hecho cuando Simpson renunció de su pastorado en Louisville. Ella trató de seguirle a su esposo visionario, aunque fuera de lejos.

El Señor había abierto el sobre de las órdenes selladas de Bert. Él ahora, con 38 años de edad, se sentía un hombre nuevo, libre y dispuesto para obedecer las órdenes de su Comandante. Años después su hija Margaret recordó, "Una vez me contó que él no había llegado a ser adulto hasta la edad de 38 años, y sabemos que la mayor parte de su obra sobresaliente se realizó después de esa edad."[25] Por 38 años Simpson había luchado con problemas debilitantes de salud, y con una visión de la voluntad de Dios para él que se expandía. Él compensó por este desarrollo lento, desplegando en la segunda etapa de su vida una asombrosa explosión de energía y ministerio duradero.

"Él no les hará pensar mucho acerca de ustedes mismos, ni mucho acerca de Él mismo, pero Él (el Espíritu Santo) les hará pensar muchísimo acerca de Jesús."

—A. B. Simpson

CAPÍTULO 8

EL GOSPEL TABERNACLE PEREGRINO: 1881 A 1887

POR FE CIEGA, OBEDECIENDO LA DIRECCIÓN DEL SEÑOR, A. B. Simpson renunció de 13th Street Presbyterian Church el 7 de noviembre, 1881.[1] Él creía que Dios le había llamado a evangelizar a las masas desatendidas de la ciudad de Nueva York, algo que pensaba que no era posible en 13th Street Presbyterian Church, a causa de las visiones contradictorias de ministerio.

El domingo siguiente Simpson realizó una reunión en el Caledonian Club, en un salón de baile del tercer piso que él describió como "frío y sin atractivo." Esa primera reunión tuvo una buena asistencia, puesto que su renuncia de 13th Street Presbyterian había sido una noticia "flash" en Nueva York; muchos amigos y periodistas asistieron. En ese tiempo las noticias de las iglesias locales recibían la atención de la prensa, y esa atención era beneficiosa. En esa primera reunión, Simpson expuso su meta para su nuevo proyecto evangelístico, e invitó para una reunión de seguimiento el domingo siguiente para oración y consulta.

En esa segunda reunión asistieron cinco mujeres y dos hombres, en lo que Simpson consideró el culto inicial del Gospel Tabernacle (Tabernáculo del evangelio). Veinte años después, él comentó que el primer culto oficial tuvo una asistencia "no muy animadora," pero que dos de esas personas originales todavía seguían asistiendo al Tabernacle. El Caledonian Hall original ya no existe, porque fue derribado hace mucho tiempo. Ubicado en Horatio Street, números 8 y 10, quedaba a dos cuadras de 13th Street Presbyterian Church, y la casa cercana de la familia Simpson, con dirección 123 West 13th Street.[2]

Después de ese inicio nada prometedor, el grupo de creyentes continuó reuniéndose los domingos en Caledonian Hall. También se reunían entresemana en la casa Simpson para enseñanza y preparación. Simpson más tarde declaró en *Living Truths,* de marzo 1907, que al principio no tuvo la intención de fundar una iglesia. Su meta había sido iniciar "una obra evangelística, dejando a los convertidos en libertad para unirse con varias iglesias."[3]

Con más reflexión, y habiendo conversado con Dr. Judson, otro pastor amigo, Simpson se dio cuenta que debía cuidar a su propio rebaño.

El Caledonian Club de Nueva York

"La madre siempre será la mejor enfermera de sus propios hijos," decía Judson.[4] Simpson veía la sabiduría de esas palabras, puesto que algunos de los nuevos convertidos ya estaban pidiendo el bautismo y la Santa Cena. Ninguno de estos "hijos" quería ser enviado a otra parte.

Por eso la pequeña congregación de 35 miembros se reunía en la casa de los Simpson, donde se organizaron oficialmente como el "Gospel Tabernacle of New York" en febrero 1882.[5] Simpson contó que en vista del hecho que no había "suficientes hombres para todos los cargos, . . . algunos de nuestros primeros fiduciarios por fuerza tuvieron que ser 'señoras elegidas.'"[6] Esta experiencia nueva de reconocer los dones y capacidades para ministerio por parte de mujeres fue una característica de los primeros días de La Alianza, evidencia de la creciente aceptación por Simpson del rol de las mujeres en el ministerio, desarrollada vívidamente en *Anointed Women.*[7]

Simpson deseaba alcanzar a la población de Nueva York que no asistía a ninguna iglesia, en especial la clase media, que él pensaba que había sido desatendida en la mayoría de las ciudades principales de EE.UU. Había observado la misma necesidad en Louisville. Por eso, en Nueva York él se enfocaba sobre la gran masa de personas no consideradas ni ricas ni pobres. Muchos ministerios fluyeron del liderazgo y apoyo de Simpson, como el abrir misiones de rescate, hogares para "mujeres perdidas," orfelinatos, escuelas de preparación, y hogares de sanidad. Pero Simpson mantenía su enfoque sobre los no alcanzados. Su meta para los nuevos creyentes después de la conversión era que formaran una base fuerte que se autosostenía, sobre la cual él podría establecer una importante extensión del evangelio, tanto en el extranjero como en Norteamérica. Simpson en el Gospel Tabernacle siguió el modelo del Metropolitan Tabernacle de Spurgeon en Londres, donde asistían miles de hombres y mujeres, con pobres, ricos, y de clase media sentados juntos.

SIGUIENDO LA NUBE

A consecuencia de crecimiento por conversiones, el Gospel Tabernacle se transfirió en enero 1882 a la Academy of Music, donde se quedó por un mes. Entonces "la nube se movió," y el Tabernacle pasó a Steinway Hall, en East 14th Street, números 71–73. Allí Simpson tuvo la ayuda de Mr. George Stebbins y esposa, cantantes del evangelio bien conocidos,[8] además del pastor británico, Rev. E. W. Oakes, uno de los dos hombres iniciales que se reunieron en Caledonian Hall en noviembre del año anterior.

Durante esos primeros meses Simpson pagaba personalmente el alquiler, porque no quería cargar a los primeros adherentes del nuevo ministerio. Esto pronto cambió, cuando la congregación "pidió el privilegio de participar con manos liberales y amor sacrificial," y empezaron a recibir ofrendas del público.[9] Este avance alivió la carga económica sobre Simpson y su sacrificada esposa, que todavía luchaba con el reto de proveer alimento y alojamiento para sus cinco hijos, sin ningún sueldo pastoral para sostenerlos. A consecuencia de esto, estaban viviendo de sus pequeños ahorros en un departamento reducido de cuatro habitaciones, más ofrendas ocasionales de amigos, y la herencia de Margaret de su padre.

Se presentó la necesidad de otro lugar de reunión porque Steinway Hall tenía compromisos previos. Así fue que el grupo errante del Tabernacle llegó a Abbey's Park Theatre sobre Broadway Avenue, cerca de 22nd Street. Empezaron a reunirse allí el 19 de marzo.[10] El crecimiento de la congregación fue por conversiones, más algunos cristianos maduros que se adhirieron, inspirados por la meta de alcanzar a los olvidados en la ciudad más grande de América.

Para mayo 1882 el Tabernacle alquiló el Grand Opera Hall sobre 8th Avenue con 23rd Street por $2,000 al año, una cantidad apreciable para la nueva congregación.[11] En este local más permanente ellos

Grand Opera Hall House

realizaron cultos cada noche, además del domingo por la mañana y la tarde. El hall tenía un auditorium, salas para las clases de Escuela Dominical, una oficina para el pastor, y una imprenta.

Ese mismo verano de 1882, L. B. Heller de Newark, New Jersey, otro simpatizante acaudalado de Simpson, donó una carpa grande que se levantó en 23rd Street entre 7th y 8th Avenues. Fue el único lote vacante en esa parte de Manhattan, pero aun así el dueño, William Noble, no cobró alquiler por su uso. El vecindario tenía burdeles y era el territorio de la infame pandilla McGloin.[12] También tenía bares sórdidos y casas de juegos al azar. Los cultos empezaron en este recinto al aire libre el viernes, 14 de junio, y continuaron por más de cuatro meses. Simpson y sus seguidores realizaron servicios evangelísticos cada noche y repartieron decenas de miles de tratados del evangelio. Durante los siguientes meses, más de 300 neoyorquinos se convirtieron y llegaron a ser parte de la creciente familia del Tabernacle. Cuando llegó la temporada del frío, el grupo del Gospel Tabernacle retornó al Grand Opera Hall.

El año siguiente, un periodista que reportaba sobre las reuniones del verano de 1883 informó que la carpa se llenaba casi hasta su capacidad para 2,000 personas, y que los asistentes mantenían buen orden y eran inteligentes. Todas las noches hubo conversiones y sanidades. El reportero describió al "Hermano Simpson" como un hombre en la flor de la vida, delgado y de tez rubia, que hacía contraste con su barba y pelo negros. Su predicación fue clasificada como directa y sencilla, y exhortaba con mucha sinceridad.[13] Cada noche, al fin del mensaje, invitaba a pasar adelante a los que buscaban la gracia de Dios.

EL FAMOSO "CURANDERO"

Después de más de un año como pastor independiente y evangelista, Simpson ya no era un pastor respetable. Más bien, se había convertido en un personaje popular, famoso por el ministerio casi continuo del Gospel Tabernacle, y por los muchos informes de sanidades milagrosas bajo su ministerio. Fue severamente criticado por anteriores colegas pastorales, que no creían en la nueva doctrina de "la sanidad divina." Entre el flujo continuo de visitas a su oficina en el deslustrado Grand Opera Hall hubo periodistas que le cuestionaban abiertamente y le llamaban un "curandero." No buscaba publicidad, y se consideraba un pastor y evangelista.

Esa doctrina en aquel entonces fue llamada despectivamente "Curación por Fe." Y por todos lados recibía el desdén de los pastores del rebaño de Dios.

Los periodistas que pidieron verificación de las sanidades recibieron los nombres de miembros del Tabernacle y otros que habían sido sanados. Un reportero escéptico visitó a cinco de aquellas personas. Confirmó la veracidad de sus relatos, y publicó sus testimonios. Simpson insistía que el ministerio de sanidad no era el enfoque central de su obra, más bien una fase de la obra total de Cristo para los que estaban dispuestos a creer. Sin embargo, la publicidad produjo una sensación que atraía a gente nueva.

Unos años después, Simpson escribió en el Anuario de *La Alianza Cristiana*:

> *En la primavera de 1883 . . . se abrió un Hogar [para sanidad] en el número 331 de West 34th Street, que llegó a ser la escena de muchas benditas manifestaciones de la Presencia y el Poder Divinos durante el siguiente año.*[14]

En cuanto al ministerio de sanidad del Berachah Home, el artículo continúa:

> *Poco después de la organización de esta obra, varias personas relacionadas con ella recibieron la sanidad divina por fe en el nombre de Jesús. Pronto muchas personas empezaban a llegar desde lejos para investigar el ministerio y recibir instrucción. El principio detrás de estas sanidades es la fe razonable y bíblica en Dios por parte de la persona interesada, que nace de firme convicción, no de ningún poder personal que tenga el pastor ni los otros obreros. Todos los casos han recibido cuidadosa instrucción, y pronto se vio la necesidad de un Hogar donde se les podría recibir para descanso, enseñanza, y despertar espiritual.*[15]

Berachah fue, en realidad, el segundo hogar de sanidad, puesto que Simpson anteriormente había abierto su propia casa en West 13th Street para recibir a los enfermos. Obviamente, Margaret no estaba muy contenta de que su casa se convirtiera en una "institución," que como tal era inadecuada por la falta de espacio e instalaciones apropiadas, además de la presencia de niños pequeños que necesitaban un hogar para ellos mismos. Debido a los ruegos de Margaret y la oración de Simpson, un seguidor adinerado donó una casa que se convirtió en el Berachah Home.

Muchos de los asociados más cercanos de Simpson le conocieron por primera vez en las reuniones en la carpa o el Tabernacle, donde ellos mismos recibieron la sanidad física, restauración de desánimo, un caminar más profundo en el Espíritu Santo, y una renovación de su llamado. Entre ellos se contaba Dr. George Pardington, Rev. Kenneth Mackenzie, Rev. E. D. Whiteside—quien más tarde fue conocido como "el apóstol de Pittsburgh,"—y Rev. Walter Turnbull—que llegó a ser el director del Nyack Missionary Training Institute. Todos ellos conocieron al pastor visionario, cuya carga por los perdidos y disposición de obedecer le había dirigido en esta jornada de fe. En consecuencia, se sintieron obligados a unirse con Simpson.

Después de haber sido sanado él mismo, Mackenzie, quien era testigo de los ataques contra Simpson, describió la transformación milagrosa de su pastor:

> *Su aspecto casi se parecía a un cadáver, pálido y demacrado. Su fisonomía grande daba énfasis sobre su fragilidad física . . . Pero debo anotar aquí que el Dr. Simpson por fin llegó a tener un aspecto robusto, y manifestaba de manera gloriosa la vindicación de su fe en el poder del Señor Jesús para sostenerle. Yo le envidiaba su capacidad para tomar grandes cantidades de leche, que pronto tuvo el efecto de llenar su cuerpo encogido hasta el punto que llegó a pesar bastante.*[16]

Las reuniones en la carpa continuaron hasta fines de octubre, cuando el frío les obligó a alquilar el Hippodrome de P. T. Barnum, más tarde bautizado con el nombre Madison Square Garden. Empezando el domingo 4 de noviembre, 1883, Simpson llevó a los miembros del Tabernacle a aquel enorme estadio, que apenas estaba preparado para el culto de la iglesia. A pesar de no contar con ninguna calefacción en el estadio, el día amaneció soleado y la gente del Tabernacle estaba "llena de esperanza y seriedad, y los cultos gozaron de mucha bendición."[17] En el culto de ese domingo celebraron los dos años de ministerio independiente del evangelio en Nueva York. Simpson predicó sobre el texto, "Echa tu pan sobre las aguas; porque después de muchos días lo hallarás," y quedó claro que Dios había abierto una puerta cada vez más ancha en la gran ciudad.

Madison Square Garden era un estadio abierto con techo de lona. Se realizaba regularmente allí el Circo de P. T. Barnum, como también exposiciones de flores, eventos ecuestres, competencias de belleza, y reuniones de la Women's Christian Temperance Union. Siete años antes, D. L. Moody había celebrado reuniones evangelísticas allí, con miles de convertidos. Los del Tabernacle se congregaron en el estadio frío durante todo el invierno, hasta enero 1884. A pesar de oraciones levantadas y peticiones a los dueños del Garden, el calentón largamente prometido y esperado jamás llegó, lo cual obligó que los santos, temblando de frío, abandonaran el Garden y volvieran al calor del Grand Opera Hall hasta abril de 1884.

Después de ocupar media docena de locales en tres años, Simpson pensaba que el Tabernacle necesitaba un hogar permanente. Visualizó un edificio que tendría espacio para todo lo necesario, "una construcción muy económica de calaminas, costando entre $1,000 a $2,000, que tendría espacio para un auditorio grande en un solo piso."[18]

La congregación del Tabernacle aceptó el reto y levantó fondos para comprar cuatro lotes en 32nd Street, parte del área donde ahora se encuentra Penn Station. Entregaron un considerable pago inicial de $13,000, pero el abogado que manejaba la compra se escapó con el dinero y el negocio se anuló. A pesar de este frustrante atraso, una oportunidad para una ubicación mucho mejor le cayó en las manos de Simpson, lo que daría solución a las peregrinaciones de su tribu por los tres años siguientes. Es una historia extraña.

"VERÁ QUE ÉL NOS LO DARÁ"

En el tiempo que el Tabernacle peregrinaba por la parte sur de Manhattan, el distrito de los espectáculos se extendía por West 23rd Street, entre 6th y 7th Avenues, con varios salones de baile y teatros. Algunos eran imponentes, como la Grand Opera House, de mármol blanco, en 8th Avenue y 23rd Street, donde la iglesia de Simpson se había congregado. Necesitando un hogar más permanente, Simpson inició negociaciones con el dueño del Armory (arsenal) antiguo sobre 23rd Street, cerca de 6th Avenue, un edificio deteriorado que antes había servido como establo, y después, una iglesia.

Mucho antes que se le ocurriera a Mel Gibson, el director inglés Salmi Morse (nacido Salomón Moisés) tuvo planes de presentar su "Passion of Christ" en Nueva York, y veía al antiguo Armory como el local apropiado.[19] En 1879 había presentado el drama en San Francisco, con la oposición abierta de todo el clero cristiano, resultando en una pérdida de dinero. Después de sólo ocho funciones, la policía cerró el drama, los actores fueron multados, y Morse tuvo que salir de la ciudad. Las cosas no iban a ser diferentes en Nueva York. Morse encaraba la oposición de las iglesias católicas así como las protestantes.

Justo cuando Simpson estaba a punto de firmar un contrato para alquilar el Armory por una cantidad anual razonable, Morse hizo una

Madison Square Garden en los años 1880

oferta que el dueño no pudo rechazar. Ofreció alquilar el edificio por 15 años, con un pago anual tres veces más de lo que daría Simpson, y prometió invertir hasta $100,000 para acondicionar el edificio deteriorado en un teatro legítimo. El dueño gustosamente aceptó, y durante los siguientes meses se invirtió más de $70,000 para remodelar y decorar el anterior establo. Mientras tanto Morse buscaba sacar la licencia para su "Templo Teatro."

Simpson se sintió profundamente decepcionado por la pérdida de esta gran oportunidad. En contraste, una de las mujeres del Tabernacle le preguntó si había "oído la buena noticia." Simpson no veía nada de bueno en lo que había acontecido, pero ella le explicó que el Señor había enviado a Morse y la producción que auspiciaba para "arreglar para nosotros el viejo Armory que se encontraba prácticamente en ruinas, puesto que nosotros somos pobres y carecemos de recursos. Usted verá, tan pronto que esté listo, el Señor nos lo va a dar."[20] ¡Simpson se había encontrado con una hermana con aun más fe de lo que él tenía!

El alcalde, William Russell Grace, rechazó el pedido para la licencia de Morse, porque "consideraba el drama un sacrilegio."[21] Aunque se describía como una simple reconstrucción de la vida de Cristo, similar al "Drama de la Pasión" que se celebraba en Oberammergau, Alemania,[22] Morse no tuvo éxito con las autoridades de la ciudad. El período del alcalde Grace concluyó, y el nuevo alcalde, Franklin Edison, también rehusó extenderle una licencia a Morse.

El director seguía adelante, haciendo ensayos hasta febrero 1883 en su Temple Theatre. Cuando la policía llegó para asegurar que no se realizara ninguna presentación sin licencia, Morse se molestó y dijo, "Mi propósito es demasiado respetable para que yo intentara producir la Pasión ocultamente o que evadiera la ley."[23]

Luego Morse intentó otra táctica. Programó un "ensayo general privado" en otro teatro e invitó a centenares de los primeros ciudadanos. La reacción escandalizada del público al ensayo era ventajosa para Morse. Según los periódicos, por lo menos 2,000 personas se aglomeraron en el teatro. La Pasión pronto llegó a ser la presentación más popular del momento. Pero este estratagema pronto fracasó, cuando las autoridades llegaron durante otro "ensayo." *The New York Times* reportó:

> *Hombres de vestidura clerical y con igual aspecto se mezclaban entre la multitud; se notaba la presencia de personas hebraicas, también muchos actores y actrices que habían sido conocidos en años anteriores. Pieles costosas y diamantes abundaban como si fuera un elegante matinée, y todos estaban preparados para disfrutar una tarde no interrumpida de placer. Tal ocasión no interrumpida no sucedió. De repente el abogado del director se paró sobre el escenario. Con mucho énfasis expresó su pesar que, a mediados de un hermoso concierto de música sagrada, el Sr. Morse había sido arrestado por la policía. Una ola de silbidos llenó la sala, y gritos de "¡Qué vergüenza!" se escucharon por todos lados.*[24]

La presentación no pudo continuar. Simpson y sus seguidores quedaron a la expectativa, para saber lo que pasaría. Dentro de algunos meses, a Morse le dieron la licencia para su teatro, probablemente a consecuencia de las protestas del público. Pero varias iglesias protestantes asentaron denuncias legales contra el drama, y era evidente que no sería posible presentarlo en Nueva York. Morse investigó la posibilidad de presentarlo en Cincinnati o Louisville, pero por fin se dio por vencido. A principios de 1884 Salmi Morse desapareció en circunstancias sospechosas. Existen dos versiones de su fallecimiento: en una, se ahogó en una bañera, y en la otra, le encontraron flotando en el North River.[25]

En consecuencia, el dueño vendió por subasta el Temple Theatre. El nuevo dueño descubrió que había comprado un teatro que no parecía

Salmi Morse

ser teatro. El Temple Theatre de Morse había sido decorado en un estilo que Simpson describió como, "estilo eclesiástico, para un drama religioso, con siete candelabros dorados que servían de lámparas, y decoraciones que hacían juego con ello."[26] La compañía de producción renunció al contrato de alquiler y ofreció en venta las mejoras por $5,000. Simpson cuenta: "Oramos acerca de esto, y Dios nos detuvo de apurarnos. Por fin vendieron el edificio en subasta, y el comprador fue el hombre que habíamos orado que lo comprara. El resultado fue que hemos podido entrar aquí sin pagar ni un centavo por las mejoras."[27] El nuevo dueño les alquiló el teatro, que llegó a ser el 23rd Street Tabernacle, en el precio original, antes de que Salmi Morse entrara en la escena. Dios le detuvo a Simpson de "apurarse" por retener los fondos necesarios. Por más de un año Simpson había estado velando y orando por ese edificio, y "el Señor que provee" hizo precisamente eso.

LA PEQUEÑA JOYA DE 23RD STREET

Es evidente que la mujer llena de fe del Gospel Tabernacle había acertado. La "pequeña joya," como Simpson describía el teatro, vino a ser el nuevo hogar para el Gospel Tabernacle, y se abrió el domingo, 23 de marzo, 1884, como el 23rd Street Tabernacle.[28] Aunque ya era un lugar de adoración, era necesario que el Tabernacle respetara un compromiso previo. Así fue que el 10 de abril se realizó allí un ensayo de *Othello,* un drama de Shakespeare. *The New York Times* publicó una crítica de la presentación, aprobando la presencia de actores de raza negra en el escenario, en vez de blancos con la cara pintada de negro.[29] Mientras que sobre el escenario los actores ensayaban las palabras inmortales de Shakespeare, Simpson dirigía en canciones vivas a la congregación, sentada en la parte central del teatro,

Dios le detuvo a Simpson de "apurarse" por retener los fondos necesarios.

separada del escenario por el telón grueso. Así los asistentes no se dieron cuenta del ensayo que se realizaba sobre el escenario.

El recién abierto 23rd Street Tabernacle pronto bullía de actividad. Realizaban cultos evangelísticos cada noche, cultos mañana y tarde los domingos, reuniones de sanidad los viernes por la tarde, y jóvenes que estudiaban en el Missionary Training Institute se reunían sobre el escenario. "Simpson fue poderosamente influenciado por Grattan Guiness, y el Missionary Training Institute [trasladado en 1897 desde Nueva York a Nyack] fue concebido con consciencia escatológica."[30] El edificio también tenía un lugar para el esfuerzo de Simpson para sacar la primera edición de *El Evangelio Cuádruple,* además de la oficina de redacción para *The Word, The Work, and The World.*

A estas alturas, la "Missionary Union for World Evangelization" (Unión misionera para la evangelización del mundo) del Tabernacle tenía varios candidatos voluntarios que se preparaban en el Instituto para servicio en el extranjero, y ya se estaba levantando fondos para enviar "el Grupo del Congo"[31] a Cabinda (parte del anterior Congo Portugués) en África Central, sobre la costa, al norte del Río Congo. Más tarde en el año 1884, el Tabernacle auspició la primera "Convención Bíblica y Misionera de Otoño," en que se enseñaba la vida más profunda, la sanidad, y las misiones mañana, tarde, y noche.

Uno de los mensajeros principales de la convención fue Rev. H. Grattan Guinness, fundador del East London Training Institute, como también de la Livingstone Inland Mission (LIM—Misión del Interior "Livingstone"), que ya había establecido varios centros misioneros en la parte baja del Río Congo. El Grupo del Congo del Gospel Tabernacle iría a una área justamente al norte del lugar en que trabajaba la LIM. En 1888 Guinness abrió la Misión Balolo del Congo sobre la parte alta del Río Congo. El nombre fue cambiado a la Regions

Beyond Gospel Union (la unión del evangelio de las regiones más allá), y después a Regions Beyond Missionary Union (RBMU), llamado así por el deseo de San Pablo de anunciar el evangelio "en los lugares más allá de vosotros" (2 Corintios 10:16).

El himno misionero de Simpson "To the Regions Beyond" recibió su título del nombre de la misión RBMU, y también de la revista de esa misión, *The Regions Beyond*.[32] (La traducción al español del himno de Simpson es "A Lugares Obscuros por Cristo el Señor," pero no contiene la frase, "a los lugares más allá.") Sin duda la visita de Guinness al Gospel Tabernacle le dio a Simpson muchas oportunidades para aprender de la experiencia y la visión de Guinness, que ya había pasado por el camino que Simpson recién estaba iniciando.

La Convención Bíblica y Misionera fue un evento que duraba varios días y llegó a ser un evento anual del Tabernacle. Posteriormente esta Convención hizo que Simpson, su ministerio y el Evangelio Cuádruple fueran más conocidos en los Estados Unidos y el Canadá. Combinaba los mejores elementos de las reuniones de campamento, cultos de avivamiento, conferencias proféticas, y reuniones misioneras. Canciones vivas, predicación poderosa, oración por sanidad de cuerpo y alma, y testimonios fervientes del gran poder de Dios, todos eran parte de la convención.

EL GRUPO DEL CONGO

En noviembre 1884 el Grupo del Congo de cinco miembros, dirigido por John Condit, salió en el desafortunado primer intento de Simpson de hacer obra misionera. Condit, junto con Frank Gerrish, Jeans Jensen, William Quayle, y William Pearson, se había graduado en julio de ese año en la primera promoción del Missionary Training Institute. Como se narra en *So Being Sent . . . They Went: A History of the CMA Mission in Cabinda: 1885 a 1957,* Condit con sus cuatro colegas zarpó para Gran Bretaña a fines de noviembre 1884.[33] Después de pasar la Navidad y Año Nuevo en Londres, siguieron viaje para la costa del África Occidental, llegando a Cabinda, recientemente declarado un Protectorado Portugués. El mal preparado equipo misionero se quedó por una semana en el pueblo sobre la costa, tratando de establecerse. No pudieron comprar terreno para una estación misionera que se autosostenía. Tuvieron que caminar a pie hacia el sur por la costa hasta el pueblo de Banana, sobre la orilla norte del Río Congo. Allí conocieron a misioneros bautistas ingleses que habían llegado de su estación llamada Mukimvika, sobre la orilla sur del enorme río. El Grupo del Congo cruzó el río a la estación de los misioneros bautistas, donde se refugiaron con sus nuevos amigos.

Mientras que dos miembros del equipo viajaron río arriba en busca de una propiedad para su misión, Condit se enfermó de "la fiebre," probablemente paludismo. Creyendo fervientemente en la sanidad divina, rehusó la quinina que le ofrecieron los veteranos ingleses. Se mantuvo firme en su decisión de confiar en el Señor hasta que estuvo a un paso de la muerte, cuando fue demasiado tarde para tomar el medicamento. Así que Condit falleció, y su muerte resultó en el colapso de ese esfuerzo

A pesar de este revés, el indómito pastor persistió para alcanzar a los que jamás habían escuchado las buenas nuevas de Cristo.

misionero. Dentro de un mes más, tres miembros del equipo vendieron sus pertenencias, compraron boletos, y regresaron a su tierra. Uno de los cinco, Frank Gerrish, se quedó y trabajó exitosamente con los bautistas hasta junio 1888. Mientras que se quedaba, el Tabernacle le trasladó temporalmente a la misión bautista y le seguía sosteniendo. Regresó a mediados de 1888 y fue recibido como héroe, pero pronto falleció, habiéndose debilitado por fiebres constantes. El fracaso de este esfuerzo inicial fue un golpe severo para Simpson y el creciente ministerio del Tabernacle. A pesar de este revés, el indómito pastor persistió para alcanzar a los que jamás habían escuchado las buenas nuevas de Cristo.

LA CONFERENCIA BETHSHAN

Unos meses después, en 1885, Simpson, Margaret, y su hijo mayor, Albert Henry, viajaron a Inglaterra para asistir a "La Conferencia sobre la Sanidad Divina y la Verdadera Santidad." Frecuentemente llamada "La Conferencia Bethshan," fue convocada por los líderes del Hogar de Sanidad Bethshan, Sr. W. E. Boardman y Sra. Elizabeth Baxter. Boardman dirigió la conferencia; fue el mismo que había escrito el libro sobre "la vida cristiana más elevada" que le había guiado a Simpson, cuando estaba en Louisville, a una experiencia más profunda de ser llenado por el Espíritu Santo, una experiencia que revolucionó su ministerio.

Éste fue el primer viaje de Simpson a Europa después de su tour en 1871 para cultura y salud. Él fue uno de los 23 delegados de Norteamérica, y pronto se destacó entre sus colegas; fue invitado a hablar en distintas ocasiones. Esto sirvió como "la presentación" de Simpson, que era relativamente desconocido. Muchos de los hombres más conocidos de América no asistieron, como Dr. Charles Cullis, Rev. A. J. Gordon, y Dr. Asa Mahan. Simpson llegó a fines de mayo, con 42 años de edad, radiante de vigor y visión, a pesar de la memoria aún dolorosa del fracaso en Cabinda. La Conferencia de Bethshan le presentó a Simpson a la comunidad mayor de proponentes de santidad y sanidad de Norteamérica, además de los de Inglaterra y Europa.

Como lo señala Nienkirchen en su libro, *A. B. Simpson and the Pentecostal Movement,* "El hecho que Simpson llegara a ser un vocero a nivel internacional del movimiento de la sanidad por fe era la consecuencia de su participación en una Conferencia Internacional sobre la Santidad y la Sanidad Divina, que se realizó en Bethshan, Londres, en 1885."[34] En realidad, aparte de la primera reunión que se llevó a cabo en el Hogar Bethshan, todas las siguientes reuniones tuvieron lugar en el cercano y mucho más amplio Agricultural Hall. Habían comenzado en Bethshan, pero el hall se llenó por completo, y centenares de personas

¡Yo no quiero ninguna convención que no tenga aquel corazón cálido y amoroso, sin aquel Cristo presente!

se quedaron afuera. Los participantes se congregaban mañana, tarde, y noche por cinco días, y casi siempre el hall estaba repleto.

Simpson fue a Londres con un vivo interés por las distintas posiciones sobre la santificación. Algunos creían en la "erradicación," enseñada por los wesleyanos, y los del grupo Keswick enseñaban la "supresión."[35] Después de su experiencia profunda de la llenura del Espíritu trece años antes en Louisville, Simpson había apreciado cada vez más el papel del Espíritu de Cristo, el que hace su morada en la vida del creyente. La mejor descripción de su posición era la "habitación," y esta posición se aclaró en la Conferencia de Londres.

En la mañana del 2 de junio, el segundo día de la conferencia, le invitaron a Simpson a dar la lectura bíblica de apertura del evangelio de Juan. Él presentó la perspectiva de una paloma en cuanto a la obra del Espíritu Santo en ese evangelio, leyendo y comentando brevemente sobre la persona y ministerio del Espíritu. Simpson lo describió como "aquella cadena hermosa de enseñanzas divinas acerca del Espíritu Santo en el evangelio de Juan, el más celestial de todos los escritos del Nuevo Testamento, procediendo fresco del corazón del querido Maestro." Desde Juan capítulo uno hasta el 20, destacó el rol del Espíritu en la salvación y regeneración, además de ser el Abogado y Consolador venidero, el Espíritu de Cristo en el creyente. En cierto punto de esta charla improvisada dijo:

> *Las personas que desean verle al Espíritu Santo jamás podrán recibirlo; las personas que buscan una señal y una evidencia jamás podrán recibir esta bendición. Pero ustedes lo conocen—no lo ven . . . Él no les hará pensar mucho acerca de ustedes mismos, ni mucho acerca de Él mismo, pero Él (el Espíritu Santo) les hará pensar muchísimo acerca de Jesús.*[36]

Al final de la charla, cuando comentaba sobre Juan 20:21, Simpson describió la manera en que Cristo pronunció la paz sobre los discípulos y luego sopló sobre ellos:

> *Cuando había dicho esto, Él sopló. Él mismo dio el toque vivo. Era su propia vida, y no otra cosa; era el mismo Espíritu que había en Él—el Espíritu Santo que había habitado en Jesús encarnado. "Sopló, y les dijo: Recibid el Espíritu Santo." Y de igual manera Él Mismo se cierne aquí—Él Mismo, el maravilloso, el poderoso—respirando su aliento cálido y vivo. ¡Yo no quiero ninguna convención que no tenga aquel corazón cálido y amoroso, sin aquel Cristo presente!*[37]

Después de escuchar las ponencias y los testimonios del primer día de la Conferencia, Boardman le había invitado a Simpson a presentar la lectura bíblica. Ésta fue su oportunidad para compartir su punto de vista, que iba madurando, sobre la santificación, clave para su teología de "Cristo en mí."

Como lo resumió concisamente Van De Walle en *The Heart of the Gospel,* "Simpson (prefirió) su concepto de residencia sobre la erradicación o la supresión."[38] Este sermón espontáneo es conocido como "Él Mismo," que llegó a ser famoso por la letra del himno que él más tarde compuso:

Bendición buscaba, ahora es el Señor;
Antes la experiencia, gozo ya Su amor;
Dones anhelaba, ahora el Dador;
Sanidad deseaba, ahora el Sanador.

De Jesús yo canto, Él mi tema será.
Todo encuentro en Cristo, mi todo suplirá.[39]

(Traducido por Ellen de Eck)

Simpson veía la obra más profunda del Espíritu en la vida del creyente como un descansar en Él, un permanecer, obedecer, y morir a diario para poder vivir en victoria.

Después de esa primera vez Simpson habló tres veces más en la conferencia, y dio palabras finales el último día por parte de los delegados de Norteamérica. Se dio más realce a su reputación por el

Durante estos primeros años, era evidente que Dios había tocado al hombre anteriormente débil y cansado—cuerpo, alma, y espíritu.

testimonio no solicitado de dos mujeres que contaron de su sanidad por el ministerio de Simpson y el Hogar Berachah en Nueva York. Desde una perspectiva histórica, la "Conferencia sobre la Sanidad Divina y la Verdadera Santidad" llegó a ser un momento importante de la vida de Simpson, haciéndole más conocido y dándole un perfil más elevado en el creciente movimiento mundial de santidad y sanidad, que era precursor de la asombrosa acción del Espíritu a principios del Siglo 20.

Otra nota histórica sucedió en la Bethshan Conference. En la tarde del mismo día en que Simpson dio su discurso "Él Mismo," el Sr. J. W. Wood, de Adelaide, Australia del Sur, testificó de la obra de Dios en esa parte del mundo:

He dejado allá a muchos seres queridos que están unidos con Cristo por una fe viva, que han sido salvados, limpiados, y sanados.

> *Alabo a Dios que tengo un evangelio de tres partes, no solamente de una, no un evangelio exclusivamente para el alma, que no ofrece nada a las otras dos partes del ser humano. Ese tipo de evangelio parcial es lo que generalmente hemos recibido, la salvación del alma solamente.*[40]

Al volver a Nueva York con su familia en el verano de 1885, Simpson continuó su ministerio en el 23rd Street Tabernacle. El evangelismo, la enseñanza sobre sanidad y la vida cristiana más profunda, la revista misionera, la creciente obra educativa del Missionary Training Institute (MTI), los hogares de sanidad, preocupaciones sociales, y las siempre populares convenciones bíblicas y misioneras le ocupaban a Simpson día y noche.

Además, tenía que manejar las consecuencias del fracaso del Grupo del Congo. Para los fieles del Tabernacle, ésa fue una de las pocas iniciativas de su amado pastor que no había salido bien. Simpson y su creciente equipo de liderazgo analizaron las razones por el fracaso y reevaluaron sus planes. En 1885 ampliaron el programa del MTI de uno a tres años. Ofrecía clases de literatura, filosofía, ciencias naturales, historia, teología, libros de la Biblia, griego, misiones, y música. Los alumnos recibieron valiosas experiencias prácticas en las reuniones evangelísticas en carpas durante los veranos, y en las diversas misiones de rescate de Nueva York. Durante los años después de ser fundado hasta encontrar un hogar permanente, el MTI funcionó en ocho sitios diferentes.

Todo esto era muy agotador, tanto para el alma como para el cuerpo, pero Simpson seguía adelante sin tregua. Durante estos primeros años, era evidente que Dios había tocado al hombre anteriormente débil y cansado—cuerpo, alma, y espíritu—y lo había hecho una nueva creación en Cristo. Felizmente, para ese tiempo Margaret por fin estaba de acuerdo con él, y le apoyaba firmemente a su Bertie. Su viaje hasta este punto de su matrimonio había sido difícil.

"¡DIVÓRCIATE, MARGARET!"

Pocos años antes, después que Simpson saliera de la Presbyterian Church y estuviera viviendo por fe y ministrando a "las masas desatendidas," su hermano mayor Howard, también pastor presbiteriano en Indiana, les visitó en Nueva York, y habló abiertamente contra su hermano menor. Hubo rivalidad entre los hermanos desde el día en que Bert recibió permiso para asistir al college y prepararse para el ministerio por su propia cuenta. A la vez, Howard fue enviado por la familia como el primogénito, y estuvo resentido contra "su hermanito mocoso," según los recuerdos de Katherine Brennen. Bertie había llegado al college un año antes que Howard; Bertie había ganado la mano de la bella Margaret; Bertie ganó todos los premios en el college. Bertie había sido

"Él es mi esposo, dotado por Dios con grandes dones y poderes." Margaret respaldó firmemente a su marido.

llamado a una de las iglesias presbiterianas más prestigiosas del Canadá, la de Hamilton, para su primer pastorado. Bertie, Bertie, Bertie— "jamás acepta la posición que le corresponde, siempre surge, no se le puede controlar—" Howard le dijo a Margaret. "Estas reuniones no son de Dios; son del diablo. ¡Divórciate de él, Margaret! Bertie siempre ha sido un tanto raro." Pero se le dio al profeta el honor que merecía. Ella respondió: "Él es mi esposo, dotado por Dios con grandes dones y poderes."[41] Margaret respaldó firmemente a su marido.

UNA "ALIANZA DE CRISTIANOS"

Después de asistir a la Convención sobre la Vida Cristiana Más Profunda y Misiones de octubre 1885 en el 23rd Street Tabernacle, los dirigentes de la Old Orchard Camp Meeting Association en el estado de Maine le invitaron a Simpson a realizar el mismo estilo de conferencia en Old Orchard en 1886. Así que el siguiente agosto Simpson dirigió la Primera Convención de Old Orchard, el lugar de su sanidad milagrosa cinco años antes en 1881. Fue entonces que se sembró la semilla para establecer "una alianza de cristianos" que aceptaban el mensaje del Evangelio Cuádruple, y que tenían pasión por alcanzar a los perdidos en todo el panorama de la necesidad del mundo, desde Jerusalén hasta los confines de la tierra.

Un comerciante de Chicago, W. E. Blackstone, dio una apasionada ponencia: "La Necesidad del Mundo y la Obra de la Iglesia." Fue entonces que se hizo aparente la inmensa pobreza espiritual de "los paganos," contrastada con la respuesta mezquina de la Iglesia. Blackstone declaró que en Norteamérica, más se gastaba en alimento para perros que para las misiones en el extranjero. Les convenció a sus oyentes que el retorno de Cristo dependía de la evangelización de los perdidos a nivel mundial.

Su mensaje premilenial marcadamente profético, y la entusiasta repuesta de los presentes, le impulsaron a Simpson a anunciar que los dos últimos días de la Convención de Old Orchard del siguiente año se dedicarían a considerar el establecimiento de una sociedad misionera. En junio 1887 se publicó en *The Word, The Work, and The World* un borrador de una constitución para la sociedad propuesta.[42]

Algunos años antes, Simpson había abrigado esperanzas acerca de los variados esfuerzos de las misiones de las denominaciones, cuando primero publicó *The Gospel in All Lands* en 1880. Sin embargo, su optimismo disminuía en cuanto observaba las cantidades ínfimas

Para Simpson, la clave para entender el retorno de Cristo y el establecimiento de Su Reino milenial se encuentra en Mateo 24:14.

que se dedicaban a la obra de alcanzar a los perdidos, comparadas con los ingresos totales de las principales denominaciones. Durante los mismos años, la doctrina postmilenial que él había recibido desde su juventud y en el seminario se encontraba en transición. En sus últimos años de ministerio en Louisville y mientras que estaba en 13th Street Presbyterian, fue influenciado por tres prominentes voces premileniales de Norteamérica: D. L. Moody, A. J. Gordon, y A. T. Pierson. Todos ellos llegaron a ser amigos cercanos de Simpson, predicando con frecuencia en convenciones de La Alianza en Nueva York y otras ciudades. La otra influencia importante llegó desde Gran Bretaña, los escritos de H. G. Guinness. Su obra, *Approaching End of the Age: Viewed in the Light of History, Prophecy, and Science,* tuvo una poderosa influencia sobre Simpson.[43]

Mientras que Simpson transicionaba de un punto de vista escatológico a otro, sus creencias acerca de los tiempos finales maduraron. Como uno que aceptaba la posición premilenial, fue, y sigue siendo, difícil categorizarlo. En algunos de sus escritos sobre el tema, uno puede descubrir tendencias dispensacionalistas y premileniales, hasta lo que algunos considerarían amileniales. "Existe un milenio para el alma tanto como para la Iglesia. Hay un reino de paz y justicia y gloria, al cual, en sentido limitado, podemos entrar ahora con Él."[44] Al mismo tiempo, retenía claramente su interpretación histórica de los textos sobre "los últimos días" de Ezequiel, Daniel, y Apocalipsis. Años antes, durante su primera visita a Europa, había visto de primera mano la derrota de los Estados Papales, y el encarcelamiento virtual del Papa Pío XI en el Vaticano en 1871. Simpson entendió que esto era el cumplimiento de las profecías de Apocalipsis capítulo 17 en cuanto al Anticristo.

Sin embargo, la posición única de Simpson sobre el retorno de Cristo consistía en la fusión de la escatología con la misiología. Dr. Ralph Winter, un destacado misiólogo del Siglo 20, dijo que Simpson fue el primer misiólogo cristiano en combinar estos dos hilos de doctrina en uno solo. Para Simpson, la clave para entender el retorno de Cristo y el establecimiento de Su Reino milenial se encuentra en Mateo 24:14:

> *Y este evangelio del reino se predicará en todo el mundo como testimonio a todas las naciones, y entonces vendrá el fin* (NVI).

También creía que la santificación de la Iglesia y el retorno de los judíos a Israel eran claves para entender "la inmanencia," en el sentido de "muy pronto," pero que todo dependía de que la Iglesia cumpliera su parte, no sólo en esperar la venida de Cristo, sino también en apresurar la venida del día de Dios (2 Pedro 3:12).

Es interesante notar que en la Old Orchard Convention de 1886, una gran parte del programa se dedicó a la predicación sobre la

Los Simpson en Old Orchard Camp, por el año 1885

sanidad y la oración por los enfermos. El mensaje de Cristo nuestro Sanador cautivó al pueblo de Dios, y muchos fueron sanados. El número del primero de septiembre de *The Word, The Work, and The World* tenía varias páginas de testimonios de sanidades efectuadas en Old Orchard o en otras reuniones dirigidas por Simpson. Uno fue de la esposa de A. B. Simpson, que testificó que creía en la sanidad, y dio testimonio que su "hija pequeña (Margaret) había sido sanada del crup, otra hija (Mabel) de la difteria, y más tarde un hijo (Gordon) de la escarlatina." También testificó del cuidado tierno de Dios al suplir sus necesidades temporales.[45]

EL EVANGELIO DE CUATRO PARTES

Como resultado, cuando la Old Orchard "Convención Cristiana" se reunió del 31 de julio hasta el 9 de agosto, 1887, "para promover la Verdad, Vida, y Palabra Cristianas," los campos estaban repletos de gente entusiasta que esperaba algo especial. El día sábado antes del evento, centenares de personas se reunieron para orar por la convención, con una sensación palpable de la presencia de Dios. En esa convención, en que se formaron tanto la Alianza Cristiana como la Alianza Evangélica Misionera, el sermón inaugural de Simpson llevaba el título "El Evangelio Cuádruple." Cuando regresó a Nueva York, predicó cuatro sermones consecutivos en el Gospel

Simpson, sentado al centro en el Carruaje del Evangelio

Tabernacle sobre cada uno de los cuatro puntos. Es posible que la mención del "Evangelio de Tres Partes" por el hermano de Australia en la Conferencia Bethshan en 1885 sembró una semilla en la mente de Simpson de un "Evangelio Cuádruple," puesto que para 1885 él ya tenía más de tres partes. Su transición gradual de la posición postmilenial a la premilenial le dio un cuarto punto: Jesucristo, el Rey que Viene. Ninguno de estos cuatro puntos fue original con Simpson, pero su teología concisa y Cristo-céntrica encapsuló lo que un grupo cada vez mayor de la iglesia evangélica creía al fin del Siglo 19.

Dos mil personas estuvieron presentes para la reunión inaugural en Old Orchard, y 4,500 llegaron para el culto final. En una de las reuniones, Ina Moses, una joven que había usado muletas por tres años, demostró el poder sanador de Dios cuando de manera dramática tiró sus muletas y caminó sin ayuda. Toda la asamblea irrumpió en alabanzas espontáneas y cantó la Doxología. Mensajes sobre la vida más profunda del cristiano, las misiones, y el retorno de Cristo, además de oración por los enfermos, atrajeron a muchos de todas partes de la costa oriental de los Estados Unidos y del Canadá.[46]

Como se había prometido, los dos últimos días se dedicaron a reuniones especiales con la finalidad de establecer una sociedad misionera, para alcanzar a los perdidos a nivel mundial. Dios dirigió la conferencia, que resultó en la formación de la "alianza" visualizada por Simpson. Cuando la convención se clausuró sobre una nota alta y gozosa, Simpson regresó a Nueva York como el líder reconocido de un movimiento recién nacido que haría impacto en el mundo a favor del Reino de Dios—La Alianza Cristiana y La Alianza Evangélica Misionera.

De ser "el pastor enfermizo, con salud delicada," se transformó en un enérgico dinamo con capacidades y logros en el ministerio que eran nada menos que increíbles.

CAPÍTULO 9

MEJORES SON DOS QUE UNO: 1887 A 1897

EL AÑO 1887 TRAJO EVENTOS IMPORTANTES que afectaron a la gente en todas partes del mundo. El Imperio Británico celebró cincuenta años del reinado de la Reina Victoria, y los Estados Unidos recordaba el centenario de su Constitución. A fines del año sucedió uno de los peores desastres naturales de toda la historia humana—las inundaciones del Río Amarillo de la China, con muertos calculados entre 900,000 y 2 millones. Este desastre horrífico resaltó la dura realidad que hombres y mujeres se morían diariamente por decenas de millares, la mayoría de ellos con poco o ningún testimonio del evangelio de Cristo.

Y lo que sucedió en los últimos dos días de la convención en Old Orchard demostró la convicción que tenía Simpson de esta espantosa realidad, y su decisión de hacer algo para prevenirla. Desde que salió de las limitaciones de la denominación presbiteriana a fines de 1881, y después de más de 17 años de ministerio "respetable," se había transformado en un evangelista bien conocido y pastor del Gospel Tabernacle que crecía rápidamente; también un "curandero," y casi un fanático en cuanto a misiones. Al fundar no sólo una, sino dos "Alianzas," desde los primeros pasos de este movimiento Simpson declaraba que no estaba estableciendo una "denominación." Había abandonado ese mundo con sus estatutos y barreras. Él pertenecía a un mundo extenso, con pocos predicadores que procuraban hacer impacto en la vida de los no evangelizados, tanto lejanos como cercanos.

Simpson escogió la palabra "alianza" con mucho cuidado, porque tenía poca connotación religiosa, aparte de "La Alianza Evangélica."

Margaret y A. B. (adelante, derecha)
en Old Orchard Camp

Ese cuerpo, que cruzaba las líneas denominacionales, fue fundado en Gran Bretaña, y luego llegó a América en la década de 1870. Simpson asistió a su primera conferencia en Nueva York, y pronto se hizo un entusiasta promotor del movimiento. La palabra "alianza" proviene de "aliado," y se refiere a la unión de una familia por el matrimonio, o una unión de pueblos o naciones. Se empleaba esta palabra con frecuencia en la diplomacia europea para referirse a las relaciones entre países que "se aliaban" por razones específicas, sin renunciar a su soberanía nacional ni a su identidad. Las "alianzas" propuestas por Simpson recibirían a cualquier denominación evangélica que aceptaba y apoyaba el mensaje del Evangelio Cuádruple, y que se comprometía con la misión de alcanzar a los perdidos en "los lugares más allá," como lo expresó Simpson en su himno misionero, "A Lugares Obscuros."

Entonces, en Old Orchard se formó dos organizaciones distintas pero relacionadas. Una, "la Alianza Cristiana," se estableció para creyentes de un mismo parecer, que se reunirían para promover el Evangelio Cuádruple, así como para apoyar y orar por la segunda organización, "la Alianza Evangélica Misionera." El primer grupo se reunía regularmente para predicación, enseñanza, oración, reclutamiento de obreros, y para levantar fondos. La segunda "sociedad," la Alianza Evangélica Misionera (AEM), era la agencia misionera con el propósito de preparar, habilitar, sostener, y administrar a los misioneros enviados al extranjero. La membresía de las juntas directivas de las dos Alianzas era casi idéntica. Una de las Alianzas sesionaría, terminaría sus negocios, y cerraría sus libros. Luego se abriría otro libro de actas, y casi el mismo grupo atendería a los asuntos de la otra Alianza. Después de 10 años de este arreglo algo incómodo, las dos Alianzas fueron fusionadas en 1897 como "La Alianza Cristiana y Misionera." Esta entidad con frecuencia fue llamada "La Sociedad," puesto que Simpson deseaba evitar el aspecto de ser una denominación.

RAMAS Y PATOS

Como Simpson temía que sus críticos le acusarían de comenzar una nueva denominación y de robarse las ovejas de otras iglesias, durante toda su vida él insistió que La Alianza era una sociedad misionera. Lo que pasó era sencillo: grupos aliancistas surgieron en toda Norteamérica, a consecuencia de los escritos de Simpson y las grandes convenciones que se celebraban en muchas ciudades importantes de Norteamérica. Los grupos locales de creyentes fueron llamados "ramas," y recibían a creyentes de una gran variedad de denominaciones para ser parte de esta "alianza" de cristianos—metodistas, bautistas, presbiterianos, episcopales, hermanos libres, menonitas, congregacionalistas, y muchos otros. Las ramas usualmente se reunían los sábados o domingos por la tarde. Se instruía a los miembros que permanecieran en su iglesia y que la sostuvieran. "La Sociedad" no era una iglesia, sino un cuerpo de creyentes de dos brazos, quienes deseaban predicar y practicar el evangelio completo y completar la Gran Comisión para hacer regresar al Rey.

Según un dicho en inglés: "Si nada como pato, y dice cuac como pato, probablemente es pato." Y el patito creció y llegó a ser un Cuerpo de creyentes que Cristo habría llamado "una iglesia." En las ramas se enseñaba el mensaje de Cristo como Salvador, Santificador, Sanador, y Rey que Viene. Muchas personas sin una iglesia visitaban las ramas por los testimonios de sanidades, endemoniados librados, y vidas transformadas. Muchos de éstos que vinieron por curiosidad fueron convertidos, y muchos nuevos creyentes que no se sentían a gusto en iglesias denominacionales asistían a las ramas. Por fin cediendo a sus peticiones, "los superintendentes" locales, que más tarde fueron llamados "pastores," empezaron a servir la Santa Cena. Los nuevos creyentes pidieron ser bautizados, y fueron bautizados. Como resultado, el patito creció, nadaba más rápido y más lejos, y por fin la realidad fue reconocida. Recién en la década de 1970 "la sociedad" de La Alianza fue declarada una "denominación." Para algunos de los veteranos todavía vivos en ese momento, el nombre sonaba más como "abominación." Desde entonces, el desafío para la ACyM ha sido retener la esencia del movimiento inicial y no petrificarse como un monumento al pasado, ni convertirse en simplemente una denominación evangélica más.

Después de tres años fructíferos en el 23rd Street Tabernacle, se necesitaba un hogar más amplio para la floreciente obra y para la sede

Hepworth Tabernacle

de las dos Alianzas. Habiendo orado y buscado, se compró el Hepworth Tabernacle, que se parecía a un castillo, en Madison Avenue y 45th Street, por $126,000, lo que equivaldría actualmente a varios millones de dólares. Este traslado más al norte en Manhattan le permitió a Simpson alcanzar a una zona más acomodada. Pero al mismo tiempo se perdió a muchos de los miembros que vivían más al sur, por la distancia de sus hogares.

Por ironía, este edificio que parecía ser un monumento a la vanidad de un pastor anterior, nos hace recordar una nota interesante que Simpson publicó en el número del primero de noviembre, 1882, de *The Word, The Work, and The World.* Con el título, "Las Palabras Insensatas de los Hombres," el editorial comentó que Rev. Hepworth, pastor de dicho tabernáculo, había declarado que el creer en la sanidad divina era una tontería, presuntuosa, y una ofensa contra la soberanía de Dios. Había dicho que el mundo actual necesita de hechos, no de fantasías religiosas. Dentro de unos pocos años, esta congregación, anteriormente rica y poderosa y dirigida por un crítico del ministerio de sanidad de Simpson, tuvo que vender su templo de muchas cúpulas por la mitad de su valor verdadero. Así sucedió que "los insensatos de este mundo" compraron el local de una anteriormente influyente congregación.

Aunque el enorme santuario con techo de hierro tenía cabida para 2,000 personas, no tenía las instalaciones necesarias para los muchos ministerios del Tabernacle. Por eso se vendió el edificio después de dos años, con una excelente ganancia que hizo posible la compra de una parcela clave en 8th Avenue y 44th Street. Así fue que en enero 1889 se colocó la piedra angular de lo que sería la sede de La Alianza y el hogar permanente del Gospel Tabernacle. Al fin del año el edificio ya estaba en uso, y se dedicó en mayo del siguiente año, con una membresía de unas 1,000 personas y una asistencia mucho mayor. El Tabernacle tenía tres pastores, albergaba las oficinas administrativas de La Alianza, además del Missionary Training Institute (MTI), dormitorios, y el Berachah Home.

El misionero Frank Gerrish, de la desafortunada Banda del Congo, regresó a Nueva York a mediados de 1888, a sus admiradores del Gospel Tabernacle. Con más experiencia y sabiduría adquirida con los años, Simpson veía a Gerrish como el líder en potencia de un nuevo equipo para el Congo, que se enviaría próximamente. El veterano del Congo consultaba con Simpson y le proveía información y perspectivas valiosas. Sin embargo, debilitado por su servicio en el Congo, murió antes del fin del año. Así concluyó la última página del primer capítulo de la visión misionera de Simpson.

ATAQUES DE ENEMIGOS Y CRÍTICAS MORDACES

Algunos años después, críticas mordaces llegaron contra Simpson de Sra. Fanny Guinness, esposa de Henry Guinness, del East London Missionary Training Institute. Henry Guinness era el predicador fogoso, cuyos sermones habían traído convicción al adolescente Bert Simpson años atrás en Chatham. Simpson había modelado el New York Missionary Training Institute según el ejemplo del Instituto de Guinness en Londres. Pero a pesar de su amistad, Sra. Guinness, en el número de enero 1891 de la publicación de la misión Regions Beyond, le acusó a Simpson de enviar a sus obreros a una muerte segura a consecuencia de

Fanny Guinness

su enseñanza de la sanidad divina, instruyendo a los nuevos misioneros a confiar en Dios por su salud.[1] Esta crítica hiriente que llegó de una fuente tan inesperada sin duda le fue dolorosa.

Críticas aun más mordaces llegaron inesperadamente en un artículo de noviembre 1889 en el *Boston Journal,* por el Teniente Emory Taunt, de la Armada de EE.UU., que hizo un reconocimiento de la cuenca del Río Congo para la Armada en 1885. Durante la expedición él conoció

La Sra. Guinness le acusó a Simpson de enviar a sus obreros a una muerte segura a consecuencia de su enseñanza de la sanidad divina.

a Frank Gerrish y supo del fracaso del Grupo del Congo. El *Boston Journal* consiguió el informe de Taunt al Secretario de la Armada acerca de Simpson:

> *"Es inútil enviar misioneros al Congo a menos que se les supla suficientes medios para establecerse y mantenerse de manera permanente. Si [las sociedades religiosas] descuidan esta provisión, están enviando a su gente a una muerte segura."*[2]

Teniente Emory Taunt

El artículo del *Boston Journal* seguía:

> *El sermón de Taunt [en su informe al Secretario de la Armada] fue motivado por la suerte de seis* (sic) *hombres de 23rd Street en Nueva York, que partieron de su iglesia madre para el África con apenas $500 entre todos ellos. Uno de ellos pronto murió; cuatro recibieron pasaje de regreso a su casa por caridad de los bautistas; el sexto se unió con otra misión.*[3]

Este ataque burlador contenía muchos errores. El Grupo del Congo se componía de cinco hombres, no de seis. Los pasajes de los tres, no cuatro, que regresaron a su tierra fueron pagados por la venta de sus equipos, no por caridad de los bautistas. Cada miembro del Grupo del Congo llevó equipos que valían varios centenares de dólares, además de $500 en efectivo. Sin embargo, a pesar de los errores en los detalles del informe provocativo, la realidad es que la Missionary Union for the Evangelization of the World[4] del Gospel Tabernacle había enviado a un equipo tristemente mal preparado para una misión tan difícil.

Fue obvio que Simpson tenía que responder a estos ataques que le llegaban de todos lados; lo hizo en *The Word, The Work, and The World,* y más tarde en los periódicos neoyorquinos. Los primeros años de lo que llegó a ser el esfuerzo misionero de La Alianza fueron tiempos de doloroso aprendizaje para Simpson, y los que fueron enviados por la misión.

Cuando por fin la ola de críticas acerca del debacle de Cabinda se había calmado, surgió otra situación que desilusionó más a Simpson y a los miembros del Tabernacle. A principios de 1890, sin aviso previo, aparecieron en el Gospel Tabernacle siete misioneros voluntarios, diciendo que estaban de viaje desde Kansas hasta Sudán, un territorio que actualmente abarca los países africanos de Guinea, Burkina Faso, Malí, y Costa de Marfil. Lo que les faltaba en dinero y preparación fue compensado por su fervor y fe. Aunque no llegaron a ser formalmente candidatos misioneros de La Alianza, la congregación del Tabernacle los adoptó de todo corazón. Simpson alojó a los cinco hombres y dos mujeres en el Berachah Home por varias semanas, hasta que pudieran conseguir su pasaje al África. Zarparon el 15 de mayo, 1890. Antes del fin del año, cuatro de los siete habían muerto de "fiebre." La Sra. Guinness de manera sarcástica mencionó la muerte de estos voluntarios, atribuyendo su fin a la enseñanza de Simpson sobre la sanidad divina.

LAS REGIONES MÁS ALLÁ

Pero no fue una pérdida total, puesto que Simpson y el cuerpo docente del Missionary Training Institute (MTI) se esforzaron mucho para preparar mejor a los que serían enviados. Los sobrevivientes de los voluntarios de Kansas posteriormente se afiliaron con La Alianza, y llegaron a ser misioneros eficaces en el África Occidental Francesa. Así fue que Simpson continuaba predicando y promoviendo las misiones

A pesar de la iniciativa desafortunada de Cabinda y las críticas que llegaron de todos lados, la visión se mantuvo firme.

y enseñando la sanidad divina, y el MTI se llenaba con hombres y mujeres preparados y ansiosos por salir. Para el año 1888 había varios candidatos preparados. La historia conmemorativa *After Twenty-Five Years,* que celebraba el primer cuarto de siglo de los ministerios de La Alianza, declaró: "Nuestros campos preferidos son 'las regiones más allá,' las partes no ocupadas del mundo pagano; así que nuestros misioneros han sido guiados a las regiones más remotas y difíciles . . . como la provincia de Kwang-Si en el sur de la China, la provincia de Hunan en la China Central, las fronteras de Tíbet [y recientemente el país de Annam (Vietnam)], las tribus de Mongolia, las partes no ocupadas del Congo y del Níger en África, y algunas de las repúblicas desatendidas de Sudamérica."[5] La Alianza fue una misión que se enfocaba sobre los pueblos no alcanzados ("unreached people groups"—UPG) y abría caminos mucho antes que el término UPG se hiciera popular.

A pesar de la iniciativa desafortunada de Cabinda y las críticas que llegaron de todos lados, la visión se mantuvo firme, voluntarios

La Alianza enviaba pequeños grupos de misioneros a la India, la China, Japón, el Congo, el Sudán Francés, y la Tierra Santa (Palestina).

se presentaban, y apoyo por oración y ofrendas, todo confirmaba que Dios estaba en el movimiento. De hecho, una habilidad de Simpson, asombrosa y atacada por críticas, fue la de levantar fondos. Las convenciones anuales que se realizaban en Nueva York y en muchas otras partes del país eran ocasiones para recibir ofrendas en efectivo y joyas, promesas de fe, acciones, y hasta bienes raíces. No era nada fuera de lo común recoger grandes cantidades de $100,000 o más en una sola convención. Estas ofrendas fueron recogidas en la convención de Nueva York, en Old Orchard, y en todas partes del país. Por muchos años, hasta después de la muerte de Simpson, casi todos los fondos para misiones se recogían en "las convenciones misioneras." Se realizaban en ciudades principales o en las ramas locales de La Alianza, en que los misioneros que cumplían ministerios en su tierra presentaban sus campos de labor. Las "promesas de fe" fueron solicitadas y recogidas por los líderes o pastores de las ramas. Los misioneros no levantaban fondos; ellos despertaban la visión y los miembros respondían.

Durante esa primera década hasta 1897, La Alianza enviaba pequeños grupos de misioneros a la India, la China, Japón, el Congo, el Sudán Francés, y la Tierra Santa (Palestina). Para el año 1890 había 13 misioneros en servicio. Observando que la Alianza Misionera Internacional (el nuevo nombre de la Alianza Misionera Evangélica después de la unión con el Canadá) no crecía a la par con las ramas aliancistas de Norteamérica, Simpson lanzó un reto a la creciente membresía, que hicieran "una promesa de fe a la Alianza para Oración" a favor de las misiones mundiales. En la convención de 1890 en Old Orchard, después de predicar sobre la oración y desafiar a los presentes a participar en la Alianza para Oración, Simpson contó que más tarde estuvo sentado junto a una ventana abierta hasta altas horas de la noche y escuchaba "la voz de oración que ascendía toda la noche . . . que el poderoso Dios obrara con todo su poder y gloria."[6] Y sí, Dios muy pronto contestó esa oración.

En la primera convención en Round Lake, en la parte occidental del estado de New York, ocurrió un dramático aumento de interés. En la reunión de estudio bíblico a primera hora del día martes, el dirigente leyó las palabras de Cristo en Marcos 16:15 y luego dijo, "¡Cuán sencillo y practicable sería enviar el evangelio a toda criatura en los próximos diez años!"[7] Este comentario casual y nada pretencioso encendió un movimiento del Espíritu Santo. De repente "el Espíritu de Dios corrió sobre los presentes, y fueron conmovidos hasta derramar lágrimas y motivados por entusiasmo santo. Casi toda la congregación se puso de pie y se comprometió a unirse en oración y trabajo, con el fin de completar la evangelización del mundo entero dentro de ese siglo."[8] Varias personas se ofrecieron como candidatos; y un pastor inclusive puso a su hija pequeña sobre el altar.

MUJERES EN EL MINISTERIO

La imagen del pastor que depositaba a su hija, cual Isaac, sobre el altar como una destinada a ser parte de la evangelización del mundo, fue un cuadro profético de la posición de Simpson respecto a las mujeres en el ministerio. Paul King, en uno de sus excelentes estudios sobre A. B. Simpson y La Alianza temprana, escribió lo siguiente en *Anointed Women: The Rich Heritage of Women in Ministry in The Christian and Missionary Alliance*:

> *Mientras que persiste en el Siglo 21 el debate entre la posición igualitaria y la complementaria, A. B. Simpson y La Alianza Cristiana y Misionera a principios del Siglo 20 estaban muy adelantados para su época, actuando como pioneros de un camino intermedio ingenioso pero casi olvidado. Era a la vez intrínsicamente complementario (afirmando la autoridad del varón) y al mismo*

tiempo permitía libertad casi completa a las mujeres en el ministerio, incluyendo el ministerio pastoral y la práctica de todas las funciones pastorales, proveyendo así libertad tanto para las convicciones personales como para la unidad. Esta posición se evolucionó hace más de un siglo, a través de aproximadamente una década de oración, estudio de las Escrituras, y diálogo.[9]

Las investigaciones de King documentaron los casos de casi 400 mujeres que sirvieron como pastoras en La Alianza durante aproximadamente 75 años, y centenares más que actuaron como evangelistas, maestras de Biblia, y mensajeras en convenciones. Mujeres participaban en el gobierno del nuevo movimiento, tomando cargos en la primera Junta de Administradores.

Una de ellas fue Srta. Louise Shepherd, convertida después de escuchar un mensaje evangelístico, que llegó a dirigir los cantos en las convenciones. En la conferencia decisiva de Round Lake de 1891, ella se puso de pie y confesó que después de su conversión nunca se había sentido muy conmovida por las misiones. Sin embargo, en esa conferencia "se sentía muy conmovida por la obra misionera en el extranjero," y ofreció joyas personales por valor de $250, y añadió una cantidad igual en efectivo, lo suficiente para sostener a un misionero por un año. En aquel tiempo Simpson calculaba que el costo promedio por año para sostener a un misionero era $500. Espontáneamente otras personas se presentaron y ofrecieron "prendedores, anillos, relojes, cadenas, y otras herencias valiosas," con un valor total de más de $1,000. Durante el resto del día llegaron más dinero en efectivo y donaciones, y dos jóvenes más se ofrecieron para servicio misionero.[10]

UNA EXPLOSIÓN MISIONERA

Simpson hizo un llamado para 100 candidatos nuevos, y se presentaron. Él alentaba las ofrendas sacrificiales, y Round Lake llegó a ser la primera de docenas de convenciones en que recibieron decenas de miles de dólares. Desde este punto hubo continua expansión en el exterior. Los líderes de La Alianza recordaron a Round Lake como el evento que prendió "una explosión misionera." Para 1893 había 180 misioneros aliancistas que trabajaban en 12 campos, con suficiente sostén económico, y que aún sobraba. ¡En dos años más el número había ascendido a casi 300![11]

En 1893 Simpson salió en un viaje de siete meses para visitar los campos del Oriente Medio, la India, y el Lejano Oriente, en que visitó a más de 100 misioneros. Esta gira le ayudó a comprender los desafíos que encaraban estos nuevos obreros internacionales, lo cual se reflejaba en su preocupación pastoral por ellos, y los cambios en su preparación que se efectuaron en el MTI.

Para el año 1897, habiendo llegado a la conclusión que dos organizaciones paralelas no permitían una óptima efectividad, la Alianza Cristiana y la Alianza Misionera Internacional se fusionaron en una,

Para 1893 había 180 misioneros aliancistas que trabajaban en 12 campos, con suficiente sostén económico.

formando La Alianza Cristiana y Misionera, más sencilla y eficiente. Simpson fue elegido presidente y dirigió la Junta de Administradores. Los objetivos se mantenían iguales: evangelizar a las clases desatendidas en Norteamérica, promover la enseñanza de "los distintivos aliancistas," y llegar a "las regiones del más allá donde las buenas nuevas del evangelio jamás se habían conocido."[12]

PRIMERAMENTE AL JUDÍO

La especial "Convención de la Pascua," del 14 al 18 de abril, 1897, en que se programó la "Ratificación de la Unión de La Alianza Cristiana y Misionera" (ACyM), se celebró en el nuevo local del Missionary Training Institute en Nyack, 20 millas al norte por el Río Hudson. El instituto tuvo que mudarse porque ya no cabía en las instalaciones, aún nuevas, en 44th Street con 8th Avenue. La última promoción del MTI en Nueva York se graduó ese fin de semana, y una ofrenda especial se designó para la construcción del nuevo edificio del MTI, más tarde nombrado Simpson Hall.

La reunión de la tarde del viernes 16 de abril se extendió desde las 7:30 hasta las 9:30, y el programa tenía las palabras: "Nuestra Obra para Israel y el Mundo Pagano. Al Judío Primeramente." Simpson creía la declaración de Romanos 1:16: *Porque no me avergüenzo del evangelio, porque es poder de Dios para salvación a todo aquel que cree; al judío primeramente, y también al griego.* Mientras que se ratificaba la nueva ACyM, esa reunión inaugural imprimió claramente el ADN espiritual sobre La Alianza. Por décadas, el Informe Anual de La Alianza Cristiana y Misionera que se presentaba cada año a los delegados al Concilio Nacional incluía los informes del año del Foreign Department (Depto. Foráneo). El orden de los informes empezaba con Romanos 1:16, y los primeros informes fueron la obra entre judíos, y en la Tierra Santa.

Durante toda su vida, Simpson apoyaba fuertemente la evangelización de los judíos. En *The Coming One* (Aquel que viene), una obra que presentaba la posición de Simpson sobre los tiempos del fin, declaró claramente sus opiniones. "La obra misionera entre los judíos no es la obra principal de la Iglesia, pero es uno de sus encargos: 'Al judío primeramente, y también al griego' (Romanos 1:16). No debemos permitir que esta obra nos monopolice. Si hacemos esto, nos quedaremos decepcionados. Tenemos que recordar que el Israel espiritual es un remanente. Éste no es el día de salvación para Israel, pero aun hoy Dios está salvando a algunos, y debemos hacer todo lo que sea a nuestro alcance para darles el evangelio."[13]

En el mismo libro Simpson cuenta una anécdota de dos rabinos que contemplaban las ruinas de Jerusalén. Un rabino lloraba mientras que el otro sonreía. "Hermano, ¿por qué lloras?" preguntó el que sonreía. "Lloro porque veo que las zorras están corriendo por los muros de la ciudad de mis padres. ¿Por qué sonríes tú?" "Sonrío porque esto es lo que Dios dijo que iba a pasar, y la palabra de promesa es tan cierta como la palabra de juicio. Él también ha dicho que 'Jerusalén aún será el gozo de toda la tierra.'"[14] Esta historia sencilla de optimismo basado en la fidelidad de la Palabra de Dios ilustra la fe de Simpson, que Dios no ha abandonado a su pueblo. Algún día ellos correrán a los brazos de su Salvador y Señor Mesías, Jesús.

La carga que sentía Simpson por los judíos resultó en el temprano envío de misioneros a lo que entonces llamaban el campo de "la Tierra Santa." En 1890 las primeras dos misioneras de La Alianza fueron enviadas a Jerusalén. Eran las señoritas Elza Robertson y Lucy Dunn, mujeres solteras, miembros del Gospel Tabernacle. Estas valientes pioneras establecieron la misión en Jerusalén y desarrollaron un ministerio robusto entre mujeres y niños. Sin embargo, a consecuencia de la cultura "machista" de Palestina, La Alianza envió a dos varones para alcanzar a los hombres. En 1904, un año después que llegara al campo, A. E. Thompson construyó un "Tin Tabernacle" (tabernáculo de calamina), un edificio con armazón de madera encerrado con calamina, en una propiedad que compró en la Ciudad Antigua. Para 1913 Thompson había edificado una imponente capilla de piedra, con muros de un metro de grosor, en la Calle de los Profetas, número 55, en el Sector Judío. Era, y aún es, la única iglesia protestante dentro de la ciudad amurallada de Jerusalén.[15] En la actualidad es el hogar de una congregación aliancista multicultural.

La unión de las dos Alianzas para formar La Alianza Cristiana y Misionera no se realizó sin sufrir críticas. Muchos amigos anteriores pensaban que Simpson había convertido el movimiento en una denominación, a pesar de sus protestas al contrario. Algunos pastores

Para 1913 Thompson había edificado una imponente capilla de piedra, con muros de un metro de grosor, en la Calle de los Profetas, número 55, en el Sector Judío.

e iglesias que anteriormente habían participado con entusiasmo en las convenciones aliancistas y sostenido a misioneros, ahora empezaron a oponerse, pasiva o activamente, al creciente ministerio de La Alianza.

Simpson se esforzaba por mantener delante de sus adherentes una clara visión de su misión, para no amenazar a otras iglesias y misiones evangélicas. Mantenía una organización reducida y con gastos muy restringidos, usaba las convenciones y sus publicaciones para presentar el mensaje y la misión de La Alianza, y así solventaba a los nuevos voluntarios sin afectar las agencias misioneras de las denominaciones. El MTI seguía creciendo, preparando a los obreros que se necesitaba para la obra aliancista en Norteamérica y en el extranjero.

La primera década de las dos Alianzas fusionadas resultó ser "algo de Dios," un movimiento de personas comprometidas con un mensaje único y una misión única, guiado por un líder excepcional. Cierto periodista del *Baltimore Sun* describió a Simpson en la convención de Old Orchard:

> *En total, por lo menos 20,000 personas se encontraban en la arboleda. Por lo menos unos 10,000 de ellas se quedaron por muchas horas y escuchaban con atención absorta cada palabra pronunciada por Dr. Simpson. Su control sobre ese vasto auditorio fue*

extraordinario. Podía influenciarlo a su voluntad. Si les decía, "Canten muy suave y tiernamente," la masa no haría más que respirar la melodía de algún himno. Luego, por otra palabra, prácticamente harían temblar la tierra. Así, durante su sermón, ellos absorbían cada palabra. Su discurso era más una charla que un sermón, mucho menos un esfuerzo de retórica como en años anteriores.[16]

A. B. Simpson, c. 1890

Su texto fue Lucas 10:2: " . . . Rogad al Señor de la mies que envíe obreros a su mies," pero el tema que constantemente se repetía, era " . . . Simón, hijo de Jonás, ¿me amas más que éstos?" (Juan 21:15). "El reportero del *Sun* puede afirmar con absoluta certeza que La Alianza recibió hoy en ofrendas lo que se podría vender en cualquier banco por $70,000."[17]

Cuando consideramos todo lo que Simpson logró como pastor del Gospel Tabernacle, presidente de las dos "Alianzas" hasta 1897, su liderazgo de la misión, la dirección y enseñanza en el MTI, celebración de convenciones en todo el país, muchas veces agotando físicamente a los que le acompañaban, la publicación de libros y folletos, composición de himnos, y la redacción de la publicación semanal oficial de La Alianza, no podemos menos que asombrarnos por la transformación. De ser "el pastor enfermizo, con salud delicada," se transformó en un enérgico dinamo con capacidades y logros en el ministerio que eran nada menos

Poco después del inicio del Siglo 20, centenares de ramas esparcidas a través de los Estados Unidos y el Canadá, buscaban a "las masas desatendidas" con el evangelio completo de Cristo.

que increíbles. Su personalidad calmada pero cautivante proveyó gran liderazgo al movimiento que había empezado en un frío salón de baile en Nueva York. En poco más de 15 años, ese inicio nada pretencioso se había expandido a una causa motivadora que tenía centenares de obreros en más de una docena de países, alcanzando a los no alcanzados.

Poco después del inicio del Siglo 20, centenares de ramas esparcidas a través de los Estados Unidos y el Canadá, buscaban a "las masas desatendidas" con el evangelio completo de Cristo.[18]

"Mi padre tenía un corazón grande, pero muy solitario. Por naturaleza era sensible . . . Jamás le vi enojado, aunque en muchas ocasiones lágrimas le brotaban en los ojos."

—Margaret (Simpson) Buckman

CAPÍTULO 10

DOLORES DE CRECIMIENTO: 1897 A 1912

A. B. Simpson entendía los tiempos en los cuales vivía, y sabía qué hacer. Después de fundar las dos Alianzas hacía apenas 10 años, había visto el crecimiento espectacular de la Alianza Misionera Internacional. Misioneros salieron al África, al Oriente Medio, India, China, Japón, América del Sur, y otras tierras más. Un problema que pesaba sobre el corazón de este movimiento de expansión fue el gran número de muertes en África, Asia, y Sudamérica. El paludismo, que se creía era la consecuencia de "malos aires," ya había causado la muerte de docenas de obreros aliancistas en el extranjero. Aunque los científicos anteriormente habían descubierto el parásito que causa la enfermedad, fue en 1897 cuando el médico y científico británico Sir Ronald Ross comprobó que el molestoso zancudo era el portador del mal. Como resultado, se avisó a los misioneros, y empezaron a usar sencillos mosquiteros, y el número de fallecimientos disminuyó.

A principios de 1898 el acorazado USS Maine explosionó en el puerto de la Habana. Si fue la obra de patriotas cubanos o españoles enfurecidos, el resultado fue la Guerra Hispano-Americana, una lucha breve de unos tres meses. España sufrió una derrota rotunda, y perdió los territorios de Cuba, Puerto Rico, y Guam. Además, los Estados Unidos anexó las Islas Filipinas y pagó una indemnización de $20 millones a España. Simpson, como muchos otros líderes misioneros, fue un proponente decidido de la guerra contra España, por razón de sus crueles prácticas coloniales y los efectos devastadores de éstas sobre las tierras que ocupaba, además de su política de impedir el ingreso de misiones protestantes a sus colonias. La Alianza anticipaba poder enviar obreros a estas colonias recién liberadas.

Durante esos primeros diez años el movimiento se había llegado a conocer como "La Alianza," y continuaba creciendo, junto con el Gospel Tabernacle, una iglesia independiente pastoreada por Simpson. La revista misionera semanal, después de varios cambios de nombre,

Esta evaluación amistosa pero realista señalaba algunas faltas serias en la administración de la ACyM.

por fin llegó a ser *The Alliance Weekly*—nombre venerable que se usó por décadas, hasta que por fin fue cambiado a *Alliance Life.* Con el crecimiento de los numerosos ministerios que fluían del liderazgo fértil de Simpson, muchos hombres y mujeres capaces llegaron para trabajar con él. Ayudando en el MTI, la revista, la misión aliancista, o el Tabernacle, estos colaboradores de diversas denominaciones se unieron con Simpson y La Alianza porque se identificaban con su mensaje y su misión. Simpson no les pedía abandonar sus raíces denominacionales, simplemente que se unieran con él para adelantar esta "alianza" de creyentes. Se hicieron "aliados" de Simpson en la causa de Cristo, a la cual estaban comprometidos de todo corazón.

Se puede detectar cierta ambivalencia de parte de Simpson, consciente o no, sobre lo que La Alianza llegaría a ser. Aunque declaraba firmemente desde el principio que se oponía a establecer una nueva denominación, Simpson alentaba a los líderes de las ramas a recibir miembros, extender tarjetas de membresía, mantener libros de organización y de finanzas, y celebrar reuniones semanales. Al mismo tiempo, les aconsejaba a los superintendentes de ramas que realizaran sus reuniones en días y horas que no afectarían los programas de las iglesias ya existentes.

Después de más de 16 años como pastor presbiteriano, Simpson entendía la estructura de una denominación. Altamente reglamentada, con frecuencia enfocada en sí misma y sirviéndose mayormente a sí misma, la lucha por libertad para seguir la dirección de Dios podría quedar impedida por juntas y estatutos. Por esta razón, la organización de La Alianza se hizo lo más sencilla posible. Los gastos generales se mantenían en un mínimo, y se esperaba que los misioneros llevaran una vida de mucha fe y gastos controlados. Bajo el liderazgo de Simpson, la mayor parte del sostén económico para los obreros en el exterior no salía de un presupuesto establecido, sino de promesas de fe y ofrendas recibidas anualmente en las convenciones misioneras a través de los Estados Unidos y el Canadá. La importancia de estos eventos anuales para suplir las continuadas necesidades económicas del esfuerzo misionero exigía que Simpson y otros mensajeros invitados, y los misioneros en su año de ministerio en su tierra, hicieran giras largas y agotadoras.

La "explosión misionera" que siguió a la convención de Round Lake en 1891 trajo bendición, además de dolores de cabeza. En 1895 la fuerza misionera de La Alianza había crecido a casi 300, haciéndola, en menos de 10 años, la quinta agencia en tamaño entre las misiones americanas.[1] Más tarde, con la expansión rápida de la obra en el extranjero y la impredecible base económica, las subvenciones a los misioneros sufrieron recortes por falta de fondos. Si no fuera por el espíritu de sacrificio de los obreros en los campos, estos recortes les habrían devastado su moral. En algunos casos el crecimiento sin precedentes resultó en problemas dolorosos que produjeron tensiones dentro de la Sociedad, y dieron una mala imagen de la administración de La Alianza por Simpson.

FIELES SON LAS HERIDAS DEL QUE AMA

Consejo sabio llegó de una fuente inesperada, *The Missionary Review of the World*, edición de julio 1899 a diciembre 1900.[2] Esta revista fue

Dr A. T. Pierson

redactada por Dr. A. T. Pierson, amigo y partidario por mucho tiempo de Simpson y La Alianza. Contenía un informe de cinco páginas del Departamento de Redacción, y fue escrito por Pierson mismo. Esta evaluación amistosa pero realista, hecha por un camarada y sabio observador del crecimiento fenomenal del movimiento misionero en Norteamérica, señalaba algunas faltas serias en la administración de la ACyM.

Pierson empezó mencionando el hecho obvio que La Alianza había crecido de manera muy rápida, habiendo sobrepasado la administración organizativa y la competencia de la misión, junto con la presión constante de suplir el sostén económico de los misioneros. Él cuestionaba la excesiva centralización del liderazgo en Simpson y su esposa. Él como presidente y director de la Junta, y ella como la tesorera de misiones por muchos años, en esencia administraban la misión. El editorial siguió diciendo:

> *Y el tiempo ha llegado en que Sr. Simpson y su esposa deben entregar la obra aliancista a un cuerpo numeroso, competente, y confiable de hombres y mujeres, y que no retengan ningún control sobre los fondos, los obreros ni los métodos, exceptuando los consejos que puedan dar por su experiencia y piedad. Estamos totalmente persuadidos, después de un estudio minucioso de La Alianza y su manera de operación, que demasiado poder es manejado por un solo hombre, y esto es dañino tanto para el hombre como para todos los demás.*[3]

Este pronunciamiento, que provenía de un amigo cercano y asociado de muchos años, sin lugar a dudas le hirió profundamente a Simpson, y a la vez posiblemente le encolerizó a Margaret, menos sensible que su esposo.

El editorial de la *Missionary Review* continuaba con algunos sabios consejos: la necesidad de transparencia en el manejo de las abundantes ofrendas para misiones, y la rendición de cuentas en la administración de los fondos eran medidas obviamente necesarias. Pierson mencionó las múltiples ofrendas de $100,000 recibidas en las principales convenciones aliancistas. Sugirió que esta sobre-dependencia en mega-ofrendas abría la puerta para constantes críticas y cuestionamientos de la

ACyM. Esta práctica también resultó en la falta de un presupuesto previsible de funcionamiento.[4]

Una última sugerencia de Pierson se enfocó sobre un error muy notable en La Alianza temprana:

> *También nos parece que, en más de unos pocos casos, los obreros misioneros han sido aceptados con demasiada facilidad, preparados de manera demasiado superficial, y enviados con demasiado apuro—todos estos siendo los riesgos necesarios de una obra que ha alcanzado madurez con una rapidez tan inusual.*[5]

Se puede confirmar en numerosos casos lo acertado de esta observación por el envío con optimismo excesivo de misioneros con lo mínimo de preparación, y aun menos en cuanto a confirmación de su carácter, llamado, y competencia en esos primeros años.

Lo cierto de la observación de Pierson se vio en el primer intento misionero de Simpson con "el Grupo del Congo," dirigido por John Condit. Resultó en la muerte de Condit, el abandono de la misión por tres de los otros cuatro miembros del equipo tres meses después de llegar al campo, y el fracaso de la iniciativa. Aunque la falta de éxito de este primer intento no dañó seriamente la reputación de Simpson, sí iluminó esta deficiencia.

Esta tendencia a un exceso de optimismo también fue señalada en el editorial de Pierson, que mencionó el despido de Emilio Olsson, un misionero sueco y colportor de la Sociedad Bíblica, que visitó a Simpson a fines de 1896. Le presentó un plan extremadamente especulativo para la evangelización de Sudamérica en cuatro años, empleando a 100 hombres. "Creo que Sudamérica puede ser alcanzada en cuatro años. Un buen misionero puede alcanzar a 10,000 personas por mes, 100,000 por año, y 400,000 en cuatro años. Cien misioneros podrán alcanzar a 40,000,000 personas en cuatro años."[6]

Olsson presentó su propuesta en el número del 22 de enero, 1897, de la publicación de La Alianza. Simpson, siempre entusiasta, pronto aceptó la estrategia. Olsson era un marinero convertido de 38 años, había trabajado con La Sociedad Bíblica Británica, y había viajado miles de millas por todo el continente sudamericano, distribuyendo más de 20,000 Biblias. Ese mismo año fue ordenado por La Alianza, nombrado superintendente de la misión ACyM en Sudamérica, y enviado en una gira de cuatro meses a Gran Bretaña y Suecia. Después dirigiría un equipo de seis misioneros jóvenes que serían desplegados en varios campos sudamericanos, iniciando así su plan agresivo de cuatro años. El relato completo de la asociación breve de La Alianza con Olsson se encuentra en *Roots and Branches: The History of the Christian and Missionary Alliance in Brazil.* La relación de trabajo entre Olsson y La Alianza duró unos dos años, y dejó la obra sudamericana en caos.[7]

Olsson, indudablemente, era un obrero valeroso y tenía sangre de aventurero. Sin embargo, después que los misioneros en Buenos Aires

"No podemos alargar las cuerdas sin reforzar, de manera proporcional, las estacas."

se sublevaron bajo su liderazgo e hicieron una petición formal a la junta en Nueva York que investigara la situación, él fue llamado a Nueva York para reunirse con el liderazgo de la misión. Cuando cuestionaron sus decisiones y su manejo de los fondos, se molestó y rehusó someterse a una interrogación. Como resultado, fue despedido de la misión. La siguiente nota escueta apareció en la publicación ACyM del primero de julio, 1899: "Rev. Emilio Olsson ha sido despedido de La Alianza Cristiana y Misionera, y cualquiera de nuestros lectores que desea conocer los hechos de su caso puede escribir al Secretario Foráneo, 690 8th Avenue, New York City."

El siguiente número de la revista de La Alianza Cristiana y Misionera incluyó una declaración de tres páginas sobre las razones por la decisión. Olsson había acudido a los periódicos y a una revista misionera, acusando a Simpson y La Alianza de quebrantar el convenio de trabajo y de retener fondos que se debían a Olsson para su sostén. Olsson hasta publicó un folleto de 52 páginas con el título polémico: "Las Declaraciones Erróneas del Rev. A. B. Simpson REFUTADAS POR Emilio Olsson." La *Missionary Review* de Pierson recogió la historia y cuestionó el trato de la ACyM con Olsson, como parte de las observaciones del Departamento de Redacción sobre la administración de Simpson.[8] Este embrollo reveló la tendencia de Simpson de a veces "imponer las manos" sobre personas no calificadas, no preparadas, no disciplinadas, y a veces no escrupulosas, con consecuencias no deseadas. El resultado previsible de este artículo por Pierson sin duda le causó vergüenza a Simpson y malos entendidos ante el público.

ESTACAS VS. CUERDAS

Al mismo tiempo, el número de ramas de La Alianza en Norteamérica era bastante reducido en comparación con el gran contingente de misioneros que servían en el extranjero. Simpson dependía de las convenciones en ciudades grandes y en la *Alliance Weekly* como los principales medios para promocionar las misiones, difundir las distintivas de La Alianza, y levantar sostén para los misioneros. Mientras que Pennsylvania, New York, Ohio, y el Canadá Oriental pronto se hicieron centros importantes de la actividad aliancista, enormes regiones del Medio y Lejano Oeste por años se quedaron prácticamente no tocadas. Simpson dependía del liderazgo capaz y sacrificial de los superintendentes de distrito, quienes muchas veces fueron responsables por más de un estado. Hombres como E. D. Whiteside y H. M. Shuman en Pennsylvania, y J. D. Williams en Minnesota, reclutaban y desplegaban obreros nuevos y abrieron numerosas ramas en sus regiones. Por años, liderazgo débil o no existente dañaba la causa en la Costa del Oeste. Bajo liderazgo capaz, La Alianza en el Canadá creció lentamente, aunque no siempre bien recibida por las denominaciones principales. El énfasis fuerte sobre la santificación y la sanidad divina producían rechazo en muchos que opinaban que la ACyM se estaba aislando y alejando del cuerpo mayor de creyentes, quienes tenían menos compromiso con estas doctrinas claves sostenidas por Simpson y sus seguidores.

Para Simpson, un gran dolor de cabeza era mantener el equilibrio entre las necesidades en el extranjero y las en Norteamérica. Un desafío perenne, el asunto espinoso de "ensanchar las bases" produjo tensión en la Sociedad. En 1906, 25 estados todavía no tenían ninguna rama, y 100 ciudades principales no tenían ni un obrero aliancista. En 1906 *The Alliance Weekly* publicó "un llamado más fuerte" para más líderes locales de todas las regiones, declarando que sería "una política muy corta de vista" enviar "todos nuestros recursos," y "los hombres y mujeres mejores y más idóneos" al campo misionero, sin hacer una inversión equivalente en los líderes de las ramas locales.[9] La revista presentó el problema claramente: la obra en el exterior dependía de la base en Norteamérica, y "no podemos alargar las cuerdas sin reforzar, de manera proporcional,

Ceremonia de Colocar la Piedra Angular del Missionary Training Institute

las estacas" en Norteamérica.[10] Este "tira y afloja entre estacas y cuerdas" era una carga para Simpson y el Departamento Foráneo en formación, que era responsable por el cuidado y la administración de las fuerzas misioneras tan dispersas y remotas. Simpson perdió muchas horas de sueño pensando y orando sobre estos asuntos delicados.

A consecuencia del crecimiento de La Alianza y el número de candidatos que llegaban a Nueva York para estudiar, las instalaciones recién dedicadas del Missionary Training Institute en 8th Avenue, para 1896 resultaron totalmente inadecuadas. Con 50 alumnos en el pabellón del instituto, había otros 150 esparcidos a través de Manhattan en casas de pensión y hogares particulares. Por falta de espacio se rechazaba las solicitudes de personas que deseaban estudiar, una situación que le dolía a Simpson en el corazón. Se necesitaba construir un plantel más amplio, pero hacerlo en la ciudad costaría centenares de miles de dólares, mientras que instalaciones similares en una área suburbana se podría construir por menos de $100,000.

NYACK ON THE HUDSON

Stephen Merritt era un simpatizante del Gospel Tabernacle desde los inicios. Fue director de una empresa funeraria por oficio y pastor por vocación; vivía en Nyack, una aldea al lado oeste del Río Hudson unas 20 millas río arriba de Manhattan. Allí había terrenos disponibles en precios asequibles, con vistas al río, subiendo por las colinas sobre el Tappan Zee (un ensanchamiento del río, parecido a un lago). Dentro de poco, se compró una propiedad "sobre la loma," y se colocó la piedra angular para el edificio del instituto el 17 de abril, 1897. Una tempestad muy

La empresa comercial últimamente fracasó, llegaron críticas, y la compañía encaraba graves pérdidas económicas.

fuerte el día anterior saturó el campo con lluvia, dejándolo un campo de barro. Simpson pidió un culto de oración espontáneo. Dos trenes fletados con pasajeros iban a llegar desde la ciudad, y no quedarían bien impresionados por el sitio que parecía un pantano. "Antes que terminara el tiempo de oración, el cielo se descampó, las nubes desaparecieron, el sol brilló en toda su gloria, y un viento secaba la tierra. Para las tres de la tarde, cuando los actos empezaron en Nyack, casi no se notaba que había llovido."[11]

El traslado del Missionary Training Institute resultó ser una decisión excelente. Puesto que él personalmente creía que Cristo retornaría pronto, Simpson decidió en contra de construir edificios más caros de ladrillos. Tal vez pensó, *No hay necesidad de gastar tanto, puesto que el Señor podría regresar antes que se desgasten los edificios.* Su entusiasmo y frugalidad excedieron sus cálculos escatológicos. Necesitando un tabernáculo en Nyack para auspiciar convenciones y campamentos de La Alianza, el tercer hijo de Simpson, James Gordon, asumió la tarea de maestro de obras, y con un equipo de jóvenes levantó un hermoso tabernáculo de madera en sólo 20 días por aproximadamente $25,000, en el lugar donde ahora se encuentra Pardington Hall. Sin duda, esos edificios construidos bajo el liderazgo de Simpson dan testimonio de la calidad de la mano de obra, y de la excelente madera que se usó.

Con el traslado del Missionary Training Institute a Nyack, Simpson llegó a ser un promotor inmobiliario. Él y algunos colegas compraron un terreno grande "sobre la colina," y lo dividieron en lotes para casas. Invitaron que personas compraran un lote y construyeran una casa en la "comunidad cristiana" de Nyack Heights, libre del ruido y malas influencias de la ciudad. Para ese entonces, Simpson reconocía el peligro de criar a hijos en "el patio del diablo." Así que él, con unos cuantos colegas y amigos pudientes, a principios de 1897 organizaron The Nyack Heights Improvement Company.[12] Durante unos cuantos años ofrecieron lotes en venta, y se dio oportunidad para invertir en la compañía. La venta de acciones preferentes suplía capital para desmontar el terreno, trazar calles, e instalar servicios de agua y gas, más otras mejoras. Desafortunadamente, sólo se vendió unos cuantos lotes, incluyendo uno comprado por Simpson, donde construyó un hogar para Margaret y la familia. La empresa comercial últimamente fracasó, llegaron críticas, y la compañía encaraba graves pérdidas económicas. En consecuencia, Simpson aceptó responsabilidad total por el fracaso por comprar las partes de sus socios, asumiendo la pérdida económica.[13] Anteriormente Simpson había vendido con éxito propiedades en Nueva York, sacando una importante ganancia. Sin embargo, el intento en Nyack Heights demostró que Simpson, a quien muchos veían como "profeta," en este caso falló, resultando ser "non-profit" (no lucrativo). Las críticas contra esta aventura en bienes raíces se sumaron a una lista creciente de ataques personales.

¿SANADORES POR FE O SANADORES FALSOS?

A través de los muchos años del ministerio de Simpson, otro ataque sentido por él y por La Alianza nació de la enseñanza de Cristo el Sanador. Él recibió críticas de todos lados acerca de esta doctrina. El reconocido teólogo presbiteriano Benjamin B. Warfield, en su obra *Counterfeit Miracles* (1918), ridiculizó a los muchos así-llamados "sanadores por fe" y su testimonio no consecuente ante la Iglesia y el mundo. Es interesante notar que en el mismo capítulo en que ataca la enseñanza de Simpson, que la sanidad se incluye en la expiación hecha por Cristo, Warfield señala a los muchos charlatanes e impostores que se encontraban en el movimiento de sanidad. Pero al mismo tiempo menciona a Simpson en términos de aprobación: "Tal vez el Dr. A. B. Simpson de Nueva York, que desde 1887 ha sido presidente de La Alianza Cristiana y Misionera, fundada en ese año en Old Orchard, Maine, ha sido intachable ante el público como un "sanador por fe" de los enfermos por un período tan largo como cualquiera de nuestros sanadores americanos recientes. La fama de otros, tal vez más espléndida, al mismo tiempo ha sido menos pura y duradera."[14] A la vez que le incluía con algunas personas no deseables, Warfield por lo menos le felicitaba ambiguamente. A Simpson jamás se le acusó de beneficiarse por su ministerio de oración por los enfermos. Esto en contraste con algunos otros, que sacaron ganancias de su ministerio de hacer el bien.

Dos amigos personales de Simpson y colegas en el ministerio, Kelso Carter y Rowland Bingham, al principio habían sido defensores fuertes de la sanidad divina. Más tarde ellos retractaron su apoyo de esa doctrina. Puesto que Carter había sido un colega y colaborador cercano

Jamás se le acusó de beneficiarse por su ministerio de oración.

de Simpson en los años iniciales del Gospel Tabernacle, su separación de esta enseñanza y su libro, *Faith Healing Reviewed After Twenty Years,* decepcionaron profundamente a Simpson. Lo mismo era cierto en cuanto al Dr. Bingham, que cuando joven había sido un asociado cercano del Rev. John Salmon, el líder pionero de La Alianza en el Canadá. Salmon, que había servido de mentor a Bingham, fue sanado de una enfermedad de los riñones que le amenazaba la vida cuando Simpson estaba realizando una convención de sanidad en Buffalo, New York. En ese entonces Salmon ya había aceptado que la sanidad está incluida en la expiación; deseaba ser ungido y recibir oración, pero "no encontraba en Toronto ningún ministro que creía en esta práctica."[15]

Confiando en Dios para los gastos del viaje y del hotel, Salmon se preparó para viajar a Buffalo, a pesar de su debilidad. Oró, pidiendo a su Padre Celestial el dinero necesario, y una carta le llegó en el próximo correo con $14.00. Al llegar a Buffalo, Salmon asistió a la reunión y al final fue ungido con muchos otros. Al instante fue sanado, e inmediatamente se unió al equipo que oraba por los demás enfermos. Luego dio su testimonio y llegó a ser el nuevo líder de La Alianza. Como resultado, Salmon enseñaba y practicaba la oración por los enfermos basado en la expiación de Cristo, así como lo había aprendido de Simpson. Muchos años después, cuando los hermanos Bosworth estaban realizando cultos evangelísticos en Toronto, Bingham, entonces director de la Sudan Interior Mission, menospreció el ministerio de sanidad de los Bosworth, señalando a los que no fueron sanados en respuesta a la oración, en vez de reconocer a los muchos cuya salud fue reestablecida. Su rechazo de la sanidad divina resultó ser otra desilusión.

Simpson jamás permitió que la sanidad divina llegara a ser la doctrina primordial de La Alianza. Sin embargo, desde su primera experiencia de sanidad en Old Orchard Camp en agosto 1881, jamás minimizó la importancia de esta enseñanza, aunque su comprensión de la sanidad y de la salud divina maduró a través de los años. Una razón

John Alexander Dowie

importante por la cual se sentía obligado a predicar sobre la sanidad y la oración por los enfermos fue lo que pasó después de la muerte del Presidente James A. Garfield. Garfield fue herido de bala en julio y murió el 19 de septiembre, 1881. En ese tiempo Simpson todavía se regocijaba de su salud recién reestablecida, y anhelaba que alguien fuera a orar por el presidente, que estaba falleciendo en un hospital cercano en New Jersey. Parecía que Dios puso la carga en el corazón de Simpson de ir y orar por Garfield. "¿Irás tú?"[16] Simpson vaciló y no fue, y el presidente murió de las heridas de la bala del asesino. Simpson sintió que había quebrantado su voto a Dios hecho en Old Orchard, de enseñar con claridad lo que había aprendido. Convicto por su falta de acción, desde ese momento Simpson obedeció a Dios, y compartía el mensaje y el ministerio de la sanidad divina al Cuerpo mayor de Cristo.

EL CARRO DE CUATRO RUEDAS DE SIMPSON

No todos los críticos de Simpson en cuanto a la sanidad divina procedían del "campamento teológico opuesto." De vez en cuando, también sufría ataques intensos de los proponentes de la doctrina. Uno de los peores detractores fue John Alexander Dowie, un escocés medio atrevido que creció en Australia y vino a América en 1888, estableciéndose primero en San Francisco. Después de algunos años de ocuparse en "el negocio de la sanidad" en la Costa del Oeste, se mudó a Chicago y por fin estableció Zion City y la Christian Catholic Apostolic Church.[17] Dowie escuchó acerca de Simpson y el asombroso ministerio de sanidad del Gospel Tabernacle. Percibiendo una oportunidad, le propuso a Simpson que juntos hicieran giras del país, orando por los enfermos y ganando bien de ello. Como lo describe Tozer en *Wingspread,* Simpson respondió sencillamente: "No, hermano Dowie, mi carro de guerra tiene cuatro ruedas. No puedo aceptar el descuidar a tres de ellas mientras que dedique todo mi tiempo a una."[18]

El rechazo de Simpson le enfureció a Dowie, que propuso desacreditar al fundador del Evangelio Cuádruple y el Gospel Tabernacle. Planeó una serie de conferencias en ciudades principales en que se proponía "¡romperle a Simpson en pedazos, y luego pisotear los pedazos!"[19] En Pittsburgh, la primera ciudad de la gira, Dowie estaba cenando antes de ir a la sala de conferencias. Su plato de pescado le causó un problema: un huesito se le pegó transversalmente en la garganta. No podía sacar ni el huesito ni una sola palabra. Después de una demora larga, la gente que esperaba al "triturador de Simpson" se cansó y se fue. Dowie canceló el resto de la gira y regresó a Zion. Cuando le contaron a Simpson lo que había pasado, sencillamente respondió: "O, Dowie, sí, le encomendé a ese hombre al Señor hace mucho tiempo."[20]

Efectos mucho más graves a largo plazo para La Alianza llegaron del movimiento histórico y soberano del Espíritu Santo en los primeros años del siglo 20. Empezó primero en el Medio Oeste y se extendió a Los Ángeles en 1906, en el avivamiento de Azusa Street, que dio inicio al movimiento pentecostal. Sin embargo, como lo presenta de manera persuasiva Paul King en su libro rico en investigación, *Genuine Gold: The Cautiously Charismatic Story of the Early Christian and Missionary Alliance,* manifestaciones sobrenaturales del Espíritu Santo sucedieron muy pronto después que Simpson abriera el Gospel Tabernacle, mucho antes del fin del siglo 19. King cuenta que personas llegaban al Tabernacle y eran sanadas milagrosamente sin que nadie orara por ellas, mientras que otras se caían al piso inconscientes y bañadas con la presencia de Dios. Así, "manifestaciones y prácticas muchas veces asociadas con los movimientos pentecostales y carismáticos, tales como, temblar, sacudirse, risa santa, caer bajo el poder del Espíritu . . . levantar las manos, danzar, visiones, sueños, sensaciones físicas de calor, fuego, o electricidad, oraciones espontáneas al unísono en voz alta, etc.,"[21] sucedían en el Gospel Tabernacle y en reuniones ACyM de los primeros años. Por muchos años Simpson había enseñado que todos los dones del Espíritu Santo y manifestaciones milagrosas del poder de Dios, como se ven en la Iglesia Apostólica, por fin aparecerían en la Iglesia contemporánea.

LA SOLITARIA VÍA MEDIA

Cuando las noticias de los eventos de Los Angeles atravesaron la nación y llegaron a Nueva York a fines de 1906, Simpson y sus colegas al principio estaban gozosos por lo que sentían que eran señales de "la Lluvia Tardía" y precursores del pronto regreso de Jesucristo. Durante todo ese período, desde los inicios en el Medio Oeste hasta la explosión pentecostal en Azusa Street, Simpson decididamente apoyaba el mover del Espíritu, y con persistencia mantenía un equilibrio firme entre los dos extremos del movimiento ya polarizado. Un lado insistía que la experiencia de "lenguas pentecostales" fuera la quintaesencia para los creyentes, mientras que la mayoría de las iglesias evangélicas negaban la realidad de los dones espirituales "en la presente dispensación," y clasificaban las experiencias como del demonio, o histeria carnal.

En mayo 1906 Simpson dirigió una Conferencia de Oración sobre la Verdad y el Testimonio en Nyack, para traer a La Alianza "uniformidad de testimonio."[22] Rechazando la idea de un credo inflexible, deseaba que los líderes de la creciente Alianza se pusieran de acuerdo sobre los puntos esenciales, a la vez que daban libertad sobre asuntos de la política de las iglesias, el bautismo, calvinismo vs. arminianismo, etc. Como "una alianza de creyentes" que todavía rechazaba el denominacionalismo, la conferencia de 1906 reafirmó las creencias esenciales de la centralidad de Cristo como se expresa en el Evangelio Cuádruple: la salvación por fe solamente por gracia; la santificación como una bendición después de la salvación, que incluye el bautismo y la llenura del Espíritu Santo y la habitación de Cristo en nosotros; la sanidad como parte de la obra expiatoria de Cristo; y el retorno premilenial de Jesús. Aunque no mencionó específicamente el pentecostalismo, la conferencia preparó a La Alianza para el reto a la unidad durante los siguiente años.

Más tarde ese mismo año, con Simpson presente, avivamiento brotó en el Missionary Training Institute y el Gospel Tabernacle. Profunda convicción de pecado, confesión, y arrepentimiento arrasaron el instituto y la iglesia en Nueva York. A la vez que pasaba el tiempo y el movimiento se extendía, Simpson mantenía la mente abierta hacia las manifestaciones de los dones espirituales, incluyendo lenguas, que habían sucedido en Nyack y el Tabernacle en Nueva York, además de en otras ramas aliancistas en 1907. Los apuntes en el diario de Simpson revelan que él sinceramente buscaba y estaba abierto a todos los dones, incluyendo lenguas. Aunque algunos tal vez interpretan esta búsqueda como convalidación de la doctrina de lenguas como la evidencia, con la implicación que Simpson no buscó con suficiente intensidad para recibirlas, los apuntes del diario no confirman esta hipótesis.

Edith Blumhofer, autora de *The Assemblies of God: A Chapter in the Story of American Pentecostalism,* señaló la posición sabia de La Alianza en los primeros destellos del movimiento: "Los voceros de La Alianza

"Mi padre tenía un corazón grande, pero muy solitario."

tuvieron discernimiento casi misterioso de problemas en potencia que los entusiastas adherentes de Apostolic Faith parecían propensos a minimizar. Dentro de unos cuantos años, algunos pentecostales harían eco de los llamados aliancistas por prudencia y equilibrio. Pero por el momento, parecía que no se hacía caso de las advertencias."[23] Ese otro espíritu, Satanás, que continuamente se opone al Espíritu Santo, sabe que los dones falsificados existen solamente porque hay dones del Espíritu que son "oro legítimo."[24]

Se hizo evidente que A. B. Simpson era el único líder evangélico importante del principio del Siglo 20 que, no siendo pentecostal, aceptaba sin titubeos que todos los dones espirituales mencionados en las Escrituras son válidos para el día de hoy, incluyendo lenguas y la interpretación de lenguas. Manifestaciones espirituales como risa santa, matanza por el

Espíritu, etc., todas eran parte de los primeros días del Gospel Tabernacle, más de 20 años antes que Azusa Street y los inicios del movimiento pentecostal. Algunos "Cessationists," que creían que los dones habían cesado, que antes habían predicado en el Gospel Tabernacle y endosado el mensaje y la misión aliancista, se declararon en contra de Simpson. Lo criticaban por no rechazar por completo todo el movimiento. Por otro lado, muchos pastores y colegas que habían sido alumnos de Simpson en el Missionary Training Institute le criticaban con igual vehemencia por no estar dispuesto a "llegar hasta las últimas consecuencias." Muchos salieron de La Alianza y por último llegaron a ser líderes de denominaciones pentecostales que surgían. El dolor de los ataques por un lado y el abandono por anteriores amigos y aliados le hirieron profundamente a Simpson. Su hija Margaret cuenta, "Mi padre tenía un corazón grande, pero muy solitario. Por naturaleza era sensible, y aunque tenía varios buenos amigos, era más bien solitario. Jamás le vi enojado, aunque en muchas ocasiones lágrimas le brotaban en los ojos."[25]

Los diarios de Simpson de este período entre 1907 y 1912 revelan su búsqueda continua por un caminar más profundo con Cristo y por todo lo que Dios tenía para él. Anotaba ocasiones de "un bautismo de risa santa, . . . una clara sensación de calor, a veces un fuego penetrante, . . . una sensación poderosa de reposo, realidad, y gozo," pero ninguna experiencia de lenguas.[26] No cabe duda que el propósito de Dios en la renovada aceptación de los dones espirituales era para equipar a Su Iglesia para evangelizar al mundo y apurar el retorno de Cristo. Sin embargo, lo que Dios propone para bien, el enemigo lo manipula de manera suficiente que esta "cosa de Dios" llegue a ser un instrumento de división y confusión en el Cuerpo.

Muchos pastores y congregaciones enteras se retiraron de La Alianza, llevando consigo edificios y sostén misionero. Dentro de pocos años, hasta la tercera parte de adherentes habían abandonado La Alianza para ir con el creciente movimiento pentecostal. Incluían a misioneros en el extranjero, obreros en Norteamérica, y miles de miembros. Ohio sufrió las pérdidas más grandes. Por ironía, el lugar de mayor intensidad del movimiento de lenguas en la ACyM fue el pueblo de Alliance, Ohio. A petición de Simpson, uno de sus colegas de más confianza, Dr. Henry Wilson, visitó el lugar. Desde allí Wilson mandó su famosa evaluación: "No puedo aprobar el movimiento, aunque estoy dispuesto a reconocer que probablemente en alguna parte hay algo de Dios en ello."[27] En aquel entonces, como lo aclara Paul King en *Genuine Gold,* la ACyM no tenía una rama en Alliance, Ohio. Wilson había visitado reuniones de las ramas aliancistas en Cleveland, Akron, y probablemente otras congregaciones, donde sacó la conclusión "que esta obra es de Dios, y ningún hombre debe poner la mano sobre ella."[28] Así que la observación que "Dios está allí en algún lugar" aparentemente se refería a una reunión pentecostal que no era de La Alianza, que Wilson visitó mientras que estuvo en Ohio.

LENGUAS—VERDADERAS Y DUDOSAS

Mientras que la mayor parte de La Alianza en el extranjero atravesaba los cambios y las tensiones ocasionados por el pentecostalismo que estaba inundando el mundo y las misiones de la ACyM, el campo de la China Occidental y Tíbet llegó a ser un caso serio que establecía pautas. Los dos pioneros aliancistas de Tíbet, William Christie y W. W. Simpson (no era pariente de A. B.), habían salido al campo durante la explosión misionera a principios de la década de los 1890. Por su fidelidad ante persecución, enfermedad, y sacrificio, por fin se desarrolló una obra sólida en esta fortaleza de budismo animista. En 1908 W. W. Simpson informó que su compañero chino de oración había orado en inglés perfecto, a pesar de conocer muy poco de ese idioma. En consecuencia, W. W. empezó a buscar el "bautismo del Espíritu" con lenguas. Más adelante en ese mismo año un artículo apareció en *The Alliance Weekly* escrito por Christie y W. W., que describió a un creyente chino que había tenido un "bautismo" espurio, acompañado por lenguas, profecías, trances, e imitaciones de Jesús.[29] Los dos hombres concluyeron que ese hombre había recibido un espíritu falso y mentiroso, presentando una prueba clara que los demonios pueden imitar lo que es verdadero. Los editoriales de la revista oficial aliancista informaron de estos acontecimientos en Tíbet, reconociendo que Dios estaba obrando allí, como también el enemigo, y aconsejando franqueza y cautela.

En 1912 W. W. Simpson recibió el bautismo en el Espíritu con lenguas, como también sucedió con la esposa de William Christie, la esposa de W. W. y sus hijos, y algunos pastores y creyentes locales. William Christie los apoyaba y buscaba activamente la misma experiencia; en cierto momento sentía que estaba cerca de recibir el don. Sin embargo, después de dos meses de buscar, sacó la conclusión que lo que estaba experimentando no era del Espíritu, sino de un "espíritu maligno."

Mientras tanto, W. W. estaba enseñando a todos la necesidad de hablar en lenguas como la evidencia inicial del bautismo y la llenura del Espíritu, a la vez que Christie rechazaba esa posición como no bíblica. Confusión y controversia resultaron de este impasse.

W. W. Simpson y su familia posteriormente salieron de la ACyM, cuando el secretario foráneo, Rev. Robert Glover, visitó el campo y le presentó a W. W. la posición oficial de la ACyM sobre el asunto, que declaraba que hablar en lenguas no es la evidencia esencial del bautismo por el Espíritu. W. W. respondió que no podía firmar esta declaración, y no lo haría, de esta manera renunciando de La Alianza y regresando a América. *The Alliance Weekly* anunció su renuncia del campo de Tíbet, con el comentario que "estamos seguros que separaciones de este tipo deben realizarse en el espíritu de mutuo amor, confianza, y consideración."[30] W. W. y su esposa más tarde regresaron a su lugar anterior en Tíbet y guiaron a docenas de pastores y creyentes tibetanos a la experiencia pentecostal de lenguas, de esta manera causando división y daños en la todavía joven iglesia nacional.

Aproximadamente al mismo tiempo, A. B. Simpson contestó una carta que pedía más información sobre la renuncia de W. W. En su respuesta explicó la decisión de la Junta de Administradores, la presentación de la política a W. W. por el secretario foráneo, que W. W. rehusó firmar la carta, y subsecuentemente renunció. Simpson escribía de memoria, y en su estilo conciliador usual, no mencionó los detalles desagradables del encuentro entre W. W. y Glover. Esta carta más tarde fue mostrada a W. W. Simpson, y él le escribió una carta mordaz a A. B., acusándole de "grandes discrepancias" entre su versión y lo que realmente había sucedido en la China Occidental cuando Glover visitó el campo. W. W. le acusó a A. B., la Junta, y Glover de decepción y "Tammany Hall politics" (políticas corruptas y arregladas).[31] Los resultados de este incidente, además de las consecuencias a largo plazo del pentecostalismo, los ataques contra su carácter e integridad, y el fraccionamiento de la obra aliancista en el extranjero y en Norteamérica, le causaron tristeza a Simpson y produjeron algunos valles emocionales en sus últimos años.

Lo asombroso es que, en este período difícil de dolores de crecimiento, Simpson escribió uno de sus libros más importantes pero menos conocidos, *The Old Faith and the New Gospels,* publicado en 1911. De sus experiencias y observaciones de 40 años atrás, durante su gira por Europa por su salud, Simpson detectó las semillas que brotaban del secularismo, racionalismo, e incredulidad que se estaba enseñando en escuelas donde anteriormente el curso básico había sido "el justo por la fe vivirá." Lo que percibió, casi por instinto, durante la gira fue la frialdad espiritual de aquellas tierras una vez impactadas poderosamente por la Reforma. En lugares donde la gracia y la fe habían sido los lemas de Lutero, las instituciones y los seminarios fundados por los Reformadores ahora se mofaban de la creencia en las Escrituras, cuestionaban la historicidad de Jesucristo, y en general, hacían de la incredulidad su declaración de fe.

Cuatro décadas después, esas semillas habían crecido a ser robles imponentes. Simpson, percibiendo el peligro que representaba el Liberalismo del Viejo Mundo si llegaba a América, escribió un libro. Era comprensible al creyente y obrero promedio de La Alianza, y predecía con claridad la ola de "modernismo" que estaba por devastar a las denominaciones protestantes del Canadá y los Estados Unidos. Este libro pequeño de 161 páginas trató asuntos como la evolución y la creación, la crítica alta y la autoridad de la Biblia, la "Teología Nueva" y la Persona y obra de Jesucristo, la vida ética sin Cristo, la sanidad divina y sus falsificaciones, y el socialismo y el Reino venidero de Cristo. Escueta y claramente, Simpson, como un buen padre, presentó a su "familia aliancista" enseñanza franca que benefició a sus descendientes espirituales cuando, unos cuantos años después, irrumpió la controversia entre los Fundamentalistas y los Liberales Modernistas. A la vez que se adhería firmemente a los puntos fundamentales de la fe cristiana, Simpson guió a la nave de La Alianza, alejándola de la batalla que se acercaba. Sin duda, este libro proveyó un mapa teológico para los pioneros de la educación aliancista en Nyack y otras instituciones, marcando una ruta confiable para las décadas futuras.

Los años 1907 a 1912 eran difíciles, después de casi 25 años de crecimiento y bendición continuados. Debido a asuntos como la necesidad de aumentar la base en Norteamérica para sostener la expansión en el extranjero, críticas sobre la organización y supervisión del ministerio que crecía rápidamente a nivel mundial, la controversia acerca de la sanidad divina, y de más importancia, la secuela de la crisis y conflicto sobre el pentecostalismo, el movimiento aliancista perdió velocidad por un tiempo. Para reorganizarse y recuperar el ímpetu de avance, el Concilio de 1912 en Boone, Iowa, visualizaba una reestructuración importante de la obra foránea y norteamericana fundada por Simpson. Los efectos de las decisiones de este Concilio duraron por varias décadas.

Entró en sus ojos y en todo su cuerpo más que una sugerencia de profunda fatiga. Había hecho el trabajo de cinco hombres, y estaba sintiendo el cansancio de cinco hombres.

CAPÍTULO 11

SOMBRAS QUE SE ALARGAN

EL MIÉRCOLES, 18 DE ABRIL, 1906, *The Los Angeles Times* publicó con letra negrilla, "Weird Babel of Tongues" (balbuceo extraño de lenguas) como noticia de primera plana.[1] The Azusa Street Apostolic Faith Mission, que se reunía en una sala de madera tosca, introdujo algo que muchos llamaron herejía e histeria, mientras que otros lo consideraban un "sismo del cielo." A las 5:12 a.m. el mismo día, unos centenares de millas al norte por la costa de California, dos terremotos

Por 25 años A. B. Simpson seguía su visión dada por Dios de alcanzar a las masas desatendidas de Nueva York.

masivos, uno calculado en 7.9 en la escala de Richter, devastaron San Francisco, matando a más de 3,000 personas y destruyendo el 80 por ciento de la ciudad. En menos de 10 años San Francisco quedó mayormente restaurado, pero "réplicas" del Avivamiento de Azusa Street siguen repercutiendo por el mundo hasta el día de hoy.

Por 25 años A. B. Simpson seguía su visión dada por Dios de alcanzar a las masas desatendidas de Nueva York, donde pastoreaba el ministerio singular del Gospel Tabernacle, además de dirigir el siempre creciente movimiento misionero mundial aliancista. Desde sus primeros pasos inseguros, el ministerio de Simpson había contado con el sello de aprobación de Dios. Sin embargo, con la llegada del siglo nuevo y la vertiginosa ola pentecostal que barría el país, como también el mundo, aquellos años idílicos fueron seguidos por tiempos de prueba.

Debido a los desafíos presentados por el crecimiento rápido de La Alianza y la necesidad de un acuerdo básico sobre el testimonio y la enseñanza, a fines de mayo 1906, antes del Concilio, se realizó una "Conferencia sobre Oración y Testimonio." En la reunión los debates se centraban sobre la pregunta no resuelta de los asuntos sobre los cuales los aliancistas aceptarían no estar de acuerdo en todo ("agree to differ"). Compuesto de hombres y mujeres de trasfondos reformados, wesleyanos, menonitas, y hasta episcopales, el esfuerzo de Simpson de guiar a este grupo tan diverso era similar a tratar de arrear gatos. Un asunto principal fue la definición de la santificación como una experiencia distinta después de la salvación, que se entendía como la morada del "Cristo viviente mismo, que es la Fuente y la Sustancia de toda vida espiritual."[2] La conferencia no trató específicamente el asunto de lenguas que estaba avanzando hacia el este, afectando ramas en todo el país. Pero la reunión en Nyack estableció claramente un bosquejo general de lo que se consideraba "el mensaje aliancista."

Dolor profundo se aferró de Simpson en 1907, cuando su segundo hijo, James Gordon, falleció de tuberculosis en un sanatorio en el

Simpson sacó la conclusión que el don de lenguas era una manifestación de la morada interior del Espíritu Santo, pero que no era necesario ni la única evidencia de tal experiencia.

norte del estado de New York. Tenía 36 años. Su hermano mayor, Albert Henry, también murió en circunstancias similares en 1895, a la edad de 30. Albert Henry había tocado el órgano en el Tabernacle, y dirigía la Alliance Publishing Company que le pertenecía a su padre. James Gordon trabajaba como secretario de la publicación semanal de la ACyM. Desgraciadamente, las tentaciones de la gran ciudad y la atracción del alcohol se arraigaron en su corazón cuando eran muchachos, y por último los efectos se hicieron evidentes. Antes de morir, ambos restauraron su relación con el Señor, pero Simpson y Margaret lloraban la pérdida de sus hijos. El dolor fue ampliado por el hecho que James Gordon dejó a una viuda con cinco hijos. La esposa Anna, de 30 años, se quedó con su bebita Anna, mientras que A. B. y Margaret criaron a los otros cuatro niños en su casa sobre la colina de Nyack por casi 10 años, hasta que su madre los podía sostener y cuidar.[3]

El padre adolorido de James Gordon encaró otras pérdidas el mismo año. Puesto que el fenómeno de "lenguas" había llegado a tener prominencia en muchas congregaciones aliancistas, especialmente en el Medio Oeste, el asunto se hizo divisivo. El resultado fue que muchos pastores y congregaciones salieron de La Alianza y se juntaron con otros para formar varias denominaciones pentecostales. La pérdida de íntimos amigos personales y asociados de años, además de las fuertes pérdidas económicas para el sostén de los misioneros aliancistas alrededor del mundo, fueron una carga pesada para Simpson. Pasaba noches en oración, clamando al Señor que sanara esta división y restaurara la confraternidad.

ALGUIEN, NO ALGO

Al mismo tiempo, Simpson le pedía a Dios que le diera todo lo que Él deseaba, incluyendo el don de lenguas. Muchos de sus asociados que permanecieron en La Alianza habían recibido la manifestación en avivamientos en Nyack, el Gospel Tabernacle, y en ramas a través del país. La respuesta de Dios a él fue que se contentara con lo que había recibido. Aunque los apuntes esporádicos en sus diarios indican que más de una vez pidió la experiencia de lenguas, jamás la recibió. Simpson sabía que Dios le había dado experiencias profundas de gran gozo y paz, además de obrar por medio de los dones con los cuales ya le había capacitado. No recibió la manifestación que buscaba, como lo aclara Robert Niklaus en *All for Jesus (Todo por Jesús)*: "Él [Simpson] sacó la conclusión que el don de lenguas era una manifestación de la morada interior del Espíritu Santo, pero que no era necesario ni la única evidencia de tal experiencia."[4] Su posición firme sobre el bautismo y la llenura del Espíritu le consideró al Espíritu como el Dador de los dones. El Espíritu es "Alguien, no algo," el Dador de los dones, que se debe recibir por fe, en quien se debe descansar como una realidad cumplida, en la misma manera en que se recibe los otros dones de Dios.

En 1908 uno de los amigos de más tiempo y más queridos de Simpson, Rev. Henry Wilson, el pastor episcopal que por años era

Dr. Henry Wilson

miembro del personal pastoral del Gospel Tabernacle, falleció en Atlanta, Georgia, después de participar en la convención misionera en Atlanta. Había viajado al sur a pesar de sentirse mal cuando salió de su casa, y predicó en el culto del domingo, pero pronto se empeoró, fue hospitalizado, y murió unos pocos días después.

La pérdida de este hombre piadoso fue muy sentida. Él combinaba un trasfondo académico con la sencillez de un niño. Había llegado a ser el pastor de los niños de todo el movimiento aliancista; se llamaba a sí mismo "B. B. B." (Big Baby Brother = el hermano menor grande). Simpson sintió profundamente la muerte de este amigo cercano, puesto que veía que venían cambios con el correr de los años. Wilson fue el primero de los colegas y amigos de más confianza de Simpson que "se graduaron" a la Casa del Padre. Estos fallecimientos le recordaban de su propia mortalidad, aunque continuaba con asombrosa energía y capacidad para trabajo y ministerio. Estos no disminuyeron a pesar de sus muchos años de servicio activo como pastor, predicador, maestro, escritor, publicista, movilizador y ejecutivo de misiones, sin mencionar sus responsabilidades como esposo y padre.

¿PENITENCIA O ARREPENTIMIENTO?

En 1910 Simpson hizo una gira extensa de América del Sur para visitar a los misioneros aliancistas en Brasil, Argentina, Chile, y el Perú. Siguió hasta Panamá y cruzó el istmo donde se estaba construyendo el Canal de Panamá. Luego continuó hasta América Central, Cuba, y Key West. Regresó a Nyack después de más de tres meses de viaje.

Esta segunda gira de los campos aliancistas reveló la dependencia total de Simpson para su salud diaria sobre el mismo Espíritu que le resucitó a Cristo de los muertos.

Por coincidencia, Simpson hizo su viaje un poco antes que se realizara el famoso Edinburgh Council for World Missions en junio 1910, en que se determinó que Sudamérica ya había sido suficientemente "evangelizada" por la Iglesia Católica Romana, y que no se requería actividad misionera protestante.[5] Esta declaración ciega a la realidad chocaba con los hechos: América del Sur había sido "misionizada" por misioneros católicos por cerca de 400 años. El resultado fue un clero católico escandalosamente inmoral que promovía ignorancia de la Biblia, prácticas sincretistas con el animismo, y un mensaje que predicaba la "penitencia" en vez del arrepentimiento de los pecados. William Azel Cook fue misionero pionero y aventurero que sirvió con la ACyM en Brasil a fines de los años 1890 y principios de los 1900. En el primer intento de establecer una misión aliancista en Brasil, él describió la situación en su libro, *Through the Wildernesses of Brazil by Horse, Canoe and Float.*[6] Esta influencia espiritual a largo plazo contribuía a la corrupción endémica y los gobiernos dictatoriales que surgieron después de la independencia de los colonizadores españoles y portugueses. A través de Sudamérica, las agencias misioneras evangélicas protestaron fuertemente la declaración, que revelaba, o un desconocimiento total de la situación "sobre el terreno," o un intento de una "solución diplomática" para apaciguar a los descontentos observadores del Vaticano que asistieron a la Edinburgh Conference.

La visita de Simpson trajo gran aliento y beneficio al personal misionero además de a líderes de las nuevas iglesias nacionales que se estaban plantando y cuidando. Todavía vigoroso e intrépido a los 67 años de edad, viajó solo por más de tres meses, navegando sin novedad las muchas travesías por el océano y viajes por ferrocarril. Esta segunda gira de los campos aliancistas reveló la dependencia total de Simpson para su salud diaria sobre el mismo Espíritu que le resucitó a Cristo de los muertos. Excepto por un par de casos de "desarreglo," como lo describió gráficamente, causado por algunos alimentos no buenos de restaurantes locales, disfrutó de excelente salud. Pero viajando desde el Callao, Perú, al norte hasta Panamá, encaró un desafío. Su plan original incluía una visita con los misioneros aliancistas en Guayaquil, Ecuador. Pero le avisaron por cable que esa calurosa ciudad portuaria "tenía mucha enfermedad epidémica y la peste bubónica, y que no era un lugar apropiado ni para nosotros ni para ellos en esa temporada del año."[7]

Así fue que Simpson y sus compañeros a bordo navegaron al norte hasta la estación de cuarentena en el puerto de Panamá, donde sufrieron una prueba de su paciencia y santificación. La embarcación, la *SS Huallaga,* había transportado el mes anterior a un pasajero con fiebre amarilla, pero la nave no había sido fumigada correctamente. Entonces subió a bordo el equipo sanitario. Su actividad se describió gráficamente: "Produjeron de algún abismo de Plutón un enorme rollo de manguera, cargado de humo de azufre, que bombearon a cada camarote, sala, y rincón por casi un día entero. Luego cerraron con cinta las ranuras y ojos de cerradura de los camarotes para retener adentro ese gas pestífero hasta que había penetrado cada colchón, almohada, sábana, y alfombra con su olor sofocante, que no desvaneció por varios días."[8] La mayor parte de los pasajeros durmieron sobre la cubierta hasta que llegaron al puerto de Panamá.

CONFIANDO EN ÉL EN PRUEBAS

Después de llegar al puerto fueron detenidos por seis días en la estación de cuarentena, examinados diariamente por doctores buscando a cualquiera que mostrara síntomas de fiebre amarilla o temperatura elevada. Simpson ya había sufrido algunas fiebres leves y de poca duración. Le habían aconsejado tomar quinina para evitar el paludismo, pero rehusó y "confiaba sencillamente en Él, porque habíamos emprendido este viaje penoso confiando en su promesa explícita."[9] Tendría que apoyarse fuertemente sobre esas promesas. En las palabras de Simpson:

> *El mismo día que llegamos a la estación de cuarentena, la fiebre que por varios días gradualmente estaba apoderándose de nuestra persona nos atacó con una fuerza repentina, y nos acostamos*

esa noche, sintiendo que un fuego nos consumía y con un pulso acelerado. Naturalmente, el enemigo nos presionó duro, sabiendo que si la fiebre continuara hasta que el doctor nos examinara a la mañana, significaría que seríamos detenidos en esa casa de peste, y que tal vez ocasionaríamos la retención de los demás pasajeros.

Bueno, la batalla se libró por muchas horas esa noche, y el Señor gradual y suavemente sopló su paz y su vida refrescante y tranquilizante, hasta que nos dormimos en un sueño no muy profundo, en sus brazos amorosos. En la mañana encontramos que la fiebre se había bajado, con sólo un poquito de temperatura en el termómetro del doctor, no lo suficiente para indicar una fiebre . . . Pero el conflicto no terminó ahí. Noche tras noche durante todos esos seis días horribles, el enemigo regresaba y la batalla se peleaba otra vez, siempre con la misma conclusión, con la fiebre bajada antes del amanecer. Unas pocas horas de sueño, y lo más mínimo de temperatura elevada, no lo suficiente para que el doctor se fijara en ella. La última noche fue tal vez la más difícil, pero a la vez la más gloriosa.

Por fin llegó la mañana de ese lunes, el termómetro del doctor había pasado por séptima vez por nuestros labios, y nos quedamos en libertad. Una pequeña embarcación auxiliar atracó en la orilla, y rápidamente fue cargada con nuestro equipaje. Mientras que navegábamos hasta Panamá, subió un grito desde adentro al cielo, tan fuerte que casi nos imaginamos que se escuchaba en Nueva York.[10]

De esta manera Simpson finalizó su viaje épico de casi 8,000 millas por embarcación, ferrocarril, auto, y varios otros medios de transporte. La narración de su gira se publicó en fascículos semanales de *The Christian and Missionary Alliance Weekly,* desde marzo hasta fines de mayo. Este viaje, como el anterior de 1894, le ayudó a Simpson a evaluar asuntos importantes como las condiciones en cada campo, el crecimiento de las misiones, el estado de la mente y corazón del personal misionero, condiciones religiosas locales, y factores relacionados con oposición, desafíos al ministerio, condiciones de salud, y disponibilidad de centros médicos. Sin duda, su presencia les animaba e inspiraba a los misioneros, la evidencia que su líder les amaba y cuidaba.

Una nota interesante relacionada con su tiempo en Chile tenía que ver con su encuentro con Rev. Willis Hoover, un misionero metodista que había sido bautizado en el Espíritu Santo y había hablado en lenguas.

Sin duda, su presencia les animaba e inspiraba a los misioneros, la evidencia que su líder les amaba y cuidaba.

Simpson se reunió con él, y a pesar de las experiencias dolorosas de La Alianza con el pentecostalismo, le animó y le felicitó por su posición cuerda, viendo las lenguas como un don, pero no el don *sine qua non*, requerida como evidencia del bautismo del Espíritu.[11] Hoover fundó el movimiento pentecostal que continúa en Chile hasta el día de hoy.

A su regreso a Nueva York, Simpson de inmediato se metió en sus actividades normales de verano, en campamentos y convenciones en todo el país, realizando la conferencia principal en Nyack. Para este tiempo, el furor ocasionado por la tempestad pentecostal había bajado en algo. La ACyM seguía evolucionándose gradualmente, de ser un movimiento de la vida más profunda, de sanidad, y de misiones, a ser una iglesia que mantenía los mismos énfasis sobre el Evangelio Cuádruple para todos en todas partes. Como resultado, surgió resistencia por parte de algunos líderes de denominaciones que anteriormente habían sido fuertes proponentes de La Alianza en su desarrollo. Entonces la veían como una amenaza a sus iglesias y su membresía. Observaron el desarrollo gradual de La Alianza para ser una iglesia organizada, a pesar de las protestas de Simpson. El crecimiento continuado en números, organización, e identidad distinta hablaron más fuertemente que las palabras de su líder.

Críticas abiertas de Simpson y la posición aliancista sobre las lenguas produjeron ataques de pentecostales por un lado, y por "Cessationists" (creían que los dones habían cesado) por el otro. Esta ubicación equilibrada pero incómoda hizo necesario publicar la posición oficial de La Alianza en un editorial en abril 1910:

> *Se dice que La Alianza y sus líderes se oponen a la manifestación del Don de Lenguas en esta época. Esto es totalmente falso . . . Pero nos oponemos a la enseñanza que este don especial es para todos, o que*

es la evidencia del bautismo del Espíritu Santo. Tampoco podemos recibir en nuestra obra o nuestras asambleas ni utilizar para edificación a los que insisten en estas posiciones extremas y no bíblicas.[12]

Esta declaración llegó a ser "la línea divisoria" que definía la posición aliancista, y hasta la actualidad sigue siendo el principio rector referente a los dones del Espíritu. Sin duda el corazón de Simpson quedó herido al ver como Satanás maniobraba un jujitsu espiritual, utilizando el propósito y la fuerza del movimiento soberano de Dios para causar gran daño y división en el Cuerpo de Cristo.

EL CONCILIO DE 1912 EN BOONE, IOWA

Cuando se formaron las dos "Alianzas" en 1887, Simpson era el presidente de ambas "sociedades," y Margaret era miembro de las dos juntas. Las Alianzas crecieron y se fusionaron en La Alianza Cristiana y Misionera (la ACyM) en 1897,[13] con el mismo arreglo administrativo: los dos Simpson permanecieron en la Junta de Administradores hasta su muerte. Como fundador, Simpson era incuestionablemente el líder, administrador, y guía por un mínimo de tres décadas. Margaret servía como tesorera misionera y en el comité para candidatos misioneros.

> **". . . pero nos oponemos a la enseñanza que este don especial es para todos, o que es la evidencia del bautismo del Espíritu Santo."**

Deseando mantener al mínimo los gastos fijos, ellos básicamente controlaban la creciente organización aliancista. Las críticas de esta situación por A. T. Pierson en *The Missionary Review of the World (1899–1900),* sin duda les fueron muy dolorosas. Sin embargo, esta evaluación penetrante por un amigo cercano, además de duros ataques por amigos anteriores que le habían abandonado a Simpson, revelaban la necesidad creciente de la reorganización de La Alianza, con más delegación de responsabilidad y autoridad.

Así fue que la controversia sobre lenguas, el crecimiento del movimiento aliancista, y los dolores de cabeza que acompañaban el crecimiento y cambio, hicieron necesaria una revisión de la constitución de La Alianza. Esto sucedió en 1912 en el Concilio de Boone, Iowa, en que la Junta de Administradores llegó a ser un cuerpo ejecutivo con poder de decisión, en vez de funcionar simplemente como una caja de resonancia. Los varios departamentos establecidos para supervisar la obra aliancista ("Foreign Department" [Depto. Foráneo], "Home" [obra dentro del país], Education, Finance, Publications, etc.) eran dirigidos por "secretarios" con bien definidas responsabilidades y autoridad. Simpson no era ávido de poder, pero la acumulación de una carga de trabajo cada vez mayor había impedido el crecimiento de La Alianza, por su incapacidad para manejar todos los asuntos a la vez.

En consecuencia, en el Concilio de 1912 se adoptó una constitución revisada con este preámbulo: "La ACyM, debido a acontecimientos dirigidos por la Providencia, se encuentra con la necesidad de reajustarse a una confraternidad mayor."[14] Muchas políticas y prácticas que habían sido sobreentendidas y dejadas a la discreción del Dr. Simpson fueron codificadas, organizadas, y aprobadas. El abogado Ulysses Lewis, basado en Atlanta y por muchos años el vicepresidente honorífico, fue el arquitecto principal de la constitución. En el Concilio de Boone, él fue elegido vicepresidente, dándole un rol funcional dentro de la Sociedad. Durante los siguientes 60 años esta constitución sería el documento rector de La Alianza.

La nueva constitución reconocía la necesidad de compartir las responsabilidades ejecutivas, levantando de los hombros de Simpson el peso de muchos deberes acumulados a través de los años. Simpson continuó como presidente hasta su muerte, pero era evidente que el liderazgo aliancista había reconocido la necesidad de iniciar un proceso de transición. Para ese momento, el personal en el extranjero había crecido a 259 misioneros en 16 países. En Norteamérica, había 239 ramas e iglesias afiliadas en 35 estados y 4 provincias canadienses. Estas "home works" (obras en Norteamérica) eran dirigidas por 182 obreros, de los cuales 107 eran hombres ordenados y 36 no ordenados, con 39 mujeres con credencial y reconocidas como mujeres en ministerio. Las convenciones misioneras que se realizaban en campamentos aliancistas de verano y en las ramas locales proveían apoyo en oración y en lo económico, además de ser terrenos fértiles para reclutar a nuevos obreros.

Otra política adoptada en el Concilio de 1912 fue "la cláusula sobre reversión,"[15] que requería que las escuelas, las ramas, y las iglesias afiliadas con La Alianza incluyeran en sus documentos una cláusula que declaraba que "en el caso que tal propiedad cese de usarse según su propósito original, 'revertirá a y será la propiedad de la ACyM, según su incorporación bajo las leyes del Estado de New York.'"[16] El incluir esta cláusula resultó de las graves pérdidas de propiedades ocasionadas por las deserciones al movimiento pentecostal. Pero sugería a muchos que La Alianza estaba asumiendo una clara postura denominacional, y eso les preocupaba a los que deseaban que el movimiento se mantuviera como una sociedad fraternal. Sin duda, para Simpson este agregado a la constitución le fue difícil de aceptar.

LA PRIMERA GUERRA MUNDIAL

Cuando estalló la Primera Guerra Mundial en 1914, la población de los Estados Unidos y del Canadá fue barrida por "La Gran Guerra" contra Alemania y sus aliados. Los sentimientos eran tan fuertes en contra de Alemania Imperial por sus atrocidades de guerra, el uso de gases tóxicos, y ataques indiscriminados por submarinos contra embarcaciones neutrales, que Simpson, ya un ciudadano naturalizado de EE.UU., intentaba traer algún equilibrio a las emociones de sus seguidores, al mismo tiempo que abogaba por la derrota del Kaiser Wilhelm II y sus ejércitos. Su hijo menor, Howard, se alistó en el ejército del Canadá y se embarcó para Francia para unirse con sus compañeros de armas de los extremos remotos del Imperio Británico.

Uno de los asociados más cercanos de Simpson fue Albert E. Funk, un líder menonita alemán que se matriculó en el Missionary Training Institute. Servía en el equipo pastoral del Gospel Tabernacle, y era miembro del liderazgo del creciente movimiento aliancista. Por años Funk dirigía cultos en alemán en el Tabernacle para la numerosa población de inmigrantes alemanes en Nueva York. Algunos de los miembros y amigos alemanes del Gospel Tabernacle se sentían ofendidos por el lenguaje de Simpson acerca de Alemania y la guerra terrible en Europa. En el número del 5 de diciembre, 1914, de *The Alliance Weekly,* Simpson escribió en la primera página editorial:

> *La mayoría de nuestros lectores ya están familiarizados con las atrevidas teorías tan extensamente desarrolladas por General von Bernhardi en su libro famoso, "Germany and the Next War" (Alemania y la próxima guerra), que casi se puede entender como una profecía de las cosas que ahora están sucediendo. The Boston Transcript recientemente hizo una reseña de otro tomo por un distinguido académico europeo, en que menosprecia . . . el espíritu de*

mansedumbre y . . . debilidad inculcada por la ética cristiana, como debilitante para el vigor nacional, y aboga por "la religión de valor" y las antiguas ideas representadas por Odín y Tor. Seguramente la naturaleza humana sin Cristo vuelve a ser la misma que antes, y en vez de "el Ascenso del Hombre," desciende a lo bruto. Según la ley de evolución, "la sobrevivencia del más apto" reemplazaría la ley del derecho por la ley del más fuerte.[17]

Cuando primero publicó *El Evangelio Cuádruple*, Simpson expresó claramente su opinión sobre lo que había pasado en la tierra de Lutero, la cuna de la Reforma, el movimiento "el justo por la fe vivirá" que sacudió a Roma, y revolucionó el clima político y religioso de Europa Occidental:

Muchos cristianos son convertidos y ahí se plantan. No avanzan a la plenitud de su vida en Cristo, y por tanto están en peligro de perder lo que ya poseen. Alemania introdujo la grandiosa verdad de la justificación por fe a través de la enseñanza de Martín Lutero, pero no avanzó a la enseñanza más profunda de la vida cristiana. ¿Cuál fue el resultado? Alemania hoy es fría y sin vida, el semillero del racionalismo y todos los males que lo acompañan.

Años antes Simpson había ayudado a producir reconciliación entre las iglesias protestantes de Louisville. Ahora fue presionado a ser campeón de la participación de los Estados Unidos en ayudar a Inglaterra y sus aliados contra el apetito insaciable de Alemania por tierras, recursos, y poder. A la vez debía intentar mantener buenas relaciones con estos muy trabajadores inmigrantes alemanes, miembros de su congregación.

EL CANSANCIO DE CINCO HOMBRES

Durante los siguientes años, los aliancistas se dieron cuenta cada vez más de la nueva organización producida por la constitución de 1912. Simpson había llegado a los setenta años de edad, todavía fuerte y vigoroso, pero ya no un joven. Aunque mantenía su agenda llena con predicar en convenciones y el Gospel Tabernacle, escribir y publicar, enseñar en el MTI, y procurar atender a sus negocios, era evidente que los años estaban agotando al "gran hombre," aun cuando él no lo reconocía.

Tozer lo describió en *Wingspread:*

Entró en sus ojos y en todo su cuerpo más que una sugerencia de profunda fatiga. Había hecho el trabajo de cinco hombres, y estaba sintiendo el cansancio de cinco hombres.[18]

Los golpes que había sufrido por la muerte de sus dos hijos, las heridas profundas al corazón que resultaron del éxodo pentecostal, la muerte de viejos amigos y colegas, preocupación por su hijo menor,

Había hecho el trabajo de cinco hombres, y estaba sintiendo el cansancio de cinco hombres.

Howard, que estaba peleando en Francia, y las presiones económicas de sus negocios no rentables, todo le presionaba. Se parecía a las vigas de un granero antiguo que se esfuerzan por sostener el peso de toneladas de heno y granos en el piso superior. Siempre un roble entre los pinos comunes, Simpson empezaba a doblarse bajo el peso de años de servicio sin tregua a su Señor y a La Alianza.

Siempre se había vestido a la moda, pero ahora su aspecto se hizo anticuado. La muy conocida misionera a Japón, Mabel Francis, era una alumna joven de Simpson en Nyack. Ella contaba que Simpson tenía "una voz melodiosa y agradable, y las reuniones estaban saturadas con una sensación de gozo." Pero notaba que Simpson "siempre se presentaba bien, con cuello limpio y corbata, pero su terno no siempre tenía el estilo actual para los hombres de ese tiempo. Recuerdo que llevaba una camisa que estaba brillosa hasta el punto de aparecer verde—como se pone el color negro muy gastado—pero estaba bien planchada, y a él no le importaban esas cosas. Estaba totalmente consagrado a Dios."[19] La muy sufrida esposa Margaret cuidaba siempre su elección de corbata, y frecuentemente le exigía que se cambiara "esa corbata" y se pusiera otra más apropiada para la ocasión. Simpson se estaba poniendo viejo.

Durante los siguientes años, líderes importantes empezaban a surgir de las filas para asumir cargos de importancia en la ACyM. La Junta de Administradores ya tenía la responsabilidad de nombrar a los directores de los departamentos, una responsabilidad antes ejercida por Simpson. El hombre de negocios David Creare, por muchos años miembro del Gospel Tabernacle, de nuevo fue nombrado tesorero. El pastor asociado del Tabernacle, A. E. Funk, llegó a ser el primer secretario foráneo, E. J. Richards asumiendo el cargo de "Home Secretary" sobre las ramas aliancistas de Norteamérica. Una transición gradual del liderazgo estaba sucediendo, y algunos de los líderes empezaban a surgir como posibles sucesores de Simpson.

Rev. Robert Glover llegó a ser secretario de deputaciones, y más tarde fue nombrado secretario foráneo. Habiendo sido misionero pionero en la China, fue reconocido por su capacidad administrativa y experiencia. John E. Jaderquist, anteriormente misionero en África y superintendente aliancista por varios años, fue solicitado en 1912 a encargarse como secretario de publicaciones, para reorganizar los ministerios de publicación de La Alianza. Tomó algunas decisiones que al principio no fueron bien recibidas, pero que posteriormente se vio que eran correctas. Como Glover, Jaderquist llegó a ser una voz respetada ante la Junta de Administradores. Un tercer líder en potencia, Walter Turnbull, anteriormente misionero en la India, después asumió el cargo de decano en el Missionary Training Institute. Entró al cargo en un momento difícil, después que Dr. William Stevens y Dr. Hudson Ballard, ambos educadores y líderes muy capaces, salieron del MTI cuando el Concilio de 1914 no aceptó su plan de convertir a Nyack en una universidad completa. Después de la muerte de Dr. George

Walter Turnbull y esposa con A. B. y Margaret

Pardington, colega de Simpson por muchos años, Turnbull llegó a ser un personaje importante entre los líderes aliancistas.

Durante esta época de transición, Simpson invertía mucho tiempo en viajar por los Estados Unidos y el Canadá, predicando en convenciones aliancistas en ciudades principales, y visitando a docenas de ramas por el camino. Por sus mensajes, publicaciones, y participación en conferencias de sanidad y de la vida más profunda, continuaba promoviendo el creciente ministerio de la ACyM en Norteamérica. En sus viajes, Simpson conoció a un hombre que pronto adquirió una posición elevada entre sus colegas en La Alianza, tanto por estatura física como por su ministerio.

EL PREDICADOR COWBOY

Daniel Paul Rader, nacido en Denver, Colorado, fue criado por su padre, un pastor metodista, en un hogar piadoso del movimiento de "santidad." Era un niño enfermizo, y pasó mucho tiempo de sus primeros años como inválido. Aceptó a Cristo como Salvador a la edad de nueve años en una campaña evangelística de su padre. De muchacho era cantante, y viajaba con su padre a pequeños ranchos y pueblos mineros donde su padre predicaba a esa gente tosca. A los 16 años, el joven alto empezó a trabajar solo como evangelista, y pronto fue conocido como el "cowboy evangelist."[20] Rápidamente adquirió fama por su predicación poderosa y su presencia imponente. En 1897, cuando Rader ingresó a la University of Denver, había alcanzado la estatura de seis pies, cuatro pulgadas. Durante los siguientes dos años su fe, basada en la Biblia y aprendida de su padre, sufrió ataques por su profesor de filosofía. El alumno de primer año, muy listo pero sin mucha instrucción, estudió la evolución, la alta crítica de las Escrituras, y un curso de religión comparativa. Dejó de ser un creyente sencillo y por fin rechazó el evangelio tradicional. La fe de Rader fue sacudida hasta las raíces, y en la práctica abandonó su fe en Cristo como Señor y Salvador, en la autoridad de las Escrituras, y en la vida eterna con Dios.

Rader decidió cambiar de institución educativa, y en 1899 pasó a la University of Colorado en Boulder. Allí dedicó mucho esfuerzo al football como un defensa talentoso, y aprendió el deporte del boxeo. Después de un año dejó Colorado y pasó a Central College en Missouri. Allí se destacó en football, pulió su pericia como boxeador, y peleó contra Bob Fitzsimmons, contendedor para el título de peso pesado. Frecuentemente programaron peleas de exhibición en pueblos del Oeste para dinero fácil. En 1901 se matriculó en Hamline University en St. Paul, Minnesota, donde jugó football y llegó a ser director del programa atlético. Todavía estaba considerando entrar al ministerio, a pesar de haber abandonado la fe de su padre. Tomó clases de teología para prepararse para un pastorado. Como nómada que no dejaba de buscar un hogar, Rader se mudó de Minnesota a Tacoma, Washington, y llegó a ser un instructor en la University of Puget Sound. Allí conoció a la hija de un miembro prominente de la iglesia de su padre. Esta mujer, Mary Caughran, después se casó con Rader.

Aún no establecido, él recibió una invitación para cruzar el país a la Costa del Este, donde fue ordenado como ministro congregacional en Boston, con la teología liberal y estilo de vida usual para tal personaje. Hizo estudios de posgrado en Harvard University, donde asimiló porciones generosas de teología liberal. Habiendo conocido a amigos adinerados, fue invitado a viajar en el extranjero y visitó importantes bibliotecas, galerías, y centros culturales en Europa. Cada vez más sofisticado y conocedor del mundo, ya no podía adaptarse al pastorado, y salió de Boston en 1906, regresando a la Costa del Oeste, donde se casó con su enamorada.

Rader pronto fue conocido como el "cowboy evangelist."

En 1906 Rader otra vez aceptó un pastorado en una iglesia congregacional de Portland, Oregon, donde también sirvió de entrenador y jugó football en un club atlético local. En 1909, a pesar de su éxito como promotor de la campaña antialcohólica, habiendo conseguido que su condado votara por "la ley seca," la atracción de las buenas obras del liberalismo le dejó vacío. Así que abandonó el pastorado y decidió emprender una nueva carrera como hombre de negocios. Como le faltaba capital, volvió a la habilidad que todavía tenía y en que confiaba—sus puños y sus pies veloces. Siempre podía ganar dinero en el boxeo profesional, aceptando peleas de exhibición con boxeadores locales. Era sorprendentemente rápido y ágil para un hombre grande, y usualmente evitaba los tremendos golpes de los boxeadores pesados, los derrotaba rápidamente, y se llevaba la bolsa.

En consecuencia de su reputación anterior como boxeador en Colorado, se valió de su fama y boxeó con "Gentleman Jim"

Jefferies, contendedor por el título de peso pesado. El 4 de julio, 1910, Rader se encontraba cerca del ring y vio como el gran boxeador afroamericano, Jack Johnson, le pegó a Jefferies como a un miserable perro por 15 rounds.[21] Rader contaba que algunos promotores del boxeo que buscaban un "Great White Hope," (un blanco) para quitarle el título a Johnson, le invitaron a entrar al ring como contendedor en potencia. Rader sabiamente no aceptó la oferta, pero continuaba su rol lucrativo de boxeador de exhibición, peleando con los matones locales, pero siempre usando un nombre falso para proteger la reputación de su padre.

Él decidió que quería ganarse una fortuna en Wall Street (distrito financiero de Nueva York), y fue al gimnasio de Jack Johnson en Philadelphia para conseguir capital para su nueva carrera. En consecuencia, tuvo una pelea de exhibición con Jack. Rader era ligero sobre los pies y pegaba duro, así que ganó lo suficiente para llevarse una bolsa respetable. Durante las siguientes semanas, ganaba entre $250 y $300 por combate, siempre buscando peleas que le pagarían más. Sabiendo que su padre piadoso deseaba que estuviera golpeando el púlpito en vez de la mandíbula de otro hombre, Rader por fin abandonó el ring y fue a Nueva York con suficiente dinero para apostar en el mercado de acciones.

Después de la muerte de su padre en 1911, Rader empezó a invertir las bolsas que había ganado del boxeo en la floreciente industria del petróleo. Pronto sacó buenas ganancias en Wall Street, y le mandó un telegrama a su esposa, diciéndole que estaba "fixed for life" (tenía suficiente dinero para toda la vida). Ella le contestó con otro telegrama, "Fixed for what?" (¿Suficiente para qué?) Él no sabía que en su telegrama la última palabra estaba mal escrita, y decía, "Fixed for like" (Nota: esto no tiene sentido). La esposa no entendía, y pidió aclaración. Pero ese mensaje confuso hizo que Rader se diera cuenta que no sabía que tipo de vida se había preparado para sí mismo.

Fue en Nueva York, cerca de Times Square y 44th Street, que Rader se encontró con Dios y su llamado para su vida. Muy impactado por la pregunta en el telegrama de su esposa, pasó tres días en oración y estudio de la Biblia en su cuarto, donde recobró su confianza en la Palabra de Dios y retornó a la fe de sus padres. Al día siguiente fue a su oficina, entregó sus llaves, su correspondencia, y su cartera de acciones a sus atónitos socios, y salió de la oficina "un hombre libre en Cristo." Pronto se le encontraba predicando en las calles.

Él decidió reunirse con su esposa, que estaba viviendo en la Costa del Oeste. Tomó el tren hacia el oeste, haciendo una parada en Harrisburg, Pennsylvania. Allí conoció al Sr. Rossiter, dirigente de la rama local de la ACyM. Rossiter reconoció el potencial que tenía Rader, y le dio una carta de presentación a Rev. E. D. "Daddy" Whiteside en Pittsburgh. Sólo había escuchado el nombre de La Alianza, pero pronto le hicieron conocer la enseñanza de la ACyM. Con respecto a la posición aliancista sobre la sanidad, el papel del Espíritu Santo en la santificación y llenura, el mandato de llevar el evangelio a todos los pueblos en todo lugar, y la sencillez de la presentación del Evangelio Cuádruple, Rader declaró que ésta era la organización para él. Cuando supo que su lucha de tres días para retornar a la fe había sucedido unas pocas cuadras del Gospel Tabernacle en Manhattan, Rader quedó convencido que esto era una señal de Dios para que él ingresara en las filas con Simpson y La Alianza.

Para 1914 el dinámico Rader, de sólo 35 años, rápidamente fue reconocido como un poderoso evangelista. Pronto salía con Simpson, predicando, cantando, y llegando a ser un compañero cercano del fundador. ¿Sería el "Josué" de Simpson? El tiempo lo diría.

LA CUENTA REGRESIVA DE "LOS POSTREROS DÍAS"

En 1915 Simpson continuaba apoyando todo esfuerzo posible por alcanzar a los judíos de América, además de seguir dando énfasis sobre la obra en Palestina. Ese mismo año se unió con 16 pastores evangélicos destacados para formar la Hebrew Christian Alliance[22] (Alianza hebreo-cristiana) como seguimiento de la "Conferencia a

> **A pesar de sus 74 años, Simpson tuvo un año muy ocupado en 1917.**

Favor de Israel," que se realizó en Moody Church, entonces pastoreada por Paul Rader. Estos líderes colaboraron para formar una "alianza" para enfocarse específicamente sobre la población más grande de judíos en Norteamérica. Simpson dio dos ponencias: "El Judío y las Naciones" y "Lecciones Espirituales de la Historia de Israel." En la misma conferencia Rev. A. E. Thompson, dirigente de la misión aliancista en Palestina, canadiense como Simpson y su futuro biógrafo, también habló dos veces, sobre "La Palestina Moderna y los Judíos" y "La Restauración de Israel."

A pesar de sus 74 años, Simpson tuvo un año muy ocupado en 1917. Predicaba de una costa del país hasta la otra. Estuvo fuera de su Gospel Tabernacle más que la mitad del año. Aunque todavía aparecía en la lista de profesores del Missionary Training Institute, sus clases fueron esporádicas y muy apreciadas por los alumnos, que podían ver que él estaba viviendo sus últimos y mejores años. Cuando los Estados Unidos entró en la "Gran

Jamás le habían escuchado hablar mejor sobre la vida en Cristo.

Guerra" en 1917, Simpson y muchos otros maestros de profecía pensaban que esta guerra, que más tarde fue llamada la Primera Guerra Mundial, de alguna manera tenía relación directa con el retorno de Cristo. Muchos opinaban que se encontraban en la cuenta regresiva de "los postreros días."

A la vez que se estaba derrotando a Alemania y sus aliados de Turquía y el Imperio Otomano, Simpson estaba cada vez más entusiasmado por la perspectiva del fin de "los tiempos de los gentiles," con Jerusalén llegando a ser otra vez el hogar de los judíos. El movimiento sionista, iniciado en 1897, había levantado el clamor para que los judíos tuvieran un hogar nacional, librándoles de los pogromos y prejuicios de Europa Oriental y Central. El 2 de noviembre, 1917, Sir Arthur Balfour, en su famosa declaración, dijo que el gobierno británico apoyaba oficialmente la idea de "establecer un hogar nacional para el pueblo judío."[23] Esa declaración por el Ministro de Asuntos Exteriores de la nación más poderosa del mundo en ese entonces se entendió como un paso importante en el cumplimiento de las profecías y "el brotar de la higuera."

El 11 de diciembre, 1917, General Edmund Allenby entro en Jerusalén a pie,[24] como un peregrino por la Puerta de Jaffa, lo contrario al Kaiser Wilhelm, que había entrado en la Ciudad Santa en 1898 montado en un caballo blanco. La actitud respetuosa de Allenby hizo contraste con la arrogancia del Kaiser alemán, y el general victorioso fue recibido con vítores por multitudes de judíos, musulmanes palestinos, cristianos extranjeros, y soldados. Katherine Brennen escribió en su librito, *Mrs. A. B. Simpson—The Wife or Love Stands,* que Simpson estaba tan emocionado por el evento, viéndolo como otro casillero rellenado antes del retorno de Cristo, que sufrió un leve derrame cerebral.[25] Acababa de terminar una Convención de La Alianza en St. Paul, Minnesota. W. C. Stevens, uno de sus colegas en Nyack, informó sobre la predicación de Simpson en la convención: Se comentó que su presentación era excelente. Jamás le habían escuchado hablar mejor sobre la vida en Cristo para el alma y el cuerpo, el retorno glorioso de Cristo, y sobre la historia de La Alianza, y el llamado misionero en el domingo final de la convención.

Con cuerpo cansado, Simpson partió de St. Paul para Chicago, donde encontró una edición "extra" del periódico que anunciaba la captura de Jerusalén. Se apuró para llegar a su hotel, y cayéndose de rodillas al lado de la cama, rompió en lágrimas de gozo por la culminación de la esperanza de toda su vida. Mandó un telegrama a la sede de La Alianza en Nueva York, diciendo que predicaría sobre "La Caída de Jerusalén a la Luz de las Profecías," lo que hizo tan pronto como llegó, a pesar de su cansancio. *The Alliance Weekly* informó que "él presentó su maravilloso discurso, que ha sido de inspiración para miles."[26]

Es difícil para el lector actual entender el impacto que tuvo la entrada de Allenby en Jerusalén sobre Simpson. Por muchos años había sido influenciado por el movimiento de conferencias proféticas. Había leído y asimilado *The Approaching End of the Age,* escrito por H. Grattan Guinness en 1878. Por medio de estudios a fondo de Ezequiel, Daniel, y Apocalipsis, además de cálculos complejos de los movimientos del sol y la luna para determinar "los tiempos del fin," Guinness se había establecido como uno de los principales profesores y autores proféticos de sus tiempos. Simpson promocionaba el libro de Guinness y seguía su hermenéutica escatalógica. Una de las profecías claves se refería a "los tiempos de los gentiles," cuando ya no pisotearían a Jerusalén. La entrada triunfal del general británico Allenby, un cristiano que entró a la Ciudad Santa a pie por la Puerta de Jaffa, simbolizaba para los estudiantes de las profecías el cumplimiento de esa promesa por mucho tiempo esperado, un paso más cerca al retorno de Cristo, el Rey que Viene. Por esta razón, después de observar y esperar por tantos años, Simpson fue sobrecogido por emoción y sufrió el leve derrame. Aunque Guinness había fallecido, su influencia permanecía fuerte.

Acercándose ahora al fin de su ministerio público, Simpson compartió una historia reveladora de sus primeros años como pastor independiente en Nueva York:

Al principio de esta vida de fe, Dios me dio una visión que para mí fue un símbolo del estilo de vida al cual me había llamado. En este sueño vi un pequeño barquito a velas que bajaba por una corriente veloz, sacudido por los vientos e impulsado por los rápidos. A cada instante parecía que chocaría contra las rocas y quedaría aplastado, pero misteriosamente fue preservado y llevado a través de todos los peligros. Sobre las velas de la pequeña embarcación el nombre de la nave estaba claramente escrita, una sola palabra en latín, Angustiae, significando "Lugares Difíciles." Por medio de este sueño sencillo me parecía que el Señor me fortalecía para las pruebas y luchas que me esperaban, y me preparaba para el viaje de una vida que no sería nada suave ni fácil, pero en el cual la gracia de Dios siempre me llevaría en triunfo.[27]

Ahora, al final de su largo y fructífero ministerio, Simpson estaba pasando por otra travesía angosta y difícil que por último le llevaría a las llanuras espaciosas del cielo. Su hija Margaret, probablemente su niña preferida, apuntó sus recuerdos de su padre en un documento, "Mi Padre—Lo que una hija pensaba acerca de A. B. S." Escribiendo años después de su muerte, ella describió una escena con sus padres a principios de 1918:

Recuerdo un incidente que sucedió en enero 1918 en la sala de juntas en el edificio antiguo 690 de 44th Street. Mi madre y yo estábamos sentadas al lado de él junto a la mesa larga cuando él giró un cheque pequeño y, para sorpresa nuestra, escribió un nombre desconocido en vez de su firma. De repente, puso la mano sobre la frente, diciendo, "¿Dónde estoy? No puedo pensar bien." Poco tiempo después él fue con mi madre a Clifton Springs Sanatorium, donde había estado anteriormente. Después de algunas semanas de reposo tranquilo, volvió a Nyack e intentó retomar su trabajo. Siguieron 20 o más meses largos y difíciles. Eran días de esperanza mezclada con temor, dudas con fe, fuerza con debilidad, batallas ganadas y batallas perdidas, tiempos de depresión y tiempos refrescantes. Pero por fin Dios cerró el libro y le llamó a mi padre a su hogar.[28]

En el "Simpson Scrapbook" (álbum de recortes de Simpson) de McKaig encontramos "Los Recuerdos de una Secretaria," Miss Emma F. Beere, que escribió lo siguiente acerca de Simpson:

> *Una de las características sobresalientes del Sr. Simpson fue su deseo de estar consciente de la presencia del Señor, y cualquier interrupción en esta relación le hizo buscar al Señor de rodillas. Cuando su salud falló (a principios de 1918), parecía sufrir tentaciones especiales de Satanás para creer que esta comunión se había roto. Pero siempre reconocía esto como una tentación del maligno. Cierta tarde me llamó a su oficina y poniendo un himnario en mi mano, me pidió leerle el himno, "O, Tú, en cuya presencia se deleita mi alma, A quien clamo cuando en aflicción . . . "*
>
> *Cuando empecé a leerlo, se puso la cabeza en las manos, e inclinándose sobre su escritorio, comenzó a llorar y sollozar como un niño. Fue la única vez que yo le había visto llorar. Con dificultad pude terminar de leer el himno. Unos minutos después, levantando la cabeza, me agradeció, agregando que se había encontrado con el Señor, y que se sentía mejor.*[29]

Miss Beere continuaba sus recuerdos, describiendo la ocasión en que ella y los otros obreros aliancistas de la Sede de La Alianza "se dieron cuenta por primera vez que Simpson estaba empezando a debilitarse físicamente." Sucedió en el Baptist Tabernacle en Harrison, New Jersey, donde estaba dirigiendo el servicio fúnebre del pastor, un amigo de muchos años. Sr. Simpson hizo una oración elocuente y algo larga, y cuando debía haber terminado, empezó de nuevo y repitió la oración con casi las mismas palabras que acababa de pronunciar. "Todos nos dimos cuenta inmediatamente que algo andaba mal, y en los siguientes días vimos otras evidencias de la debilitación de sus capacidades. Nos parecía difícil creer que su ministerio concluiría, pero por supuesto, concluyó."[30]

Poco tiempo después de este incidente Simpson y Margaret fueron a Clifton Springs por varias semanas de descanso, su primera vacación en 30 años. Es irónico que este hombre tan piadoso y orientado por la Biblia podría haber pasado por alto de manera tan patente la regla básica acerca del descanso sabático. Puesto que gran parte de la teología "Cristo en Mí" de Simpson nació del principio de reposar en Cristo, es difícil comprender como podía predicar la sanidad y salud divina y a la vez no reconocer la necesidad de venir aparte y descansar.

Entendiendo que un cambio de liderazgo estaba sucediendo, debido a la debilidad de la salud de Simpson, *The Alliance Weekly* fue reorganizada con un comité editorial nombrado por la Junta de Administradores.

Ahora, al final de su largo y fructífero ministerio, Simpson estaba pasando por otra travesía angosta y difícil.

El último proyecto mayor de Simpson, un Curso de Estudio Bíblico por Correspondencia, fue entregado al MTI en Nyack, bajo la dirección del decano del instituto, Walter Turnbull.[31] Durante este período la Junta se encargó de las cargas financieras de los Simpson, sus negocios que fallaban, y deudas pendientes. Les asignaron un estipendio mensual de $250, la primera compensación que habían recibido de la ACyM desde su fundación. Mientras que Simpson estaba en Clifton Springs, dos miembros de la Junta le visitaron para "pedir sus opiniones y consejos acerca del Concilio que se acercaba." El asunto de la sucesión ya estaba exigiendo una decisión de La Alianza.

Durante este tiempo Simpson luchaba contra el enemigo antiguo de sus primeros días de búsqueda espiritual. *All for Jesus (Todo por Jesús)* describe la larga batalla que Simpson libró contra la depresión:

> *En muchas crisis de su vida había experimentado la soledad del líder, pero esta vez, no. Uno por uno, sus amigos llegarían "de paso," o llegarían abiertamente, para conversar con él, caminando por sendas tranquilas o sobre el columpio en la veranda. Se arrodillaban con él en oración al final del día, pidiéndole suavemente que durmiera cuando se hizo tarde, y le vigilaban en las horas amenazantes de la noche que se burlaban de su fe.*

Uno o dos de sus amigos que sentían una carga especial de orar por su liberación, se arrodillaban con él en la biblioteca. Alternándose en suplicar las misericordias del cielo y en atacar las potencias de las tinieblas en el nombre de Jesús, suplicaban a Dios su recuperación.

> *Antes que se levantaran de las rodillas, su amigo amado les dijo, "Muchachos, no me siento capaz de tomar todo lo que ustedes han pedido. Parece que me han dejado atrás—pero Jesús es tan real." Desde ese día en adelante, comentó su biógrafo, nadie jamás oyó al Dr. Simpson mencionar al Enemigo contra quien había batallado por tantos años.*[32]

Como la luz de la presencia de Cristo estaba regresando a su vida, Simpson asistió al culto del domingo de resurrección en el Missionary Training Institute, para sorpresa y regocijo de los alumnos. Allí guió una oración en que parecía que "las mismas puertas del cielo estaban semi-abiertas mientras que oraba, conversando con Dios cara a cara. Sus agradecimientos ardientes por las oraciones ofrecidas a su favor hicieron que tal intercesión pareciera un privilegio maravilloso."[33] Más adelante en ese año participó en la apertura del semestre de otoño en MTI, predicando y luego dirigiendo a algunos miembros del cuerpo docente en oración "para librar la batalla contra el posible contagio de los alumnos" con la gran epidemia de influenza de 1918. A. B. y Margaret asistieron a la convención en Old Orchard, y unas semanas después

Bert y Maggie, c. 1918

a la de Nyack, donde "predicó un mensaje especial con gran poder y bendición."[34] Al fin del año, Simpson escribió su último mensaje navideño para *The Alliance Weekly.*

Simpson pasó la mayor parte del año 1919 en su hogar en Nyack, quedando solamente unas pocas semanas en la Sede de La Alianza mientras que su casa fue remodelada por Levi Keller Brubaker y su esposa. Los Brubaker habían sido agricultores en Lititz, Pennsylvania, y se graduaron del MTI; eran asistentes devotos de la familia Simpson. Brubaker era el gerente comercial del MTI en Nyack. Simpson no pudo asistir al Concilio Anual de 1919 en Toccoa Falls, Georgia. Durante la primavera y verano de ese año se quedó en Nyack con Margaret, y Brubaker siempre se encontraba cerca como un asistente alerta para cualquier necesidad de Simpson.

Margaret había crecido en una familia acomodada, servida por empleadas domésticas desde su nacimiento hasta su matrimonio. A pesar de ser esposa de pastor, no siempre tenía ayuda doméstica para su familia, con sus muchos niños. Después que se mudaron a Nueva York, dos mujeres afroamericanas servían en el hogar de los Simpson. Katherine Brennen menciona a "Augusta, que nos servía, de tez morena pero bien amada por todos . . ."[35] Cerca del fin de la vida de Simpson, uno de sus ayudantes mencionó un edificio pequeño cerca de la casa de los Simpson sobre la loma. "Cuando le preguntaron a dónde iba para escaparse de la gente y conversar con Dios, A. B. dijo que ése era el lugar. Anne era una mujer afroamericana en el hogar de A. B. Simpson que cocinaba y ayudaba."[36] Es probable que ambas mujeres, consideradas parte de la familia, se trasladaron a Nyack desde Nueva York en 1896. Sus servicios piadosos y su presencia tranquila fueron de bendición a la anciana pareja.

Al fin del verano de 1919 Howard, el más joven de la familia, regresó de dos años de servicio militar en Francia. Pasó algunos meses con los Simpson en su casa en Nyack. Cuando llegó el otoño, Simpson faltó a la convención de Old Orchard por primera vez desde 1885. A. E. Thompson, en su libro *The Life of A. B. Simpson,* describió su último día:

> *El martes 28 de octubre, Simpson pasó la mañana en su veranda. Recibió una visita del Juez Clark de Jamaica, conversando libremente y orando fervientemente por Rev. George H. A. McClare y Sra., nuestros misioneros en Jamaica, y por los misioneros en otros*

campos, siempre presentes en su mente. Después que el juez le dejó, repentinamente perdió el conocimiento y fue llevado a su habitación. Su hija Margaret y un pequeño grupo de amigos hicieron vigilia al lado de su cama con la Sra. Simpson, hasta que su gran espíritu abandonó su cuerpo desgastado y volvió a Dios quien lo dio, en la madrugada del miércoles, 29 de octubre, 1919.[37]

El domingo después de la muerte de Simpson, el Juez Clark habló en el servicio de capilla en MTI:

¡Cómo se conmovió nuestro corazón al escuchar contar al Juez Clark de Jamaica, que una hora antes de sufrir el ataque, Dr. Simpson derramó su corazón a Dios por los misioneros en esa isla, Sr. McClare y Sra.![38]

Así fue que a la edad de 76 años, Albert Benjamin Simpson cayó inconsciente y se despertó en la presencia de Jesucristo Mismo. Su compañero y asistente, Levi Brubaker, estaba con él, además de las dos Margaret, madre e hija. Brubaker, con la ayuda de otro admirador de Simpson, George Ferry de Ohio, preparó el cuerpo para el entierro.

La familia Simpson había decidido enterrar a Simpson en el lugar de sepultura de la familia en el Canadá, pero aceptó la petición de la Junta que el destino final de su cuerpo fuera en el

Así fue que a la edad de 76 años, Albert Benjamin Simpson cayó inconsciente y se despertó en la presencia de Jesucristo Mismo.

Missionary Training Institute. Fundado en 1882, el instituto era uno de los legados más duraderos de Simpson. Por eso, después de un servicio fúnebre en Nyack y otro en el Gospel Tabernacle, su ataúd fue depositado temporalmente en Woodlawn Cemetery en Nueva York. Al año siguiente, el ataúd fue enterrado en un panteón de concreto, construido en el lugar en que se había levantado en 1897 el Nyack Tabernacle al aire libre, que ahora queda al costado de Pardington Hall, y donde posteriormente fueron depositados los restos de Margaret.

Casi de inmediato se decidió preparar una biografía, *The Life of A. B. Simpson,* escrito por Rev. A. E. Thompson, misionero aliancista a las Tierras Santas. Thompson era canadiense como Simpson, un excelente escritor que gozaba de la entera cooperación de la familia Simpson y los líderes de La Alianza. A fines de 1920 un libro atractivo, con la firma de Simpson estampada con letras doradas en la tapa, fue publicado por Christian Publications, pero impreso por la Revell Publishing Company. Se imprimió una tirada de 5,000 ejemplares, que fueron vendidos en $2.50 cada uno. La Sra. Simpson recibió 10 por ciento de las ventas por regalías. Un gran hombre de Dios, que vivía en Cristo y Cristo en él, A. B. Simpson dejó un legado que ha producido el fruto de una vida de prodigiosos labores y servicios para su Señor, que continúan hasta el día de hoy en todo el mundo.

La procesión fúnebre de Simpson en el Missionary Training Institute, Nyack, New York

Él aprendió a calmar su corazón y sintonizar la voz suave de Aquel que vivía por dentro.

CAPÍTULO 12

LA MEDIDA DEL HOMBRE

La Primera Guerra Mundial, llamada con optimismo "La guerra para acabar con todas las guerras," fue el primer conflicto mundial moderno, y terminó el 11 de noviembre, 1918, cuando Alemania firmó el Acuerdo de Armisticio. El siguiente año las potencias principales que participaron en la guerra firmaron el Tratado de Versalles, que impuso fuertes deudas de reparaciones sobre Alemania. Esto sembró semillas de amargura que por fin dieron origen al Partido Nacional Socialista, dirigido por Adolf Hitler, y la inevitable "segunda ronda," la Segunda Guerra Mundial. Ese año en que se intentó liquidar las cuentas internacionales, surgió una nueva realidad mundial—y A. B. Simpson murió. El hecho del fallecimiento de Simpson hizo que La Alianza evaluara el legado de ese gran hombre, mirando atrás a donde empezó, y mirando adelante a donde Dios la estaba llevando.

Desde los años de las peregrinaciones del Tabernacle, Simpson demostraba lo que su colega cercano y biógrafo destacado, Rev. Kenneth Mackenzie, llamó "una vida de fe desnuda." Aparentemente destruyendo una carrera prometedora en un pastorado establecido, él dio un paso al aire desde el precipicio y cayó en los brazos de su Señor. "Renunciando a una confraternidad cristiana en que disfrutaba de afecto y confianza, un sueldo de $5,000, que pocos recibían, y con una familia numerosa que dependía de él, aun sus amigos más íntimos quedaban asombrados y predecían un resultado calamitoso de esta incomprensible acción."[1]

La fe de Simpson iba acompañada por "su innata modestia." Mackenzie cuenta la historia del "doctorado" de Simpson, las letras DD detrás de su nombre:

Reconociendo sus logros académicos, su liderazgo a nivel mundial, y su carácter intachable, cierto centro académico le confirió el título honorífico de Doctor de Divinidades. Después de debida meditación, y mucha oración, sin duda, Simpson devolvió el pergamino y la muceta de doctor, expresando agradecimiento por el bondadoso gesto. En su carta de explicación aclaró para el cuerpo docente y los fideicomisarios que su motivo en devolverlos era su recelo de ser elevado, de manera alguna, por encima de sus hermanos más humildes. También, posiblemente por aceptar esta distinción, podría perder la bendición del Señor, y su obra no contaría con la aprobación divina.[2]

El "centro académico" que ofreció el título, y lo recibió de vuelta, permanece desconocido. Pero a pesar de su rechazo, la mayoría de sus amigos y seguidores le "confirieron" el título, y con orgullo le llamaban Dr. Simpson, por respeto, y por reconocer su rol como pionero y líder.

Aunque Simpson no nació en una familia de alta sociedad, su formación en el Canadá y su educación excelente le hacían refinado y amable en su trato. En cierto evento especial que se celebró en el instituto de Nyack, les estaban sirviendo la cena a Simpson y sus invitados. El nervioso alumno, al intentar servirle una taza de café, derramó el líquido por el frente de la camisa blanca de Simpson. El alumno avergonzado pedía disculpas, mientras que Simpson limpiaba el café caliente. Después de unos momentos, le tranquilizó al aturdido alumno. Al final de la cena, le dejó una propina de un dólar para el joven. Tal fue la gracia del hombre bajo prueba, aunque fuera de café caliente.

DOCTRINA NUEVA

En cuanto se extendía la fama de Simpson, también lo hizo la "doctrina nueva" que promulgaba, como se expresaba en la terminología desconocida, "el Evangelio Cuádruple." Simpson primero introdujo ese término no usual en el número del primero de septiembre, 1886, de *The Word, The Work, and The World,* en que escribió: "Tenemos el evangelio de la salvación, el evangelio del Cristo que mora en el creyente, el evangelio del Cristo resucitado, y el evangelio del Cristo que volverá y reinará." El punto sobre la sanidad no aparecía. Pero la próxima vez que el término

En cuanto se extendía la fama de Simpson, también lo hizo la "doctrina nueva" que promulgaba, como se expresaba en la terminología desconocida, "el Evangelio Cuádruple."

apareció, en el número de la revista del primero de marzo, 1887, produjo cierto desprecio en cuanto a incluir la sanidad en la Expiación.

Algunos criticaron gran parte de lo que describían como "el evangelio novedoso, o de moda." Muy pocos encontraban dificultad en el primer punto, la verdad que Cristo es el único y todo-suficiente Salvador, que se recibe gratuitamente por fe, como un don de la gracia de Dios.

El segundo punto, Cristo nuestro Santificador, era y es más profundo y más difícil de comprender. Como lo enseñó Simpson, la santificación significaba separación, no del pecado solamente y "las cosas de este mundo," sino también separación para Dios Mismo, tan claramente como el matrimonio une a un hombre y una mujer en un lazo perdurable, y los separa de todos los demás. "Cristo en mí" significaba precisamente eso: por el Espíritu Santo, Jesús está presente y vive en el corazón de la persona redimida. Todos los que están totalmente rendidos y llenos de Su Espíritu pueden vivir una vida santa y victoriosa. Esta presentación de la santificación como "la morada, o habitación" difería de la posición wesleyana de "aniquilación" y la de Keswick de "supresión," pero no se consideraba tan escandalosa como para ser rechazada totalmente por los que no estaban de acuerdo.[3]

LA DOCTRINA DE LA SANIDAD

El punto "más escandaloso" de que se quejaban sus anteriores amigos del clero era su creencia fuerte en "La Sanidad Divina," es decir, que la sanidad física estaba incluida en la obra expiatoria de Cristo. En ese tiempo tal enseñanza, llamada "Curación por Fe," fue mirada con desdén por la mayoría del clero respetable y bien educado. A pesar de esto, Simpson sabía que Dios lo había sanado por milagro en el verano de 1881, y esto le fue suficiente. Por eso proclamaba con firmeza que el poder de Dios era suficiente para cada arco de la circunferencia de la necesidad del creyente fiel. En un sermón que predicó después de su viaje en 1893 al Oriente Medio y el Oriente, Simpson declaró claramente: "Dios nos ha dado, en la persona del Cristo vivo que mora en nosotros, el secreto de poder que Él desea que probemos en cualquier asunto que llegue dentro de su alcance. Cuanto más podamos penetrar y llenar la circunferencia entera de nuestra vida con Dios y su gracia y poder todo-suficientes, cuanto más gloria redundará para nuestro Cristo victorioso."[4]

A pesar de los ataques contra su reputación y su enseñanza sobre la sanidad, Simpson mantuvo su posición y no retrocedió, aun cuando fue atacado por anteriores amigos. Parece claro que las críticas dirigidas a Simpson por sus convicciones sobre la sanidad y el uso de medicamentos surgió de los primeros esfuerzos misioneros del Gospel Tabernacle, y las lecciones aprendidas de esas dolorosas experiencias. En realidad, la enseñanza estable de Simpson era similar a la norma promulgada por Rev. Rees Howells, otro proponente de sanidad: "La imposibilidad para el hombre es la oportunidad para Dios."[5] Donde hay recursos médicos disponibles, que son parte de "la gracia común" de Dios, el creyente tiene libertad para usarlos, confiando en la dirección del Espíritu Santo. Cuando esos recursos encuentran enfermedades incurables, el toque sanador de Dios está disponible para los que creen y lo reciben por fe.

HACER REGRESAR AL REY

El último punto de su Evangelio Cuádruple, lo que anhelaba Simpson y por el cual vivía, daba énfasis a Jesucristo, el Rey que Viene. Desde temprano en su ministerio entendió y enseñó que Mateo 24:14 era el eje de su escatología y su misiología. Hacemos la obra misionera, decía, para "hacer regresar al Rey." En los tiempos más sencillos, los aliancistas cantaban su teología. Tozer bien dijo: "Mientras que la iglesia pueda entonar sus grandes himnos, no podrá ser derrotada; porque los himnos son teología en forma musical."[6] Su himno, "Un Llamado Misionero" [Pasan Las Almas] afirma:

El Maestro pronto llegará;
El Hijo del hombre, sí, vendrá;
Su Reino triunfará.

Para que el glorioso día pueda llegar,
Debemos las buenas nuevas dar
A todos predicar,
A todos predicar.

Abandonando la posición postmilenial que había aprendido en Knox College, Simpson se hizo un adherente fervoroso de la doctrina premilenial del retorno personal y visible del Señor Jesucristo a la tierra para reinar por 1,000 años. Simpson jamás creía que la Iglesia cristianizaría al mundo, y según Mackenzie, entendía que la Tribulación sucedería antes del juicio.[7] A través de los años, la convicción de Simpson profundizaba en cuanto a la Segunda Venida premilenial de Cristo, a

"La gloria de las convenciones del Dr. Simpson consistía en la grandeza de su corazón."

la vez que, en cuanto a los detalles del Arrebatamiento, la Tribulación, y la Parousía, encontramos en él la característica admirable de poder repensar y modificar su teología.

Cautivado por la captura de Jerusalén por el General Allenby a fines de 1917, Simpson predicó uno de sus sermones más poderosos, "La Caída de Jerusalén a la Luz de las Profecías," como el cumplimiento de las profecías bíblicas relacionadas con el retorno de Cristo. La oleada de emoción producida por ese momento, tan largamente esperado, ocasionó su primer derrame a principios de 1918. Ese fue el primero de los golpes mortíferos que gradualmente durante los dos años siguientes le incapacitaron al incansable líder. En cuanto al tiempo del retorno de Cristo, Mackenzie compartió un sorprendente recuerdo en su serie en *The Alliance Weekly:* "Él [Simpson] solamente una vez, expresó la opinión que el Señor tal vez volvería cerca del año 1930; pero siempre era cauteloso en cuanto a una posición firme sobre el tiempo y las condiciones."[8]

TODO EL EVANGELIO PARA TODO EL MUNDO

Mackenzie dedicó un capítulo de la serie en *The Alliance Weekly,* "Mis Recuerdos del Dr. Simpson," para señalar el gran corazón del fundador de la ACyM, que predicaba el evangelio completo para el hombre entero. Y ese mensaje de buenas nuevas para la persona entera significaba que tenía un lado práctico, el reconocer el sufrimiento humano y la necesidad de aliviarlo. A veces bajo su dirección, y a veces con su bendición y estímulo, una gama de ministerios brotó del Gospel Tabernacle: misiones de rescate, orfanatos, hogares para "mujeres caídas," escuelas para la enseñanza de oficios, hogares de sanidad, convenciones bíblicas y misioneras, campamentos de verano, institutos bíblicos, y otros más. El comentario de Mackenzie fue: "La gloria de las convenciones del Dr. Simpson consistía en la grandeza de su corazón."[9]

Con el tiempo, a la vez que la obra mundial de La Alianza crecía, con el gran aumento de sus obligaciones financieras, además del movimiento gradual en las principales denominaciones protestantes, cada vez más liberales, hacia un "evangelio social," el entusiasmo de Simpson se moderó. Levantaba señales de advertencia en contra de un evangelio centrado sobre el hombre, que procuraba atender a las necesidades temporales de la sociedad, a la vez que no daba importancia a la dimensión de "Cristo en mí," que sana el corazón de las personas y las capacita para vivir como miembros íntegros de su familia y comunidad.

Mackenzie recordaba que "[Simpson] vivía con su Señor y con el enriquecimiento de espíritu asegurado por esa comunión."[10] Y enumeraba varias facetas de esta profunda relación.

LA HUMANIDAD IMPERFECTA

Cuando relatamos la historia de la vida del fundador de La Alianza Cristiana y Misionera, uno de los evangélicos sobresalientes del fin del siglo 19 y principio del siglo 20, a la altura de D. L. Moody, A. J. Gordon, and A. T. Pierson entre otros, uno debe pisar con cuidado. Escribir una hagiografía de Simpson no sería honrado y quitaría mérito de un cuadro bien desarrollado del hombre. Evaluar sus obvios puntos fuertes sin reconocer sus debilidades no haría el debido honor a su memoria. Aunque este ejercicio no sea cómodo para sus hijos espirituales, es uno que explica mejor y da honor a su legado mundial, que sigue creciendo un siglo después de su muerte.

Examinando la vida familiar de Simpson, podemos observar una área de debilidad en su hogar. Por muchos años no incluía, aparentemente, a Margaret en decisiones importantes que afectaban a toda la familia. Cuando dejó Louisville para Nueva York, y sólo tres años más tarde, renunció a 13th Street Presbyterian, él tomó estas decisiones a pesar de la oposición de Margaret. Cuando ella se enteró de lo que planeaba su esposo, la decisión ya estaba hecha, y no había nada que ella podía hacer. Puesto que Simpson sentía que estaba siguiendo la dirección de Dios, muchas veces el siguiente paso en una serie de pasos, no podía compartir sus pensamientos ni lo que oía de Dios. Si hubiera podido compartir la carga creciente que sentía por los perdidos, y el destino que les esperaba, posiblemente se habría producido menos enojo y sufrimiento en el hogar.

La sociedad norteamericana a fines del siglo 19 y los primeros años del siguiente era testigo del surgimiento del movimiento de sufragio para mujeres, la Women's Christian Temperance Union (movimiento antialcohólico de mujeres cristianas), y otras organizaciones feministas.

Evaluar sus obvios puntos fuertes sin reconocer sus debilidades no haría el debido honor a su memoria.

Estos movimientos cuestionaban el papel tradicional de la mujer, de procrear los hijos, cuidar la casa, sin atreverse a cuestionar las decisiones de su esposo. Bert y Maggie reflejaban esta lucha creciente para que se escuchara la voz de la mujer.

Una vez que Simpson se entregara a alcanzar a "las masas descuidadas," un desequilibrio entre el ministerio y la familia era casi inevitable. Dirigía reuniones evangelísticas cada noche por semanas enteras, llegando tarde a la casa. Esta práctica empezó en Louisville, durante la campaña prolongada de Whittle y Bliss, y continuaba hasta que la familia se mudó a Nueva York. Llegando a 13th Street Presbyterian, él dirigía cultos evangelísticos cada noche por varias semanas. Después de fundar el Gospel Tabernacle, otra vez se lanzó en campañas de más de una semana. Después de cierto tiempo, Margaret iba con él a los cultos evangelísticos. A causa de este enfoque sobre el trabajo y sus ausencias frecuentes del hogar, los hijos mayores, Albert Henry y James Gordon, descubrieron lo atractivo del alcohol, el juego al azar, y otras tentaciones que debilitaban su caminar cristiano, y les llevaron a una muerte prematura. El hijo menor Howard también luchó con el alcohol durante la mayor parte de su vida, antes de volver al Señor. Así como otros que han sentido el llamado de Dios y pasión por los perdidos, el impulso a seguir el llamado puede resultar en dejar de pastorear a la familia, la primera responsabilidad del ministro, como cabeza de su hogar.

Otra área que evidentemente no era un punto fuerte para Simpson—y un reto para su esposa—fue el dinero. A. E. Thompson escribió que podría haber tenido mucho éxito si se hubiera dedicado a sus negocios. Sin embargo, sus muchas empresas (la Alliance Press, la Christian Alliance Publishing Company, la Nyack Highlands Development Company, además de la librería cristiana de 8th Avenue, y un restaurante y lechería), todos tenían una cosa en común—perdían dinero. En los primeros años del Gospel Tabernacle, Simpson tenía resultados diversos en negocios de bienes raíces, perdiendo miles en cier-

Debemos reconocer que Simpson era un hombre inteligente y lleno de fe, que no temía asumir riesgos.

ta ocasión y recibiendo una buena ganancia en otra compra y reventa. Su decisión de vivir una vida de "fe desnuda" ocasionó un gran desafío para Margaret, que estaba acostumbrada al amplio sueldo mensual que su esposo había disfrutado como pastor presbiteriano.

Simpson más tarde reconoció que el no aceptar un sueldo del Gospel Tabernacle había sido una buena escuela de fe para él. Sin embargo, estableció un precedente malo para el Tabernacle y para el creciente movimiento aliancista que dirigía. Sus negocios comerciales proveyeron los ingresos de la familia Simpson desde 1882 en adelante. En 1912 la ACyM empezó a aligerar la carga económica, asumiendo responsabilidad por su compañía editorial y cancelando sus deudas. Por último, en 1918 la Junta asumió el control total de sus negocios, librándolo del peso de sus problemas financieros, y sus amigos pagaron las cuentas pendientes. Por primera vez en más de 35 años, A. B. y Margaret Simpson recibieron una módica subvención de La Alianza.

IMPOSICIÓN APRESURADA DE MANOS

Otra deficiencia de la práctica administrativa de Simpson nació de lo que Mackenzie llamaba "su entusiasmo sin límites." Esto a veces producía una evaluación con exceso de optimismo de gente nueva, a quienes se daba responsabilidades antes de conocer bien su capacidad. Un ejemplo temprano de esta tendencia era el caso de John Condit, nombrado por Simpson como líder del Grupo del Congo de 1884, después de haberlo conocido en la primera promoción del instituto para preparación de misioneros.

Otro ejemplo de una elección cuestionable de un líder de campo misionero sucedió en 1887 cuando Simpson conoció a Emilio Olsson.

En menos de tres años después de ese primer encuentro, Olsson fue despedido de la misión por fallas de liderazgo y malversación de fondos.

En su defensa, debemos reconocer que Simpson era un hombre inteligente y lleno de fe, que no temía asumir riesgos. Tenía una visión clara de lo que Dios quería que hiciera. Cuando La Alianza fue organizada, no había líderes comprobados ni veteranos para dirigir las misiones que rápidamente fueron abiertas en el extranjero. La mayoría de las personas escogidas para liderazgo en los campos resultaron ser muy capaces. William Christie de Tíbet, R. A. Jaffray de la China y Vietnam, y muchos otros, eran directores de campo piadosos y eficientes, que desarrollaban sus cualidades de liderazgo durante su función. Lo mismo era cierto de los que llegaron a ser superintendentes de distrito en Norteamérica. No todos dieron buenos resultados, pero la mayoría tenía tiempo para demostrar su potencial antes de ser "ungidos" para cargos de liderazgo. Estos casos tempranos de la "imposición ligera de manos" pronto fueron olvidados, a la vez que una fila interminable de graduados del Missionary Training Institute salía para servir, que por fin proveía una gran reserva de líderes con experiencia.

¿UN MÍSTICO INESTABLE?

Una última preocupación resultó de un aspecto de la vida de Simpson que hizo que fuera atacado. Un crítico le describió como uno que "sufría de episodios severos de depresión emocional, psicosis y enfermedad

> **Albert Benjamin Simpson era un hombre de Dios que sentía a profundidad y reaccionaba de manera integral—su ser entero respondiendo en momentos de estrés o de gozo.**

psicosomática. De sus dificultades produjo una teología distintiva, por fin dejó la Iglesia Presbiteriana, y fundó su propia secta, La Alianza Cristiana y Misionera . . . ."[11]

Aunque procuramos presentar un cuadro honesto y completo del hombre que es admirado por evangélicos en todo el mundo y mirado con reverencia por la familia mundial aliancista, debemos cuestionar una crítica tan cáustica, en vista de los frutos perdurables de su vida. Tomando en cuenta que estamos tratando la historia de un hombre que murió hace un siglo, cuando la terminología para las condiciones psicológicas y la salud mental estaba muy lejos de ser precisa o uniforme, sería presuntuoso intentar hacer ahora "un diagnóstico clínico" de A. B. Simpson. Lo que sí podemos averiguar del record es que Simpson, antes de recibir la sanidad en 1881, era un hombre muy dotado, de inteligencia emocional bien desarrollada, extremadamente sensible y profundamente espiritual. En consecuencia, bajo severa presión, y debido a sus escasos recursos físicos y la sensibilidad de su alma, experimentó quebrantamiento físico y emocional en varias ocasiones durante la primera mitad de su vida.

¿Era Simpson una persona emocionalmente inestable que fundó su propia secta? ¿O era, más bien, un hombre apasionado, inteligente, y muy sensible, con emociones muy fuertes? La segunda opción es la verdad. Albert Benjamin Simpson era un hombre de Dios que sentía

> **"La prédica de sus labios era melodiosa como una música; era plena, resonante, triunfal. Hasta las inclinaciones de su cuerpo comunicaban poesía y pasión. Era un predicador poeta."**

a profundidad y reaccionaba de manera integral—su ser entero respondiendo en momentos de estrés o de gozo. Desde sus primeros años siempre había sido delicado de salud, y continuó así hasta la edad de 37 años. Bajo el estrés de cargas excesivas de trabajo, luchas con dirigentes de la iglesia que no querían seguir su visión, y la tensión de tratar con una esposa infeliz, Simpson llegó al colapso, como un vagón sobrecargado con un eje roto. Entonces tendría que detenerse para descansar, antes de reasumir su trabajo. Pero cuando fue incuestionablemente sanado, todo esto cambió.

Una vez que había aprendido el secreto de "Cristo en mí," no solamente como la esperanza de gloria final, sino como una infusión día tras día de salud y ayuda para su diario caminar, los valles oscuros de depresión fueron llenados por la presencia del Señor que moraba en él. Aprendió a calmar su corazón y sintonizar la voz suave de Aquel que vivía por dentro. Simpson encontraba alivio a medida que aprendía a permanecer en Cristo, así como Cristo permanecía en él.

Para tomar la medida de un hombre, uno debe retroceder y mirar toda la obra que Dios ha efectuado por medio de su vida. Es parecido a mirar un mural muy grande, pintado a través de cierto tiempo, o la última exposición de una fotografía panorámica. Los puntos obvios se notan al instante. Pero cuando uno contempla pausadamente el cuadro completo, se capta una apreciación más plena de la totalidad de la obra; así es el caso cuando consideramos la totalidad de la vida de Simpson, y las muchas facetas de su ministerio.

EL PREDICADOR POETA

A. B. Simpson era uno de los predicadores sobresalientes de su época. A. E. Thompson cuenta que en la primera Navidad después de ingresar al seminario, Simpson, de 17 años, recién separado de su crianza en la granja, predicó en la iglesia de su familia en Tilbury, cerca de su hogar en Chatham. Había pasado días enteros predicando a las ardillas y los conejos en el bosque de la granja, aprendiendo su mensaje de memoria.

> *La prueba más grande que tuve en aquellos días fue predicar por primera vez en la iglesia donde había crecido, en presencia de mis padres. De alguna manera el Señor me ayudó a pasar la ocasión, pero jamás me atreví a mirarles a ellos. En esos días el predicar me inspiraba terror, porque no sabíamos nada en cuanto a confiar en el Señor por nuestras palabras. Se escribía todo el sermón, palabra por palabra, y después lo memorizaba y lo presentaba de memoria.*[12]

Su temor más grande fue que si se olvidara de una sola palabra, perdería el hilo de todo el sermón, y tendría que empezar de nuevo. O peor todavía, le podría pasar como a uno de sus contemporáneos, que se atoró cuando intentaba "recordar sus frases, y repetía 'Mis hermanos, mis hermanos,' hasta que por fin, se agarró del pelo con los dedos y salió corriendo de la iglesia como un loco, para no ser visto jamás por esos lados."[13]

Pronto se hizo evidente en Knox Church de Hamilton que su pastor era un predicador excepcional. Su reputación crecía en cuanto adquiría más experiencia y madurez. Las invitaciones que recibió para pastorear, primero en Louisville y luego en Nueva York, resultaron principalmente por su reputación creciente como un predicador dotado. Cuando se paró en el púlpito de 13th Street Presbyterian Church, ya no tenía que escribir sus sermones. Su memoria excepcional y su amplio fondo de sermones ya preparados le permitían cumplir la carga de mucha visitación pastoral y la redacción de su revista misionera, a la vez que la iglesia se llenaba cada domingo para escucharle predicar. Por último, fue considerado un maestro en el púlpito, entre muchos excelentes predicadores de sus días. D. L. Moody una vez le dijo a Dr. A. T. Pierson, "Pierson, acabo de ir a escuchar predicar a A. B. Simpson. Nadie me conmueve el corazón como ese hombre." Paul Rader, igualmente un gran predicador, futuro presidente de La Alianza y evangelista sobresaliente, recordaba: "Fue el más poderoso predicador al corazón que jamás escuché. La fuente de su predicación era su profundo y rico trato con Dios. La Palabra siempre venía nueva y fresca en su propia experiencia y en sus mensajes."[14]

Mackenzie opinó que Simpson se sentía seguro en sus creencias y que escribía sencilla y francamente, usando el estilo de sus tiempos. De igual manera, su prédica era sin rodeos, y dirigida directamente al corazón. "Sus sermones retumbaban con el llamado de la deidad," dijo Mackenzie. "No eran desarrollados con un plan cuidadosamente elaborado para cautivar la admiración del público. Muchas veces he encontrado sus apuntes en el lugar donde se olvidó de recogerlos. Eran bosquejos sencillos, rieles sobre los cuales podría pasar el tren de sus pensamientos. Lo demás lo dejó en manos de su Señor."[15]

Desde su primera vez en el púlpito y durante toda su carrera como predicador, él demostraba una presentación excepcional. Dr. W. Leon Tucker le alabó al Dr. Simpson con este tributo: "La prédica de sus labios era melodiosa como una música; era plena, resonante, triunfal. Hasta las inclinaciones de su cuerpo comunicaban poesía y pasión. Era un predicador poeta."[16]

EL SIERVO MENTOR

El deseo de Simpson que los alumnos del MTI y los muchos predicadores laicos que servían en las ramas aliancistas locales llegaran a ser predicadores eficaces, le llevó a iniciar una "Columna del Predicador" en la revista de La Alianza. Ideas prácticas sobre la preparación de sermones y la predicación proveían sugerencias útiles a personas llamadas sin preparación para su ministerio en el púlpito. Este deseo de ayudar a otros predicadores se extendía aún a sus colegas más cercanos.

Rev. W. T. MacArthur, que poco antes había pasado dos o tres días con Simpson, volvió sin aviso. Dr. Simpson le encontró en la puerta y le dijo:

"Bueno, Mac, ¿ha venido para orar por mí otra vez?"

"No, hermano Simpson, he venido a pedir que Ud. ore por mí."

"Es una manera muy gentil para expresar su pedido," me respondió.

"Nada de eso. Es la verdad. He cargado mi 'barril de sermones viejos' hasta estar aburrido de ellos. Necesito con urgencia una unción fresca."

"Bueno, si es así," respondió Dr. Simpson, "entremos directamente a mi estudio."

Esa noche nació en el alma del predicador una serie de mensajes, y los que lo escucharon en ese verano [1918] reconocieron que le había sido derramado aceite fresco.[17]

EL AUTOR PROLÍFICO

Puesto que Simpson era un orador excepcionalmente claro y convincente, su secretaria, Emma Beere, o su hija Margaret, de 16 años, escribía sus sermones en taquigrafía. Luego los pasaba a máquina, para que Simpson los revisara y redactara. De esta manera producían borradores finales para los libros que escribía, sobre temas de misiones, la sanidad divina, la vida santificada o más profunda, la oración, la Segunda Venida de Cristo, la serie *Christ in the Bible,* y muchos otros. De los 101 títulos de libros impresos de Simpson, 67 fueron sermones transcritos de esta manera.[18]

Además, Simpson escribió docenas de folletos y tratados evangelísticos para uso en las ramas aliancistas. Escribió poemas e himnos, publicó varios himnarios, y enseñó a La Alianza a cantar su Evangelio Cuádruple. Sus empresas editoriales produjeron centenares de libros, decenas de miles de páginas—un torrente de material impreso fluía de su negocio editorial. Por más de 30 años estos negocios eran la fuente principal de los ingresos personales de la familia Simpson. También tenía una librería cristiana bien surtida, en 692 8th Avenue, una ubicación conveniente para los miembros del Tabernacle. A razón de este ministerio extenso de literatura, su nombre y La Alianza Cristiana y Misionera llegaron a ser bien conocidos en todo el mundo evangélico.

EL EDUCADOR PIONERO

Durante la mayor parte de su vida, Simpson estaba involucrado en la educación. En su primer pastorado en Hamilton, Ontario, sirvió en el

Comité del presbiterio local para Examinar Alumnos, evaluando a los graduados del seminario que buscaban la certificación u ordenación. Su reputación de sus años en Knox College y su récord académico sobresaliente hicieron que él fuera una selección lógica para ese cargo. Durante los siguientes años se hizo un decidido promotor de Knox College, y se esforzó para apoyar a la administración y el cuerpo docente. En 1872 fue nombrado a la junta de administradores del college, encargada de las operaciones físicas y financieras de la institución, además de contratar a profesores y hacer cambios en el currículo.

Mientras que pastoreaba en Louisville, Kentucky, Simpson era activo en el Sínodo de Louisville de la Iglesia Presbiteriana. En 1894 fue "nombrado un síndico de Center College, el college de humanidades de la denominación para Kentucky. También fue nombrado, con un colega más, para funcionar como consultor para revisar y presentar un informe sobre las operaciones de Danville Theological Seminary."[19] Cuando más adelante se enfocaba sobre la necesidad de evangelizar a "las masas desatendidas," tanto cercanas como en el extranjero, se impacientó con el paso glacial de esa preparación, que producía graduados con calificaciones excesivas para evangelizar a la mayoría de los no alcanzados alrededor del mundo. Él cuestionaba la eficacia de un proceso de educación para ministerio con muy poca vitalidad espiritual, y aun menos experiencia de ministerio en la realidad del mundo.

Simpson visualizaba un "ejército de hombres y mujeres piadosos: el laico consagrado, el hombre de negocios comprometido, el humilde agricultor, la señorita llena del Espíritu, a quienes el Maestro ha llamado y preparado para seguir en las pisadas de los humildes pescadores de Galilea, y crear un batallón nuevo en el ejército del Señor, los voluntarios y tropas irregulares, de quienes no tenemos razón alguna de avergonzarnos, los que, si no fuera por este movimiento, tal vez jamás cumplirían su gloriosa obra."[20] Los comparó con los famosos voluntarios "Rough Riders" de la Guerra Hispano-Americana en 1898:

> *. . . ellos son los valientes voluntarios, las tropas irregulares del ejército de Cristo y de misiones. Ellos salen a regiones a donde otros no se han atrevido ir, y campos donde otros no han esparcido la preciosa semilla. Si existe un lugar difícil, si un lugar solitario, si*

> *hay una alma desatendida, ése es el lugar, ésa es la obra para la cual estos corazones valientes son los primeros en ofrecerse.*[21]

Cuando Simpson había pasado algunos años en 13th Street Presbyterian Church en Nueva York, y había observado las agencias misioneras de las denominaciones y sus prácticas, se convenció que si hacía las mismas cosas en la misma manera, se conseguiría los mismos resultados mediocres. Simpson estaba preparado para intentar algo nuevo, algo jamás hecho antes en Norteamérica. Él hizo la siguiente pregunta:

> *"¿No habrá lugar para un college de preparación misionera en cada iglesia grande de esta tierra? . . .¿Estudiar la historia de misiones, los métodos de la obra misionera, y los idiomas en los cuales piensan predicar el evangelio a los paganos?. . . Para incluir un college y un instituto técnico, la imprenta y misiones médicas, además de la predicación del evangelista y la enseñanza del pastor . . . Un buen Missionary Training College evitaría muchos errores subsecuentes; evitaría la necesidad de años de preparación posteriores. Llevaría a madurez permanente muchos sueños transitorios de entusiasmo misionero. Sr. Guinness ya dirige dos instituciones similares en Inglaterra . . ."*[22]

La experiencia personal de Simpson y sus observaciones de las instituciones teológicas de esos días le llevaron a pensar que un instituto de preparación misionera de menos duración, más enfocado y práctico, produciría un ejército listo para llenar esas inmensas regiones en el mapa de misiones donde había pocos misioneros o ninguno. En el número del primero de enero, 1882, de *The Word, The Work, and The World,* Simpson escribió acerca de ese tipo de preparación. Mencionó algunas escuelas misioneras, incluyendo tres en Europa: una en Berlín, Alemania, otra en Upsala, Suecia, y "una en Londres, bajo la dirección de Sr. Henry Grattan Guinness, de la cual han salido la mayoría de los obreros de las misiones al interior."[23]

En el número de febrero incluyó un artículo de dos páginas acerca del East London Training Institute for Home and Foreign Missionaries (Instituto del Este de Londres para preparación de misioneros al extranjero y en el país de origen). Describió la filosofía de la institución, sus metas, y sus métodos. La conclusión reza así:

> *Es uno de los más útiles y exitosos Institutos. Existe por poco más de ocho años, pero durante ese intervalo, más de mil candidatos han solicitado ingreso, y se ha recibido a unos 250. De éstos unos cien están trabajando actualmente en el evangelio.*[24]

El resultado de sus observaciones le llevó a abrir clases en 1882 para un Missionary Training College. Antes de tener un hogar permanente, fue el primer instituto bíblico en Norteamérica, una institución educacional pionera en la preparación de misioneros. Las metas, la metodología, y la filosofía educacional eran similares a las del East London Institute, que era un modelo que funcionaba con éxito. El resultado fue el rápido crecimiento de la institución en Nueva York, y pronto tuvo que mudarse a Nyack para tener espacio para crecer. Preparó a miles que salieron a todo el mundo, comprobando el éxito de la iniciativa.

EL DEFENSOR DE ASUNTOS SOCIALES

Simpson era un evangelista apasionado, que amaba a las personas de toda clase y color. Creía que "El Evangelio Completo para el Mundo Entero" incluía buenas nuevas para la persona entera: cuerpo, alma, y espíritu, además de interés por los asuntos sociales de la gente en todo lugar. En los primeros años del Gospel Tabernacle y posteriormente en el inicio de La Alianza, Simpson dirigió un movimiento de hombres y mujeres con un compromiso profundo de alcanzar a los "samaritanos" mencionados en Hechos 1:8. Él entendió que ellos eran los parias de la ciudad. George Reitz, en "A. B. Simpson, Urban Evangelist" dice: "Simpson identificó a estos parias como el borracho, la prostituta, el ladrón, el presidiario, la población de extranjeros, y la multitud 'que luchan en el mundo bajo y oscuro de la pobreza.'"[25]

Así como Moody y otros evangelistas populares de esos días que sentían carga por los parias de la sociedad, "Simpson se interesaba primordialmente por la condición del alma de las personas. Su gran enfoque era lo espiritual, pero no permitió que ese enfoque le cegara a las necesidades físicas de los a quienes ministraba. Esto era esencial en la perspectiva de todos los evangélicos que trabajaban entre los pobres y necesitados de los centros urbanos."[26]

Donald Dayton escribió en *Discovering an Evangelical Heritage* (Descubriendo un legado evangélico): "De la obra de Simpson surgió La Alianza Cristiana y Misionera, un movimiento que originalmente entendía que tenía un llamado especial para servir a 'las masas desatendidas,' tanto en Norteamérica como en el extranjero."[27]

Simpson era un evangelista apasionado, que amaba a las personas de toda clase y color.

John Dahms agregó, "Debido a la influencia de La Alianza y su liderazgo, el ministerio en 'hospitales, casas de beneficencia, e instituciones caritativas' en Nueva York en 1894 era tanto, que se decía que ni A. B. Simpson mismo podría decir 'cuanto hacía La Alianza para todas estas agencias de obra cristiana en la ciudad.'"[28]

EL HOMBRE OLVIDADO

A pesar de tantos aportes importantes al evangelismo moderno y la causa de Cristo, A. B. Simpson ha sido en gran parte olvidado por el mundo evangélico mayor. Pareciera que aún dentro de La Alianza, él ha llegado a ser un personaje barbudo distante de una fotografía enmarcada en la oficina del pastor. El nombre de A. W. Tozer es mucho más reconocido para la gran mayoría de los miembros ACyM de la actualidad. Los libros y sermones grabados de Tozer todavía tienen venta, mientras que no existen grabaciones de la predicación de Simpson, por el hecho que la industria de grabaciones estaba en pañales cuando él murió. La mayoría de miembros de iglesias aliancistas probablemente han leído poco o nada de su inmensa producción literaria. Pero la realidad es que Simpson "era un líder en 'the Awakening' (el Despertar), y edificó su ministerio tanto sobre extensión evangelística de los centros urbanos de los Estados Unidos, como sobre un énfasis en las misiones internacionales. Era uno de los líderes del movimiento de santidad, y el movimiento relacionado de sanidad. Era bien conocido en esos días en el mundo evangélico, y cumplió un rol importante en el Tercer Gran Despertar."[29]

Pero Simpson no era simplemente un personaje de la historia, cuyas contribuciones e influencia hicieron impacto sobre los eventos de los tiempos pasados. Su postura espiritual es digna de emular en el día de hoy. Simpson era un hombre de Dios, sencillo y directo en apelar a otros para que conocieran a su Señor. Él conocía a Dios, y con reverencia lo revelaba a sus oyentes y sus lectores. Era un hombre de oración, que con frecuencia pasaba horas enteras por la noche, conversando con su Maestro. En los campamentos y convenciones, se le escuchaba orar en su cuarto a cualquier hora de la noche, repitiendo suavemente, "Sí, Señor; sí, Señor; sí, Señor." Un hombre que vivía por "fe desnuda," se mantenía aguardando "lo que se espera," y él esperaba que pronto se hiciera realidad "la convicción de lo que no se ve."[30]

Al conocer a Dios, Simpson también conocía a las personas. Con frecuencia tenía que andar a solas, y cuidar el uso de su tiempo y atención, puesto que siempre fue muy buscado. La escena de su servicio fúnebre

El legado de Simpson incluía a los centenares de hombres y mujeres entonces esparcidos por todo el globo terráqueo, llevando el evangelio de Cristo— un legado que perdura hasta el día de hoy.

en el Tabernacle ilustró el alcance de su influencia sobre otros. Mackenzie recordaba, "Me rodeaban hombres que cuando jóvenes habían caído bajo el hechizo de la dedicación de él; ahora, maduros y dinámicos en su ministerio, formaban una gran hueste de siervos de Dios, bien preparados y responsables. Fue un panorama inolvidable."[31] El legado de Simpson incluía a los centenares de hombres y mujeres entonces esparcidos por todo el globo terráqueo, llevando el evangelio de Cristo—un legado que perdura hasta el día de hoy.

A. B. Simpson fue un organizador, un innovador, uno que asumía riesgos, un movilizador de misiones, y el fundador de un movimiento misionero mundial. Sintetizó y popularizó el Evangelio Cuádruple. Era aceptado como igual entre los gigantes del fin del siglo 19 y principios del siglo 20: D. L. Moody, A. J. Gordon, A. T. Pierson, R. A. Torrey, C. I. Scofield, F. B. Meyer, Andrew Murray, y otros más; y con ellos tuvo un papel importante en el Tercer Gran Despertar. Las iglesias pentecostales y carismáticas en todo el mundo encuentran sus raíces en la enseñanza de Simpson sobre la sanidad divina y la oración por los enfermos, la experiencia del bautismo y llenura por el Espíritu después de la salvación, y la validez de la operación de los dones del Espíritu Santo en esta época de la iglesia.

Entender a A. B. Simpson es entender a La Alianza. Conocer y apreciar a Simpson como hombre es aceptar su humanidad defectuosa así como su genio espiritual. El mensaje y la misión de su vida era de ensalzar a "Cristo Sólo," la inspiración de una visión y un movimiento para alcanzar a "las masas desatendidas" que es tan claro hoy como lo fue en 1881. La realidad es que toda la obra de La Alianza ahora, como una familia Cristo-céntrica, al estilo de Hechos 1:8, está extendiéndose a los no alcanzados alrededor del mundo con la esperanza y el poder salvador del evangelio. Toda esta obra se debe a la mano directora de Dios a través de la vida y el legado de A. B. Simpson. A consecuencia de la fidelidad de Simpson y su sumisión a su Señor, miles de personas, desde las ciudades más grandes hasta las aldeas más remotas, y los lugares más difíciles, han escuchado el evangelio y han recibido la vida eterna por Jesucristo.

No podría haber mayor tributo a este gran hombre de Dios, a su vida y su obra, de que los que están viviendo su legado actualmente dentro de La Alianza, fijen su mirada en Jesús, y sigan saliendo hasta los fines de la tierra, con la determinación de Simpson y su confianza en la plena provisión del Señor, hasta que todos hayan escuchado las buenas nuevas de la salvación en Él.

La joven Sra. Simpson

APÉNDICE 1

MARGARET SIMPSON—UNA MADRE EN ISRAEL

Ese día significativo cuando Bert Simpson, el alumno de segundo año del seminario tocó la puerta de John Henry, el próspero laico presbiteriano en Toronto, él no tenía idea que se encontraría con su futura esposa. Bert y su hermano mayor Howard estaban buscando una pensión durante sus estudios para el ministerio en Knox College. Cuando los jóvenes Simpson fijaron sus ojos en la animada hija de la casa, Cupido soltó sus flechas, haciendo blanco en el corazón de ambos hermanos. Howard era mayor y más serio, pero había algo en el hermano menor que le atrajo a Margaret. Pero ella no dejó que el desgarbado joven campesino se sintiera seguro de ella; le permitió perseguirla por casi tres años hasta que formalizaron su compromiso, un mes antes de casarse en septiembre 1865.

LOS SIMILARES SE REPELAN Y LOS OPUESTOS SE ATRAEN

Es probable que ni Bert ni Margaret pudiera explicar exactamente lo que les atrajo, puesto que su trasfondo y personalidad eran social y económicamente diversos. Pero Dios juntó a una pareja que tal vez habría sido aconsejada en otro sentido por personas humanas. Ella pertenecía a una familia acomodada y era inquieta, dos años y cinco meses mayor que "Bertie" (sobrenombre que ella le asignó), lo que tal vez habría disuadido a un joven menos seguro de sí mismo.

Los largos años de matrimonio y ministerio fueron testigos del proceso de maduración en ambos, pero no al mismo ritmo. A la vez que Bert crecía en su vida espiritual, Dios le expandía y ampliaba su visión acerca de lo que el Señor le pedía. Margaret no seguía fácilmente la senda de su esposo, porque parece que él no podía compartir mucho de lo que Dios le decía hasta después de haber tomado alguna decisión importante. El tiempo que pasaron en Hamilton fue agradable, donde Simpson pastoreaba la Knox Presbyterian Church, y Margaret pasaba la mayor parte de su tiempo produciendo y cuidando a cuatro bebés. La mudanza del Canadá a Kentucky le agradó a Margaret, porque implicaba un clima más cálido, un aumento importante de sueldo, y la oportunidad de criar a sus hijos con más libertad. Le encantaban los años en Kentucky y disfrutaba la comunidad gentil de la congregación acomodada, aunque el creciente impasse entre su esposo y los líderes de la iglesia les causó estrés. La contienda sobre el diseño del Broadway Tabernacle, que duró dos años, hizo evidente que Simpson sentía cada vez más la necesidad de moverse, mientras que Margaret sentía la necesidad, como cualquier madre, de seguridad para su familia.

Después de la "visión loca" de Bert para ir como misionero a la China en 1878, él se sintió obligado por una dirección del Señor aún más extraña—mudarse a Nueva York. En este punto Margaret se rebeló. Su enojo, que se le pidiera dejar la ciudad segura de Louisville para ir a Nueva York, no era racional. Enfurecida y temerosa, ella arrancó las páginas del diario de su esposo después de leer que él sentía que Dios estaba "moviendo la nube" de Louisville a Nueva York. Esta decisión de ir, a pesar de la desgana de ella para seguirle, causó un desastre en la vida de la familia.

SU VIDA AL PRINCIPIO ERA AISLADA

Dr. Kenneth Mackenzie, uno de los colegas más cercanos de Simpson durante los primeros años de la ACyM, escribió con perspicacia y compasión acerca de la Sra. Simpson, que muchas veces se ha vista como egoísta y de poca profundidad. Por fin Margaret se había acomodado en las circunstancias nuevas de la 13th Street Presbyterian Church, cuando su esposo anunció un nuevo paso de fe. Mackenzie describió la siguiente gran batalla en el hogar Simpson después de mudarse a Nueva York.

¿Entiende usted que cuando un hombre se lanza en una vida de fe, tiene mucho que dejar y mucho que esperar? Cuando esto sucedió con nuestro amado hermano [A. B. Simpson], la prueba que le vino a su esposa fue muy difícil para ella. No le era nada fácil renunciar a la comodidad de un hogar establecido cuando su familia estaba creciendo . . . para someterse a las exigencias que son normales en una vida de fe. Y usted entenderá que a ella le faltaba lo que él naturalmente tenía—una visión clara del llamado de Dios, los contactos frecuentes que apoyaban su plan, el romance de la vida de confiar en Dios. Él se sentía eufórico, día tras día, al ver los frutos de su sacrificio, mientras que ella estaba encerrada en su casa—una casa, sin duda, mucho menos cómoda de la que recientemente había disfrutado—respondiendo a las necesidades de la vida diaria, soportando el trabajo y las complejidades de la crianza de hijos. Ella tenía que nutrir su fe únicamente en Dios. Al principio, su vida era una de aislamiento.[1]

Dentro de las tradiciones sociales y familiares de fines del siglo 19, se aceptaba prácticamente sin cuestionar que el esposo era el rey de su hogar, aunque los primeros destellos del movimiento feminista ya aparecían en el horizonte. Margaret no era feminista; era una madre preocupada por alimentar, vestir, y cuidar a sus cinco hijos, en el momento que su esposo había renunciado a un sueldo muy elevado en una iglesia de moda, para vivir por fe y alcanzar a los "perdidos." Peor todavía, cuando las ofrendas escaseaban y ya no había ingresos, ella tenía que retirar fondos de sus ahorros personales que provenían del legado de su padre para pagar las cuentas. No es sorprendente que esta situación fuera irritante para ella, puesto que ese dinero había sido designado para "algún mal momento," o para la jubilación. Sin duda, su corazón clamaba, "Bertie, ¿qué de nuestra familia? ¿A dónde vamos? ¿Qué nos va a pasar?"

Más de un siglo después, uno se encuentra en la posición incómoda de examinar con objetividad al venerado padre de un movimiento de Dios en todo el mundo—la familia Cristo-céntrica, al estilo de Hechos 1:8, que procura ser fiel a la misión y el mensaje que Dios le dio a él. El encomio dado por Mackenzie en el funeral de Margaret fue la más exacta y astuta de las muchas palabras sabias pronunciadas en aquella ocasión. "Para ella, el cambio [dejar 13th Street Presbyterian] fue traumático, como pisar sobre el vacío. Pero después de la zambullida inicial, su valor y resistencia aumentaban con los años. Recuerden que fue él, no ella, que tuvo la visión clara y el llamado del Señor."[2]

ESE BERTIE MALCRIADO

En cierto momento, el hermano mayor de A. B., Howard Simpson, un pastor presbiteriano ordenado en el Medio Oeste de los Estados Unidos, cuando supo de la doctrina novedosa de su hermano menor, y su renuncia descabellada de la Iglesia Presbiteriana, fue a Nueva York. La nieta Katherine Brennen describe su visita, cuando intentó persuadir a Margaret que dejara a su esposo atrevido-en-fe:

> *Ese Bertie malcriado—jamás aceptaba la posición que le correspondía, siempre surgía, no se le podía controlar—dos años menor que su propia esposa.*
>
> *Así fue que durante aquellos días de batalla llegó el Tío Howard. Un evangelio tan desmesurado tenía que ser considerado revolucionario—nuevo, porque era tan antiguo. Inevitablemente surgirían comentarios asombrados. Salvador, Santificador, Sanador—este aspecto sólo se podía comentar a puerta cerrada, susurrando, con la mano sobre la boca y el aliento recortado. Así habló el Oráculo, el Gran Tío Howard.*[3]

Por esta escena parece obvio que la rivalidad entre los dos hermanos había estado hirviendo a fuego lento por años, a lo menos en el corazón de Howard. Toda su frustración en contra de "ese Bertie malcriado" reventó cuando su hermano renunció repentinamente de su familia eclesiástica presbiteriana. Margaret, a quien todavía estimaba, estaba sufriendo por las "herejías locas" de su esposo. Pero Margaret rechazó con firmeza esa idea, declarando, "Él es mi esposo, dotado por Dios con grandes dones y poderes." El amor perdura—así se pronunció la Esposa.[4]

EL MOMENTO DECISIVO

Aparentemente, ese fue el momento decisivo en la vida de Margaret. Tenía que decidir si lo acompañaría a su esposo en sus altos vuelos, o si lo dejaría para estar en tierra firme con los niños. Como lo señaló Dr. Kenneth Mackenzie, una vez que Margaret se comprometió con el ministerio de su esposo, llegó a ser una de sus campeones más leales, porque cada vez más ella comprendía y compartía su visión y pasión. Una nota interesante que indicaba su compromiso con la nueva vida a la cual Dios la había llamado tiene que ver con su falta de preparación para ministerio pastoral. Se había graduado de Toronto Model School y había asistido a "Mrs. Brown's Finishing School" antes de casarse y ser la esposa de un pastor. Estaba preparada para ser una anfitriona muy culta y para mantener un hogar elegante; esto se consideraba el rol de la esposa del pastor. En la Iglesia Presbiteriana del Canadá en esos tiempos, esta preparación se habría considerado suficiente para la esposa de un pastor. Más adelante, en Nueva York, ella se dio cuenta de su deficiencia en preparación ministerial. Por eso, se matriculó en el Missionary Training Institute mientras que todavía estaba en Nueva York. Después ella decía con orgullo que era ex-alumna del Institute.

Margaret dio testimonio en las publicaciones de Simpson en cuanto al poder sanador de Dios que ella vio en la vida de su esposo en 1881. También mencionó la sanidad de su hija Margaret de un ataque mortífero de crup, la liberación de Mabel de la enfermedad de difteria, y la recuperación milagrosa de Gordon de la fiebre escarlatina. Testificó del cuidado asombroso del Señor en cuanto a sus necesidades temporales. En Old Orchard en 1892 dio una ponencia sobre la santificación, y compartió su testimonio de como había sido llenada con el Espíritu. Fue una miembro fundadora de "las dos Alianzas," y por muchos años la secretaria de finanzas de la misión. Además era miembro de la junta para examinar a los candidatos misioneros, y mantenía una carga pesada de correspondencia con misioneros aliancistas alrededor del mundo.

En su servicio fúnebre, fue llamada "una verdadera madre en Israel," la "madre de los misioneros," una amorosa figura materna que bendecía el creciente ministerio del Gospel Tabernacle. Después que se fundara las dos Alianzas en 1887, ella fue parte del equipo original de liderazgo y miembro de la Junta de Administradores de la ACyM. Fue conocida por su agudo sentido de humor y su discernimiento, y por hablar sin rodeos a las candidatas misioneras de la misión nueva. Su pregunta directa, "¿Busca usted al SEÑOR—o un esposo?" era eficaz en eliminar a las cuyas motivaciones eran sospechosas. Otros miembros de la Junta de

Administradores hablaban de su discernimiento y capacidad de llegar al grano del asunto. Ella servía en la Junta hasta su muerte en 1924.

¡VAYA, BERTIE, ESO NO FUE NINGUNA PALOMA!

La agudeza y sentido de humor de Margaret dieron vida a las conversaciones en el hogar. Siempre sabía la manera de controlarle a su entusiasta Bertie para que no volara demasiado alto. Una vez Dr. Simpson, ya anciano, deleitó a sus invitados a cenar, contando una experiencia de muchos años atrás en Old Orchard Camp. Describió que el culto había concluido con un sentir poderoso de la presencia de Dios, y que una paloma blanca había bajado sobre su hombro mientras que oraba. En medio de ese recuerdo santo, se escuchó la voz de Margaret desde la cocina, donde preparaba algo delicioso para sus invitados. Ella llamó, "¿Qué fue eso de Old Orchard?" Simpson le contestó, "La paloma, Maggie, ¿te acuerdas de la paloma que posó sobre mi hombro mientras que oraba?" Ella respondió, "¡Vaya, Bertie, eso no fue ninguna paloma! ¡Fue un pichón!"[5] La concurrencia rompió en risa no santa, y Simpson no hizo más que sonreír y sacudir la cabeza.

Como madre, Margaret sufrió dolor, primero en la muerte de su hijito Melville, que todavía no contaba con cuatro años, el mismo día que falleció su amado padre. Su corazón fue desgarrado por el deseo de acompañar a su padre y la necesidad de estar con su hijo. Este primer desafío profundo para su fe le hizo echarse sobre la bondad y cuidado

> **El acero de esta mujer diminuta fue templado por los fuegos de la vida.**

de Dios. Los quebrantamientos de salud de su esposo, con la depresión que los acompañaba, hizo que ella tuviera que quedarse con los niños mientras que él viajaba a Europa o a un sanatorio para recuperarse.

El acero de esta mujer diminuta fue templado por los fuegos de la vida. Cuando su esposo fue sanado milagrosamente después de padecer toda su vida de debilidad y mala salud, la fe de Margaret fue retada por la insistencia de Albert de confiar en Dios por la salud de los niños. Gordon, Mabel, y Margaret, todos fueron sacados de crisis graves de salud por las oraciones de Simpson, mientras que Margaret sufría tormentos. El camino no fue fácil para ella, pero corrió con toda la velocidad que podía con sus piernas cortas, para mantenerse a la par con su esposo veloz. Si bien es cierto que nunca alcanzó las alturas que él remontaba, tampoco bajó a las profundidades como él en sus momentos de pasar por el valle. Le alabaron a ella por su espíritu juvenil, ánimo alegre, tino, y gozo. Uno de los poemas de Simpson, publicado después de su muerte en *Songs of the Spirit,* con el título *"My Secret,"* explica lo que hizo que esta frívola dama de la sociedad llegara a ser una mujer de Dios:

¿Le diré por qué yo siempre canto,
Aun si el sol deja de brillar?
La canción del Salvador me llena siempre,
Su gozo en mí no deja de cantar.[6]

PERMANECE EN MÍ

Margaret dio testimonio que la última frase pronunciada por su hijo moribundo Melville, "Permaneced en mí," inició su ingreso a lo que su esposo llamaba "la vida más profunda." La misma vida de "Cristo-en-mí" que Bertie trataba de explicarle, describiendo así la presencia de Cristo por su Espíritu que mora en uno, llegó a ser el secreto de su vida cristiana. En un artículo en *The Alliance Weekly,* ella hizo este resumen breve de lo que le había pasado que produjo tanto cambio en su vida:

Me parecía que el ser lleno del Espíritu debía ser un don especial para unos cuantos, pero no para mí. Esto fue un error. Me mantenía la vista en mí misma y en otros, olvidándome de pedirle a Dios que me abriera los ojos y el corazón, permitiendo que yo le viera a Él en todo su amor. Haciendo eso, sin duda yo podría creerle a Él y obedecer su Palabra.[7]

Ella llegó a ser una intercesora constante por sus "queridos misioneros." Después de su muerte, encontraron ocho baúles en el altillo de su casa en Nyack, llenos de cartas de misioneros en el extranjero y personas de todas partes de Norteamérica. Cuando le habían preguntado cuántas de las cartas había contestado, ella respondió, "¡Todas!"[8] Se le conocía por sus oraciones, sus consejos sabios, el ánimo que compartía, y su infalible buen humor. Su mente ágil duró más que su desgastado cuerpo. Durante sus últimos días estaba recibiendo a visitas y escribiendo cartas en su hogar sobre la colina. Hasta el fin, rehusó responder a cualquier apelativo excepto "Mrs. A. B. Simpson." El primero de enero, 1924, sufrió un ataque al corazón y murió dentro de una hora. Fue enterrada al lado de su esposo.

Margaret Simpson, c. 1918

Es difícil imaginarnos el desafío que representaría ser hijo o hija de Rev. A. B. Simpson.

APÉNDICE 2

LOS HIJOS DEL PASTOR

CUALQUIERA QUE HAYA NACIDO EN LA FAMILIA DE UN PASTOR conoce el peso de la cruz que es ser hijo de pastor. Las expectativas sobre el niño pueden ser pesadas. El tamaño de la sombra del padre o la madre parece estar en relación directa con su fama y efectividad. Con demasiada frecuencia el hijo o la hija reacciona contra las normas más elevadas de conducta y de rendimiento por simple frustración o enojo. Esto le puede conducir por una senda de tristeza y dolor, y muchas veces a una vida de excesos pecaminosos, como si subconscientemente estuviera tratando de deshacerse, por su rebeldía e independencia, de la imagen de hijo de pastor.

Este fenómeno de conducta decepcionante se ve en algunos relatos del Antiguo Testamento. Nadab y Abiú, los hijos de Aarón, con arrogancia ofrecieron "fuego extraño," y fueron destruidos por Dios. Los hijos de Elí, Ofni y Finees, al parecer, hacían competencia entre ellos con su conducta escandalosa mientras que servían en el tabernáculo. Ellos murieron y el arca fue capturada. Hasta Samuel, un ejemplo más digno de un padre en el ministerio, vio que sus hijos, Joel y Abías, corrompieron su cargo de jueces por recibir soborno. Y ni hablar del Rey David y sus hijos escandalosos. Felizmente, no leemos de ningún hijo de pastor malo en el Nuevo Testamento.

El tamaño de la sombra del padre o la madre parece estar en relación directa con su fama y efectividad.

Es difícil imaginarnos el desafío que representaría ser hijo o hija de Rev. A. B. Simpson. Habiendo conocido a su padre en primer lugar como un pastor presbiteriano respetable, los hijos mayores habían observado su transformación gradual en un evangelista y proponente de misiones nada convencional. Sobrevivieron el choque de su renuncia a su vida segura en un pastorado de la buena sociedad en Nueva York, y su embarque en un frágil bote salvavidas de fe para cumplir el llamado de Dios sobre su vida, de alcanzar a las masas sin iglesia y sin el evangelio, hombres y mujeres perdidos en todas partes. A consecuencia que su padre había recibido la sanidad por milagro en 1881, el médico ya no visitaba el hogar de los Simpson. Después, en diferentes momentos, tres de los hijos estuvieron a las puertas de la muerte, mientras que su padre se aferraba de las promesas de Dios y oraba hasta que se sanaron.

Una vez uno de los hijos se enfermó gravemente, y todas las oraciones posibles no resultaron en la sanidad. Simpson más tarde insinuó que otro miembro de la familia había pecado y ocultado su falta. Una vez que esto fue confrontado y confesado, el niño menor fue sanado al instante. Así fueron los desafíos para los hijos de Albert y Margaret Simpson.

ALBERT HENRY SIMPSON

El primer hijo, Albert Henry Simpson, nació el 27 de junio, 1866, y recibió el nombre de su padre y el apellido de su madre. Apareció en el hogar de sus padres nueve meses después de su matrimonio en Hamilton, Ontario. De niño pequeño, creció en la amistosa familia de Knox Church, bajo el ministerio de su padre joven pero eficaz. Lo que se sabe de su relación indica que Simpson amaba a su hijo, quien, así como su padre, amaba los libros y el estudio. También como su padre, se le consideraba "culto y académico." Cuando el joven Albert tenía ocho años y medio su padre aceptó el llamado que les hizo mudar, juntos con su hermano menor James Gordon y su hermanita, la bebita Mabel Jane, desde los inviernos fríos del Oeste de Ontario al clima más templado de Louisville, Kentucky.

Allí, él y sus hermanos tenían una confortable casa pastoral de la Chestnut Street Presbyterian Church, y su madre activa pronto organizó el hogar. Durante los siguientes años en Louisville, el joven Bert vio evolucionar a su padre como pastor y predicador. Aunque no era probable que comprendiera el impacto de la profundización de la relación de su padre con Dios después de su experiencia de santificación en 1873, el muchacho mientras crecía observaba que su padre había adoptado un nuevo modelo de ministerio por medio de cultos de evangelismo masivo. Sin duda acompañó a su padre a algunos de los asombrosos servicios evangelísticos de Whittle y Bliss, que sacudieron a la ciudad de Louisville en 1875. Los dos evangelistas no eran tan cultos ni refinados como su padre, pero el joven Bert podía ver que ellos tenían pasión por la gente perdida, y poder sobre ellos, y que eso pronto infectó a su padre.

El traslado de la familia a Nueva York en noviembre 1879 trajo cambios radicales. Bert, ahora con 13 años, probablemente percibió la tensión entre sus padres, a consecuencia de la mudanza repentina de la

Albert, al crecer, se sentía jalado entre el llamado del evangelio y la atracción del Gotham.

vida culta y calmada de Louisville a la gran ciudad, que Simpson una vez había llamado "el Gotham sin Dios" de América. Trasladarse de Main Street Kentucky a Broadway de "la Gran Manzana" produjo un enorme choque cultural para la familia. De repente, las calles sombreadas por árboles, los patios y parques de césped verde fueron reemplazados por las calles adoquinadas de una ciudad que se estaba transformando por inmensos proyectos de construcción, instalación de la luz eléctrica, con una administración municipal que luchaba para manejar la inmigración de miles de extranjeros con los problemas sociales relacionados: alcoholismo, juegos al azar, y pandillas irlandeses que batallaban para controlar el comercio del vicio.

Albert, al crecer, se sentía jalado entre el llamado del evangelio y la atracción del Gotham. Dos años después de la llegada de la familia a Nueva York, fue testigo de otra intensa lucha entre sus padres, cuando su padre sentía la dirección de Dios para dejar a la 13th Street Presbyterian Church e iniciar una "iglesia libre" que pronto se conocería como el Gospel Tabernacle, donde el joven Bert llegó a ser el primer organista de la iglesia. En algún momento después de terminar la escuela secundaria, empezó a trabajar en la Alliance Publishing Company de su padre. A la edad de 19 viajó a Inglaterra con sus padres para asistir a la Bethshan Conference. Aparentemente el joven Bert se había establecido en la gran ciudad. Unos cuantos años después se casó, y la pareja tuvo tres hijos. Por muchos años su esposa era la gerente de la Alliance Bookstore sobre 8th Avenue.

Tristemente, la tensión de ser el hijo mayor de la familia Simpson, las tentaciones de la "ciudad del pecado," su falta de éxito en administrar la imprenta de su padre, además de las responsabilidades de su propia familia, estos asuntos en conjunto le debilitaron a Albert. A la edad de 30 años, murió de tuberculosis en un sanatorio. "El joven culto y estudioso, su cuerpo carcomido y desgastado por exceso de esfuerzo y ciertas disipaciones de su juventud, fue a su Hogar Celestial," como lo describió su sobrina Katherine Brennen. Después ella contó que en su muerte, "Simpson oró con él. Expresó tristeza por los años perdidos. 'El Maestro lo conoce todo, y lo perdona todo. Yo estaré con Él.'"[1] No podemos hacer menos que asombrarnos del dolor que sentían sus padres y su esposa y el desconcierto de los miembros del Tabernacle cuando vieron que el hijo de su amado líder fuera tomado tan joven.

MELVILLE JENNINGS SIMPSON

Melville Jennings nació dos años después de Albert Henry, en junio 1868. Simpson, durante su gira de Europa de cuatro meses en 1871, enviaba dentro de sus cartas pequeños mensajes chistosos para "Bertie,

Melville Jennings Simpson, de 2 años

el pequeño Melville, y el bebé Gordon." Su padre los amaba mucho y los extrañaba terriblemente. Unos cuantos meses después que Simpson regresara de Europa, Melville se enfermó con "crup membranosa," y falleció un día friolento de enero, 1872. Su madre había viajado a Toronto para estar al lado de su padre moribundo cuando le llegó un telegrama que decía, "Melville está muy grave." Desesperada, Margaret se apuró a su casa. Katherine Brennen cuenta: "Cuando lo pusieron en sus brazos, los labios del bebé sólo tenían fuerzas para susurrar, 'Permaneced en mí.' La cabecita cayó—se quedó sin movimiento."[2] Margaret le había estado enseñando al niño de tres años el texto de Juan capítulo 15. Él

Cuando lo pusieron en sus brazos, los labios del bebé sólo tenían fuerzas para susurrar, "Permaneced en mí."

fue enterrado en el sepulcro de la familia Henry en Hamilton. Esta tragedia inesperada trajo una sombra oscura sobre el hogar, y Margaret tuvo una crisis espiritual, porque cuestionaba dónde estaba Dios en esto, y hasta si Él aun existía. Tal fue la noche oscura de su alma atormentada. Para su esposo, esos días requerían su más profunda devoción y cuidado pastoral para el corazón angustiado de su esposa. Paulatinamente el dolor menguó; la bebita Mabel nació, y el corazón quebrantado de la madre lentamente se sanó. La vida continuó.

JAMES GORDON SIMPSON

El tercer hijo, James Gordon, también nació en Hamilton, Ontario, el 31 de agosto, 1870. Así como su hermano Albert, le encantaba la vida en Louisville, y disfrutó una buena educación y un hogar gentil en que su madre podía ejercer sus gustos y su crianza refinada. Al mismo tiempo, la carga que sentía su padre por los perdidos le llevó a reunir a las iglesias en una campaña unida de evangelismo masivo a nivel de toda la ciudad. Es probable que Gordon y su hermano Bert asistieron con sus padres a esos grandes eventos estimulantes. Más tarde, él y su hermano mayor tal vez percibieron que la atención de su ambicioso padre se estaba inclinando hacia Nueva York. No sabemos si Gordon y Bert alguna vez fueron testigos de las discusiones acaloradas entre sus padres en cuanto a mudarse a Nueva York, pero sin duda ellos estaban entusiasmados por la perspectiva del traslado, cuando su padre lo anunció en noviembre 1879. Durante el largo viaje en tren desde Louisville a Nueva York, ellos se quedaron con su madre y hermanas menores, Mabel Jane y Margaret Mae. La mayor parte del viaje su papá se mantuvo alejado, mientras que Maggie hizo lo posible para que sus dos activos hijos no hicieran demasiadas travesuras y para atender a las dos niñas pequeñas.

A pesar de ser completamente diferente de su hogar en Louisville, la nueva casa en Nueva York tenía ciertos atractivos. Su barrio estaba poblado por neoyorquinos pudientes, a la vez que dentro de pocas manzanas se encontraban niños pobres y los hijos de los miles de inmigrantes en la ciudad. Gordon estaba muy propenso a meterse en líos. En muchas oportunidades experimentó la verdad del dicho que el muchacho no castigado terminará mal. Su padre, amoroso pero firme, no permitía que se acumulara polvo sobre la vara de corrección, procurando que su hijo no entrara por "el camino ancho que lleva a la perdición."[3]

Gordon estaba muy propenso a meterse en líos.

De niño, Gordon tenía un corazón tierno hacia el evangelio, y aceptó a Cristo. Pero como su hermano mayor, fue seducido por las tentaciones de la ciudad. Después que su padre salió de 13th Street Presbyterian Church e inició su nueva aventura de fe, su tiempo y atención fueron absorbidos por el recién abierto Gospel Tabernacle y sus múltiples ministerios. La mayoría de las veces la madre Margaret acompañaba a su esposo cada noche a las reuniones. Es probable que los dos muchachos se escapaban de la casa y hacían experimentos con la vida descontrolada a su alrededor. Gordon, un muchacho un tanto rebelde, probó estos placeres desconocidos para él y aprendió a tomar alcohol, para vergüenza de su padre. Simpson no tomaba ninguna forma de bebida "fuerte" y era muy conocido como proponente de la Women's Christian Temperance Union (movimiento de mujeres cristianas en contra de bebidas alcohólicas). El juego al azar también se aferró de su vida joven. Sus varias aventuras y roces con las fuerzas del orden y elementos criminales le ocasionaron vergüenza a su padre en más de una ocasión.

Después de terminar la escuela secundaria, estudió medicina por algunos años, pero no terminó la carrera. Le siguió a su hermano mayor, trabajando en la Alliance Publishing Company de su padre. Aparentemente tuvo más éxito que Albert en esto. Después llegó a ser gerente de la Alliance Press en Nyack; también en el verano de 1897 supervisó la construcción del Nyack Tabernacle al aire libre. Se usaba para campamentos y convenciones en el plantel del Missionary Training Institute.

Más tarde, el tabernáculo de madera fue arrasado para dar lugar a la construcción de Pardington Hall en 1909.[4]

En 1891 Gordon, de 21 años, se casó con Anna Widmay, la hija de 14 años de un padre americano y una madre nacida en Alemania. Su primera hija, Joyce Ann, nació el 25 de octubre del mismo año. Anna era talentosa y bella, y provenía de una familia acomodada de Staten Island. Ella llegó a ser una cristiana fuerte y escribió algunos himnos que fueron publicados en las primeras ediciones de *Hymns of the Christian Life.* Por fin la familia salió de Nyack y fue a Connecticut, donde Gordon encontró empleo. Así como Albert, Gordon luchó contra la adicción al alcohol, y también como su hermano, trágicamente en 1907 a la edad de 37 años murió de tuberculosis en un sanatorio en Liberty, New York. Su servicio fúnebre se realizó en el Gospel Tabernacle, donde muchos de los miembros se acordaban del hijo pícaro pero precioso de su venerado Pastor Simpson.

Es grato saber que Gordon, como su hermano, retornó a la fe y se entregó de nuevo a Cristo y a sus padres. Con su último suspiro, encomendó a Anna y sus cinco hijos a sus padres. Así fue que los Simpson, ya ancianos, de repente recibieron en su casa a los cuatro niños: Albert, Joyce, Ruth, y William, mientras que Anna retuvo a la niña más pequeña y vivía de un pequeño subsidio. En 1915 ella recibió un fondo fiduciario y pudo llevar a sus cuatro niños para cuidarlos. Los hijos de Anna y Gordon crecieron. El hijo mayor, Albert William Simpson, más tarde llegó a ser un bombardero en la Segunda Guerra Mundial, y jefe de la policía en Miami, Florida, en la década de 1950.

Ruth, la hija de Gordon, recordaba como, cuando niña, se sentaba sobre un muro de piedra al frente de la casa de los Simpson sobre la colina en Nyack. Por las tardes, ella y sus hermanos y amigos de la Wilson Academy observaban a las lanchas a vapor que bajaban por el Río Hudson desde Albany a Nueva York. El capitán de la embarcación prendería el faro de la nave para iluminar la casa de los Simpson para sus pasajeros, por la fama de Simpson como un pastor prominente y personaje conocido a nivel nacional. Los niños sobre el muro saludaban con risas a los pasajeros del barco cuando pasaban.

MABEL JANE SIMPSON

En 1872 Mabel Jane fue la última de los hijos Simpson que nació en Hamilton; también fue la primera niña. Ella tenía una relación muy cercana con su madre; sin duda la responsabilidad de cuidar a una niña que todavía no contaba con ocho años cuando se mudaron a Nueva York era una preocupación principal para Margaret. Katherine Brennen, la hija de Mabel, describió como Margaret insistió que Mabel recibiera una buena educación en las cosas refinadas de la vida. Por eso, cuando la familia se mudó a Nyack, Mabel asistía a una "finishing school" para

A la edad de 17 años, Mabel se dejó llevar por el encanto de su pretendiente de 34 años.

señoritas, llamada "The Castle," en Tarrytown, que ella alcanzaba por un ferry que cruzaba el Río Hudson. Margaret, la madre, y Mabel, tomaban té juntas regularmente y conversaban en la casa de tres pisos sobre la colina en Nyack, cerca de la nueva ubicación del Missionary Training Institute.

A la edad de 17 años, Mabel conoció a un joven del Canadá, Hugh Brennen, hijo del dueño de una compañía grande de madera. La señorita adolescente se dejó llevar por el encanto de su pretendiente de 34 años, pero vacilaba por la diferencia de edades. Se sentía inmadura e insegura en cuanto a comprometerse en el matrimonio. Mil pensamientos volaban por su mente joven, y su madre no estaba nada convencida que casarse era buena idea. Como lo contó la nieta Katherine Brennen, Simpson le animaba a su esposa: "Maggie, querida, Hugh es un buen hombre. El mundo está lleno de hombres de otra categoría. Si Mabel lo quiere . . ."[5] A pesar de las insistencias de su esposo, Margaret no aprobaba el matrimonio de su hija, todavía adolescente, con un hombre hecho y derecho. Sin embargo, en menos de un año se celebró una hermosa boda en el Gospel Tabernacle en 8th Avenue. Mabel habría preferido una boda sencilla, pero su padre insistió: "No, Mabel, tú te perteneces a nuestra gente. Ellos se sentirían heridos, y no comprenderían." Los hijos de los Simpson pertenecían al Tabernacle y así serían hasta la muerte de su padre. Margaret no fue la única que se opuso al matrimonio de Mabel. El hermano menor Howard dijo, según el libro de Katherine Brennen, "Le odio a Hugh Brennen. ¡Me ha robado a mi hermana!"[6]

Mabel se mudó al Canadá e inició su nueva vida con Hugh, que resultó ser el buen esposo cristiano que Simpson había percibido. Por razón de la actitud de la madre Margaret, ella no fue admitida al hogar de los Brennen por dos años, hasta que por fin ella aceptó el hecho del matrimonio y se reconcilió con Hugh. Mabel casi se muere después del nacimiento de su primer hijo. Vacilaba entre la vida y la muerte por varias semanas, atendida por cuatro enfermeras en St. Luke's Hospital de Nueva York. Por fin recuperó sus fuerzas. Algunos años después, llegó la segunda hija, Katherine Alberta Brennen, y se completó la familia. Su librito curioso, *Mrs. A. B. Simpson—The Wife or Love Stands,* se publicó en los años 1940, cerca del tiempo en que salió *Wingspread* de Tozer. Ese librito de 31 páginas provee una abundancia de historia de la familia Simpson que ni Thompson ni Tozer mencionó. Mabel visitaba a sus padres cada año en Nyack, y en una de esas visitas se cayó al subir la colina en Nyack. Se fracturó la rótula, y no se sanó bien, haciendo necesario que usara una muleta o un bastón hasta que falleció en Toronto en 1923, un año antes de la muerte de su madre.

MARGARET MAE SIMPSON

El año antes que su familia se mudara a Nueva York, Margaret Mae nació en Louisville, en abril 1878. Así fue que la niña llegó en el

Margaret Mae Simpson,
a la edad de 20 años

tiempo que su padre contemplaba el traslado a la ciudad que fue temida y opuesta por su madre.

Ella recibió de su padre el sobrenombre de "Tot," y creció en La Alianza, asistiendo a las primeras reuniones del "Tabernacle peregrino." Se convirtió a la edad de 12 años, y sintió un llamado a las misiones en la China, donde deseaba trabajar como enfermera. Llegó a ser una

Ella era la "preferida de su papá," y estuvo muy involucrada en la vida del Gospel Tabernacle durante los estimulantes primeros años de La Alianza.

música talentosa, pianista, y compositora de canciones, además de la secretaria personal de su papá en 1894. Según ella lo contaba, escribía a máquina "miles de sus sermones, que habían sido grabados en un tocadiscos sobre discos con capa de gelatina."[7] Ella era la "preferida de su papá," y estaba muy involucrada en la vida del Gospel Tabernacle durante los estimulantes primeros años de La Alianza. Similar a su padre, tenía inclinaciones sensibles y románticas, y a veces sufría de melancolía y enfermedad. Dos veces antes de la edad de 30 años, sufrió "postraciones nerviosas," debido a su tendencia de "trabajar excesivamente y con demasiada intensidad, en los días en que manejaba el negocio de publicaciones de su padre y fue la Redactora Asistente."[8] De sus recuerdos personales es evidente que idolatraba a su padre y lo extrañaba mucho después de su fallecimiento.

De joven, Margaret compuso la música de muchos de los himnos de Simpson, incluyendo "A Lugares Obscuros." En muchas ocasiones su padre escribiría un poema para concluir su mensaje del domingo en el Tabernacle. Le pediría a "Tot" encontrarse con él al piano en la casa en Nyack. Él tocaría la tonada y le leería el recién preparado poema para el sermón del domingo. Ella organizaría la melodía y luego prepararía una armonía y lo transcribiría todo a un pentagrama para usarlo al día siguiente.

A los 26 años, después del estrés de trabajar por 10 años con La Alianza, ella se hizo una voluntaria con el Ejército de Salvación, y pasó el siguiente año trabajando en los bajos fondos de Whitechapel, Londres. Regresó a casa "en una condición de decaimiento," y requirió un año para recuperar la salud.[9] Luego trabajó con la publicación *Living Truths* de su padre, donde hacía trabajo de redacción, y escribía artículos con el seudónimo "El Kalil." En 1906 su padre la envió a estudiar medicina en Philadelphia, donde asistió por cinco años. Pero tuvo que dejar sus estudios a consecuencia de una lesión grave que sufrió en la rodilla. Al regresar a casa, usó sus conocimientos médicos para conseguir un empleo con un especialista muy conocido en Park Avenue.

En 1912 se casó con George Buckman, y su único hijo, George Jr., nació en 1914. Ella describió su matrimonio como "unos pocos años de desilusión y tragedia." Ella quedó viuda cuando George, Jr. tenía solamente dos años y medio, y buscó trabajo para sostenerlo a él. Llegó a tener cierto éxito como mujer de negocios por 10 años. En 1929 sufrió un ataque grave de artritis infecciosa, que la dejó inválida y sin recursos por cuatro meses en St. Luke's Hospital en Nueva York. Por fin salió del hospital y regresó a Nyack. En 1932 intentó transformar la antigua casa de los Simpson sobre la colina de Nyack en el "Simpson Memorial Home," similar al modelo del hogar de sanidad y descanso que había sido Berachah Hall. Pero no tuvo éxito en esta empresa.

Debido, aparentemente, a los inviernos crudos en Nyack y los problemas que Margaret Mae seguía sufriendo con artritis, que le hizo buscar un clima más templado, ella se mudó a Berkeley, California, con George Jr. Se quedó allí hasta 1956, cuando regresó, sola y anciana, a Nyack. Allí ella proveyó recuerdos valiosos que están preservados en el *Simpson Scrapbook* de McKaig. Falleció en 1958 a la edad de 80 años, dejando a su hijo George como su único sobreviviente. Margaret pasó una vida difícil sola, viviendo con sus recuerdos. Sin embargo, a diferencia de sus hermanos, ella se mantuvo fiel al Señor. Se sentía agradecida de vivir hasta ver el establecimiento de la Simpson Memorial Church en Nyack, con McKaig como pastor.[12]

HOWARD HOME SIMPSON

El último de la familia Simpson nació el 19 de septiembre, 1880, en Nueva York. Fue nombrado Howard Home, por el hermano mayor de A. B. Es el menos conocido de los hermanos Simpson. Cuando nació, el doctor llegó borracho y le dañó seriamente a Margaret, causándole una hemorragia grave. Margaret estaba muy agotada y con mucho dolor, y no le quedaban ganas de vivir. Estando solo con ella, Simpson oraba al lado de su cama, y clamaba, "¡Quédate conmigo, Margaret!" "Muy – cansada – Bertie," le decía ella. Katherine Brennen cuenta: "Una vez más él peleaba, y por un pelo, poco a poco, recuperó el control sobre su voluntad; le obligó que se retirara del Río Jordán, y que volviera una vez más a su lado."

Howard creció en los años fabulosos después que Simpson fue sanado por milagro y se zambulló en el ministerio independiente en el Gospel Tabernacle, luego la apertura del Missionary Training Institute, y el establecimiento en 1887 de lo que llegó a ser La Alianza Cristiana y Misionera. Howard asistía con sus padres a los varios locales del Gospel Tabernacle, hasta que se construyó su hogar permanente sobre

Howard creció en los años fabulosos después que Simpson fue sanado por milagro y se zambulló en el ministerio independiente en el Gospel Tabernacle.

8th Avenue, con la sede de la misión y el Missionary Training Institute a la vuelta de la esquina sobre 44th Street. Fue testigo del traslado en 1897 del "Gotham chillón" a las colinas tranquilas de Nyack. Vio que la visión de su padre, dada por Dios, creció desde las primeras reuniones nada pretenciosas del Gospel Tabernacle hasta llegar a ser, antes de la muerte de Simpson, un movimiento de Dios que rodeaba el mapamundi y cubría toda Norteamérica.

Las pocas menciones crípticas en el enorme archivo de apuntes de John Sawin presentan más preguntas acerca de Howard de lo que dan respuestas. Como nació en Nueva York, era ciudadano de los Estados Unidos. El Reino Unido declaró la guerra contra Alemania el 4 de agosto, 1914, el mismo día en que falleció Hugh Brennen. Howard ya tenía 34 años y casi había pasado la edad de hacer servicio militar, pero se presentó como voluntario para pelear con la Canadian Expeditionary Force (CEF - el cuerpo expedicionario canadiense), después de la muerte de Hugh. Aunque los Estados Unidos no entró en la Primera Guerra Mundial hasta 1917, muchos americanos se alistaron en la CEF, por sus raíces canadienses o británicas. Por la gracia de Dios y las oraciones de A. B. y Margaret, Howard sobrevivió los horrores de la guerra en las trincheras de Francia. Al fin del conflicto regresó a Nyack y vivió por un tiempo con sus padres. Estuvo presente cuando falleció su padre. Por fin dejó la casa y regresó a Montreal.

Los puntos sobresalientes de las acciones canadienses en "la Gran Guerra" fueron las batallas del Somme, la Cresta de Vimy, y

Passchendaele, que más tarde fueron llamados "Los Cien Días del Canadá," en que hubo 67,000 muertos y 250,000 heridos, de los 620,000 soldados movilizados. Es muy posible que Howard había peleado en las horrendas batallas en las trincheras y sufrido los ataques con gases tóxicos. Tal vez participó en las cargas suicidas saliendo de las trincheras contra el enemigo bien equipado con armas eficientes, que segaban a las tropas aliadas como el trigo maduro en un día caluroso de agosto. La "neurosis de guerra," ahora llamada trastorno por estrés postraumático (en inglés, PTSD) afligía a los sobrevivientes.

Los apuntes de John Sawin en *The Life and Times of A. B. Simpson* contienen una historia patética acerca de este hijo rebelde. George Ferry, de Hamilton, Ohio, trabajaba en el MTI y frecuentemente bajaba hasta la estación del tren al pie de la colina donde se encontraba la casa de Simpson, para ayudarle por cargar hacia arriba su pesado maletín. En las noches cuando Simpson enseñaba una clase de Biblia en Chapel Hall, George le acompañaba a pie, subiendo las muchas gradas hasta el Instituto. Durante los últimos años de Simpson, Howard trabajaba en Nueva York pero vivía con sus padres. Así como sus hermanos, tomaba mucho. En varias oportunidades

Howard Simpson y su madre

George le acompañó al fundador anciano hasta la estación para ayudarle a llevar a Howard a la casa, y a veces iba solo para hacerlo.

Es posible que los meses que Howard pasó en la tranquilidad de la casa de sus padres en Nyack fueron su oportunidad para recobrar la estabilidad emocional antes de continuar con su vida. El alcohol, que con frecuencia es el consuelo temporal de heridos del alma, evidentemente era su compañero constante durante la mayor parte de su vida. Según los archivos de Sawin, Howard llegó a la sede de La Alianza en 260 West 44th Street en algún momento de 1940 y pidió una habitación en el "hotel para misioneros." Como el último hijo vivo del fundador, le recibieron; pero pocos días después fue echado, aparentemente por conducta descontrolada.

Simpson había visto en Howard dones que sus hermanos no tenían, y le aconsejó a prepararse para ser predicador del evangelio, pero Howard lo rechazó. En su libro *The Life and Times of A. B. Simpson,* Sawin cuenta una historia triste: "El hijo de Simpson (Howard) llegó a la iglesia de Tozer cuando él era el pastor. Howard miró la concurrencia grande que había venido para escuchar al hijo de Dr. A. B. Simpson, y se puso a llorar, como si tuviera el corazón quebrantado. Les contó que su padre había querido que entrara al ministerio, pero que él siempre se había rehusado. Se daba cuenta ahora que había cometido un error."[10] Howard no tuvo hijos. Se desconoce si se reconcilió con Dios antes de morir en 1949.

EL HOGAR Y LA COSECHA—LA LUCHA POR EQUILIBRIO

Así concluye la historia, un tanto solemne, de los hijos de la familia Simpson, cuatro hijos y dos hijas. Tres de los cuatro varones lucharon con el alcoholismo toda su vida, y Melville falleció años antes a la edad de tres. Las hijas no les ocasionaron tanta tristeza a sus padres como los hijos pródigos. ¿Qué conclusión debemos sacar de este relato triste?

No nos atreveríamos a culpar a los padres por las malas elecciones e inestabilidad de los hijos varones. Sin embargo, Simpson probablemente reconoció que le era difícil mantener un equilibrio entre su hogar y el mundo, que había llegado a ser su parroquia. Antes de llegar a ser "Dr. A. B. Simpson, del Gospel Tabernacle," había sido Albert Simpson, abnegado esposo y padre amoroso de su prole. De alguna manera, después de alcanzar la visión de los perdidos y su pesada carga de llevarles el evangelio, Simpson debe haber perdido de vista la realidad que una parte del llamado de Dios sobre su vida era criar y discipular a cristianos en su propio hogar. Al parecer, los muchachos fueron dejados a buscar su propio camino, mientras que sus padres estaban predicando, enseñando, y sirviendo a otros. Ganaron a muchos perdidos, pero perdieron a sus propios hijos.

A. B. Simpson fue un gran hombre de Dios, un personaje imponente entre los líderes evangélicos del fin del siglo 19 y principio del siglo 20. Pero por grande que fuera como hombre y líder, desde nuestra perspec-

Simpson probablemente reconoció que le era difícil mantener un equilibrio entre su hogar y el mundo, que había llegado a ser su parroquia.

tiva, se notan sus deficiencias como esposo y padre. El mundo bendice su memoria, y nos consuela saber que la mayoría de la familia, aunque tal vez no toda, se reunió con sus padres en "la casa del Padre." Nadie podría acusar a Simpson de ser un padre demasiado tolerante como Elí, cuyos hijos profanaron la casa de Dios con su comportamiento. Samuel, el último juez de Israel y un gran profeta, tenía hijos que no siguieron su ejemplo piadoso. En las crónicas de los reyes de Israel y Judá, las Escrituras nos muestran ejemplos de padres malos con hijos buenos. Por eso no es sabio ni justificado evaluar a un hombre solamente en base de la vida de su hijo.

Pero el lector debe aprender de este relato el hecho que la familia es primero, no por prioridad en el Reino, sino por prioridad de cronología. Antes de llegar a ser un pastor y líder, Simpson en primer lugar fue esposo y padre. Al mismo tiempo, se hizo un pastor, y más tarde el líder de un movimiento mundial. El llamado a servir a la familia de Dios en todo el mundo jamás es un llamado a olvidarse de la familia que uno ya tiene en casa. Dichoso el que pueda mantener el equilibrio necesario para ministrar a todos en todas estas relaciones.

Simpson y Rader—1918

APÉNDICE 3

LA TRANSICIÓN

CON FRECUENCIA, EL SUCESOR DE UN LÍDER VISIONARIO tiene que luchar para implementar su percepción de la dirección del futuro de la organización. Así fue cuando murió A. B. Simpson. Por varios años su edad que avanzaba y su salud que se debilitaba hacían evidente que la ACyM debía prepararse para su fallecimiento inevitable. Fue natural que la Sociedad comenzara a pensar en un posible líder futuro, y poco a poco algunos candidatos empezaban a surgir.

LOS CANDIDATOS

Algunos líderes aliancistas más jóvenes ya habían demostrado su potencial. Rev. Robert Glover, antes director del campo de la China, sirvió como secretario foráneo entre 1912 y 1921, demostrando sabiduría y habilidad excepcionales. Rev. John Jaderquist, anteriormente misionero en África, también tenía dones sobresalientes de administración. A petición de Simpson, él asumió el cargo de secretario de publicaciones y redactor asociado de *The Alliance Weekly.* En ese cargo tomó decisiones difíciles que permitieron que el negocio aquejado de problemas recuperara la salud financiera, y de esta manera fue reconocido como un líder decisivo. Rev. Walter Turnbull, decano del Missionary Training Institute en Nyack, también había servido como misionero aliancista en la India. Cuando dos de los líderes del MTI, Dr. J. Hudson Ballard y Dr. William C. Stevens, renunciaron después que el Concilio General de 1914 no aceptó su plan de convertir el Instituto en "Nyack Missionary University," Simpson le pidió a Turnbull encargarse. Se demostró un líder capaz, eliminando la deuda de Nyack en los años siguientes.

EL RECIÉN LLEGADO

El año 1912 fue decisivo en la historia de La Alianza. Entró a la escena un recién llegado, desconocido y no probado. Rev. Paul Rader trabajaba en Pittsburgh, con E. D. Whiteside como su mentor. Rader tenía apenas

Paul Rader, joven—predicador en la calle

35 años y era un gigante que medía seis pies, cuatro pulgadas de estatura, y pesaba 225 libras. Había sido un jugador universitario de football americano y boxeador de peso pesado. Era un predicador dinámico, de personalidad carismática, que pronto comprobó su habilidad como evangelista. Hasta llegó a viajar ocasionalmente con Simpson. Rader le sobrepasaba a Simpson en estatura, aunque el fundador era un hombre robusto de seis pies. Así como Simpson, Rader sobresalía, en primer lugar, como evangelista apasionado que buscaba decisiones en sus prédicas. Llegó a amar el mensaje de La Alianza, experimentó la vida más profunda, y como el fundador, llegó a ser uno de los proponentes más eficaces de la Sociedad.

Desde su ingreso en el movimiento, Simpson reconocía cualidades excepcionales en Rader, y procuraba que tuviera roles cada vez más importantes en La Alianza. "Al parecer, Rader tenía la misma visión y pasión que Simpson había manifestado cuando organizó La Alianza 30 años atrás."[1]

Habiendo sido liberado de la mortífera teología liberal, Rader adoptó el Evangelio Cuádruple como si hubiera sido un revolucionario

> *soltado de la cárcel, y lo proclamó con un celo que nació de su descubrimiento personal. Rader fue profundamente influenciado por Simpson, y lo estimó por encima de cualquier otro: "La impresión preponderante que tengo del Dr. A. B. Simpson es que fue el más destacado 'hombre con visión mundial' de nuestra generación . . . Aquí tenemos a un hombre que a solas comenzó y llevó adelante un movimiento hasta los confines de la tierra. Colocó a sus obreros en 16 campos misioneros del mundo, y lo hizo en 25 años."*[2]

Justamente cuatro años después, Rader fue elegido vicepresidente honorífico en el Concilio General de 1916. Aunque era un cargo más simbólico que administrativo, esto revelaba la manera en que su posición crecía dentro de La Alianza. Todos reconocían que Simpson pasaría de la escena, tal vez dentro de poco, y se preguntaban: "¿A quién levantará Dios para dirigir la Sociedad en alcanzar a los que no tienen acceso al evangelio de Cristo?" En el Concilio de 1919 en Toccoa Falls, Rader fue elegido vicepresidente, y vino a ser el heredero forzoso. Desde 1917 había dirigido por dos años el "Forward Movement" (movimiento hacia adelante), que produjo docenas de nuevas ramas aliancistas y resurgimiento de apoyo y candidatos misioneros.

Rader adoptó el Evangelio Cuádruple con un celo que nació de su descubrimiento personal.

En los meses anteriores al Concilio de 1919, varios miembros de la Junta de Administradores habían hablado con Rader, solicitando que él permitiera que su nombre fuera presentado como candidato para la posición de vicepresidente. Rader vacilaba sobre esta importante decisión. Su base de ministerio era Chicago, donde pastoreaba la Moody Church, que no pertenecía a ninguna denominación. Rader dirigió a la iglesia en la construcción de un tabernáculo de 5,000 asientos, que pronto se llenó de nuevos convertidos. Rader dividía su tiempo entre las demandas crecientes de su rol en la ACyM y su ministerio en Moody Church.

A principios de 1919, la Junta estaba dividida; una mayoría veía que Rader podría satisfacer la necesidad de aumentar la base en Norteamérica para poder sostener la obra creciente en el extranjero. Pero una minoría mantenía ciertas dudas. Glover y Jaderquist cuestionaban las capacidades administrativas de Rader, y su disposición de asumir el manto de Simpson y guiar a La Alianza. Al mismo tiempo en que la Junta estaba dividida, Rader "no manifestaba una clara disposición de aceptar las responsabilidades que son parte del cargo."[3] Hasta el día de hoy, no queda claro si Simpson le consideró a Rader como su heredero forzoso, o simplemente como alguien que podría pastorear el Gospel

Los historiadores . . . creen que al retener su rol en su iglesia, Rader ayudó a reestablecer el fervor evangelístico del movimiento.

Tabernacle. Jaderquist, Glover, y el líder aliancista canadiense Rev. Peter Philpott, señalaron la relativa juventud de Rader, sus pocos años con La Alianza, su falta de experiencia administrativa, y su indisposición de aceptar dedicarse totalmente al rol futuro de presidente como impedimentos en contra de su nominación en el Concilio. Así fue que Rader se retiró como candidato.

Por razón de su salud delicada después de un segundo derrame menor en enero 1919, Simpson no asistió al Concilio en Toccoa Falls. Rader predicó allí varias veces, pero retornó a Chicago antes de las elecciones. En su ausencia, y a pesar del hecho que él se había retirado como candidato, el comité de nominaciones presentó su nombre. El vicepresidente anterior, Ulysses Lewis de Atlanta, fue nombrado por la sala, pero no aceptó la nominación. Por voto oral Rader fue elegido vicepresidente de La Alianza Cristiana y Misionera. Seis meses después, Simpson pasó sus últimas horas conscientes en oración en su casa en Nyack, y luego cayó en coma. El miércoles, 29 de octubre, 1919, partió de este mundo para encontrarse con su Señor y Salvador.

SALIR DE LA RUTINA

Así fue que, con la muerte de Simpson, Rev. Paul Rader llegó a ser el segundo presidente de la ACyM. Aunque había sido ambivalente sobre el asunto si Dios quería que él fuera presidente, asumió el liderazgo y empezó a formular una visión que él creía que sacaría a La Alianza de su rutina. Se había expresado así a John Jaderquist algunos meses antes. El estilo de liderazgo de Rader fue muy diferente a el de Simpson. Dinámico y a veces muy directo en su hablar, la personalidad carismática del nuevo presidente hacía contraste con el aspecto bondadoso y jamás agitado de Simpson. Simpson, el poeta sensible, era muy diferente que Rader, el ex-boxeador. En situaciones en que Simpson buscaría un consenso, Rader mantenía el control con mano fuerte. Simpson había dedicado su vida entera al ministerio de La Alianza; Rader dividía su tiempo entre sus responsabilidades como presidente y su ministerio como pastor de la Moody Church en Chicago. Algunas personas sentían que al dividir su atención, Rader no cumplía bien su compromiso en ninguno de los dos cargos. Pero los historiadores, evaluando la situación desde una perspectiva posterior, creen que al retener su rol en su iglesia, Rader ayudó a reestablecer el fervor evangelístico del movimiento, que se estaba decayendo con el deterioro de la salud del fundador.

EL TABERNACULISMO

El plan de Rader para "sacar a la ACyM de la rutina" fue de trazar una senda nueva. Él era un proponente fuerte del "tabernaculismo." Esta estrategia requería la construcción de edificios de madera de bajo costo, sencillos y que no tenían aspecto de una iglesia. En estos centros se podría presentar el evangelio a las masas urbanas no religiosas, usando predicación evangelística poderosa, música movida, y métodos modernos de promoción. Los convertidos serían organizados rápidamente en "ramas nuevas," mientras que el equipo evangelístico se trasladaría a otro sitio, dejando la recién formada congregación con un pastor nombrado. Aunque este modelo del tabernáculo tenía éxito cuando equipos evangelísticos sobresalientes estaban disponibles para hacer campañas en todo el país y levantar obras nuevas vibrantes, la realidad fue que simplemente no había suficientes de tales equipos.

SEÑALES DE ADVERTENCIA

Rader sugirió que se reorganizara La Alianza, con las ramas locales puestas bajo los tabernáculos en ciudades principales, y éstos bajo su supervisión personal. Él propuso que la sede de la ACyM fuera trasladada a Chicago, o que por lo menos se abriera una oficina de extensión allá, con un equipo evangelístico calificado para realizar reuniones masivas. Todas estas propuestas principales: de cambiar la estructura de la organización de la ACyM, de mover la sede a Chicago, y de adoptar una estrategia de tabernáculos bajo el control directo de Rader, fueron señales de advertencia. Además, en 1921 Rader se había renunciado de la Moody Church, y había abierto el Chicago Gospel Tabernacle, una

Rev. Paul Rader

estructura con armazón de metal llamada "una carpa de acero," no afiliado a ninguna denominación, y totalmente desconectado de la ACyM, de la cual él era presidente.

A estas alturas Glover, Jaderquist, y Philpott se habían renunciado de La Alianza, debido al estilo de liderazgo de Rader. El asunto principal que producía tensión entre Rader y la Junta fue que él rehusaba comprometerse a dirigir a La Alianza. Decía que aceptaba en principio hacerlo, pero jamás cumplió su promesa. Iniciaba ministerios fuera de La Alianza que hacían competencia con la organización que él presidía. Su teología de la Iglesia hacía contraste marcado con la que Simpson había empleado desde los primeros años de La Alianza. La falta de disposición de Rader para trabajar dentro de la estructura que Dios había levantado producía tensiones constantes en su relación con la Junta.

La personalidad agresiva de Rader, más su actitud poco seria hacia sus responsabilidades con La Alianza, hicieron que las cosas llegaran a un punto crítico. Rader se identificaba con el movimiento "fundamentalista," que en aquel entonces estaba batallando contra "la teología liberal modernista." El estilo confrontacional de Rader difería mucho de el de Simpson, que procuraba que La Alianza se mantuviera fiel en su doctrina a los fundamentos de la fe, pero que trataba de evitar las amargas controversias entre las alas en conflicto del protestantismo. La actitud de Rader, "salid de en medio de ellos, y apartaos," era muy diferente a la de Simpson, que visualizaba "una alianza de creyentes" que coincidía en cuanto a la misión y el mensaje básicos de la Iglesia.

Por fin se hizo evidente que la visión de Rader en cuanto al futuro de La Alianza estaba en conflicto con el cuerpo mayor de los aliancistas,

El asunto principal que producía tensión entre Rader y la Junta fue que él rehusaba comprometerse a dirigir a La Alianza.

además de con la Junta Administrativa. Su renuncia se aceptó como un hecho, y sólo se esperaba el momento propicio. Puesto que Rader no había asistido a la mayor parte de las sesiones de la Junta durante su presidencia, los miembros le pidieron su renuncia, y Rader la presentó en diciembre 1923. La Junta la aceptó en enero 1924.[4] Rader creía que él y la ACyM tenían metas similares, pero medios incompatibles para alcanzarlas. Al parecer, tanto Rader como la Junta dieron un suspiro de alivio. Su renuncia fue cortés, y él mantuvo relaciones fraternales con líderes de La Alianza por varios años después. Pero su actitud de hacerlo todo solo, su falta de compromiso a su liderazgo de la organización, y su intento brusco de reorganizar a La Alianza no eran populares ni funcionales.

La presidencia de Rader, de 1919 a 1924, fue seguida por la de Rev. Frederick Senft, amigo y colega de Simpson. Senft ocupó el cargo por sólo 22 meses, pero bajo su liderazgo las tensiones se relajaron. Como vicepresidente, había actuado como "un puente para cruzar aguas agitadas." Él cayó enfermo repentinamente de neumonía y murió en noviembre 1925. Su gestión breve pero significativa como presidente llevó a su conclusión un período turbado. Fue seguido por Vicepresidente Rev. H. (Harry) M. Shuman, que ascendió al cargo a la muerte de Senft. El siguiente año Shuman fue elegido en el Concilio General, y reelegido para los nueve períodos sucesivos. Dirigió como presidente y director de la Junta de Administradores hasta 1954, un total de 28 años. Sin duda, las lecciones aprendidas en esa transición difícil siguen teniendo validez cada vez que se presente el asunto de la sucesión.

A. B. Simpson, de 22 años

APÉNDICE 4

PACTOS Y VOTOS

UN PACTO SOLEMNE

La Dedicación de Mi Persona a Dios

Por Albert Benjamin Simpson

Sábado, 19 de enero, 1861

"O Dios, eterno y todopoderoso, gobernador del universo, Tú que has creado este mundo y a mi persona, que has puesto en el mundo, Tú que estás en todo lugar, mirando lo malo y lo bueno, Tú me ves en este momento y conoces todos mis pensamientos. Sé y percibo que mis pensamientos interiores son conocidos por Ti, y que Tú conoces las motivaciones que me han inducido a acercarme a Ti en esta ocasión. Apelo a Ti, Tú que conoces los corazones, que hasta donde conozco a mi propio corazón, no es una motivación mundana que me ha hecho acercarme a Ti ahora. Pero mi corazón es 'engañoso más que todas las cosas, y perverso,' y no confiaría en él; pero Tú sabes que tengo el deseo de dedicarme a Ti por el tiempo y la eternidad. Me acerco a Ti como pecador, perdido y arruinado por la Caída, y por mis propias transgresiones, sí, como el más vil de todas las criaturas. Cuando contemplo mi vida pasada, me siento abrumado por vergüenza y confusión. Soy rudo e ignorante, una bestia a Tu vista. Tú, O Señor, creaste a Adán santo y feliz, y le diste la capacidad para retener su estado. La pena por su desobediencia fue la muerte, sin embargo, desobedeció Tu santa ley y cayó bajo esa pena. Yo, como descendiente de él, he heredado esta depravación y esta pena. Reconozco la justicia de Tu sentencia, O Señor, y me inclino en sumisión delante de Ti.

¿Cómo puedes Tú, Señor, mirarme a mí, una criatura vil? Porque es una condescendencia infinita que Tú te fijaras en mí. Ciertamente, Tu bondad es infinita y desde la eternidad. Tú, O Señor, enviaste a Tu Hijo en nuestra imagen, con un cuerpo similar al mío y una alma razonable. En Él fueron unidas todas las perfecciones de la deidad con la humildad de nuestra naturaleza pecaminosa. Él es el Mediador del Nuevo Pacto, y por Él todos tenemos acceso a Ti por el mismo Espíritu. A través de Jesús, el único Mediador, me acerco a Ti, O Señor, y confiando en Sus méritos y mediación, me acerco confiadamente a Tu trono de la gracia. Estoy consciente de mi propia pequeñez, Señor, pero fortaléceme Tú por Tu Espíritu. Me acerco a Ti ahora para hacer un pacto contigo para recibir la vida eterna. En Tu Palabra nos has dicho que es Tu voluntad que todos los que creen en Tu Hijo tengan vida eterna, y que Tú lo levantarás en el día postrero. Nos has entregado un Nuevo Pacto, y lo has sellado con Tu sangre, O Jesús, sobre la cruz. Yo ahora declaro ante Ti, y ante mi consciencia, y den testimonio, vosotros los cielos y los habitantes de ellos, y tú, tierra, que mi Dios creó, que yo acepto las condiciones de este pacto, y recibo sus términos. Estos son, que yo creo en Jesús y acepto la salvación a través de Él, mi Profeta, Sacerdote, y Rey, quien por Dios ha sido hecho para mí sabiduría, justificación, santificación y redención: la salvación completa. Tú, O Señor, me has dado la disposición de acercarme a Ti. Por Tu amor has subyugado mi rebelde corazón. Así que recíbelo ahora, y úsalo para Tu gloria. Cualquier pensamiento rebelde que allí pueda surgir, conquístalo y somete a Tu autoridad todo lo que pueda oponerse. Me entrego a Ti como uno que ha resucitado de entre los muertos, por el tiempo y la eternidad. Recíbeme y úsame enteramente para Tu gloria. Ratifica ahora, Padre mío, en el cielo este Pacto. Acuérdate de ello cuando me llevas al Jordán. Recuérdalo, O Señor, en aquel día cuando Tú vendrás con todos los ángeles y santos para juzgar al mundo. Que yo entonces me encuentre a Tu diestra, y en el cielo contigo para siempre. Apúntalo en el cielo que he llegado a ser Tuyo, sólo Tuyo, Tuyo para siempre. Acuérdate de mí en la hora de la tentación, y que jamás me aparte de este Pacto. Estoy consciente, O Señor, de mi propia debilidad, y no hago esto con mis propias fuerzas, o de otra manera fracasaría. Pero en la fuerza Tuya, O Capitán de mi Salvación, seré fuerte y más que vencedor por medio de Aquel que me amó. Ahora, O Señor, como has dicho en Tu Palabra, he pactado contigo, no para honores ni fama terrenales, sino para la vida eterna. Sé que Tú eres la verdad, y jamás quebrantarás tu santa promesa. Dame ahora todas las bendiciones del Nuevo Pacto, en especial, al Espíritu Santo en gran abundancia, quien es las arras de mi herencia, hasta la redención de la posesión adquirida. Que una doble porción de Tu Espíritu repose sobre mí; entonces enseñaré a los transgresores Tus caminos, y Tus leyes al pueblo. Santifícame por completo y hazme digno del cielo. Dame toda bendición espiritual en los lugares celestiales en Cristo Jesús. Ahora soy soldado de la cruz y seguidor del Cordero, y desde ahora mi lema será, "Tengo un solo Rey, Jesús." Sostenme y fortaléceme, O Capitán mío, y sé mío para siempre. Ponme en cualquier circunstancia que Te plazca; pero si es Tu santa voluntad, no me des ni pobreza ni riquezas; mantenme del pan necesario; no sea que me sacie, y diga, "¿Quién es Jehová?" O que siendo pobre, hurte. Pero que se haga Tu voluntad. Dame ahora Tu Espíritu y Tu protección en mi corazón en todo tiempo; entonces tomaré de los ríos de la salvación, descansaré junto a aguas de reposo, y seré infinitamente feliz en el favor de mi Dios.[1]

—A. B. Simpson

Mi voto de tres partes que hice a Dios con respecto a la sanidad, como si lo hubiera visto delante de mí, hablando cara a cara. Le hice estos tres votos grandes y eternos:

1. *Así como me encontraré contigo en aquel día, acepto solemnemente esta verdad como parte de Tu Palabra y del Evangelio de Cristo. Con la ayuda de Dios jamás la cuestionaré hasta que me encuentre contigo allá.*

2. *Así como me encontraré contigo en aquel día, recibo al Señor Jesús como mi vida física, para todas las necesidades de mi cuerpo hasta que complete todo el trabajo de mi vida. Con Tu ayuda, jamás dudaré que desde este momento Tú eres mi vida y fortaleza, y que me guardarás bajo cualquier circunstancia hasta Tu bendita venida, y hasta que toda Tu voluntad para mí sea perfectamente completada.*

3. Así como me encontraré contigo en aquel día, acepto solemnemente usar esta bendición para la gloria de Dios y el bien de otros, y de hablar de ella o ministrar en relación con ella, en cualquier manera en el futuro en que Dios me llame, o que otros me necesiten.

Escritos encima de este pacto se encuentran las siguientes renovaciones. La primera se hizo durante su tercer año en el college, y la otra durante su segundo pastorado.[2]

Primero de septiembre, 1863. Recaído. Restaurado. Pero aun muy frío, Señor. Todavía deseo continuar con esto. Perdona lo pasado y dame fuerzas para el futuro, por causa de Jesús. Amén.

Louisville, Kentucky, 18 de abril, 1878. Renuevo este pacto y dedicación en medio de mucha tentación, y creo que mi Padre me acepta una vez más y me da más de lo que me he atrevido a pedir o pensar, por causa de Jesús. Él ha cumplido su parte. Mi único deseo ahora es poder, luz, amor, almas, la habitación de Cristo, y la salvación de mi iglesia.[3]

NOTAS

PREFACIO

1 Battles, Robert y D. J. Fant, información de una entrevista con John Sawin grabada el 2 de junio, 1978. Cortesía de C&MA Archives.

2 Colson, Chuck. "BreakPoint: Digging up Biblical History." July 2017.http://www.breakpoint.org/2017/07/breakpointdigging-up-biblical-history/

3 Lonsinger, J., comunicación personal, 27 de octubre, 2016.

CAPÍTULO 1

1 McKaig, C. Donald, "A Surviving Diary," *Simpson Scrapbook,* 1971, p 153. (Estos apuntes comienzan cerca del fin de su pastorado en Louisville y continúan hasta los inicios de su ministerio en Nueva York—10 de noviembre, 1879 hasta 5 de marzo, 1880.)

2 Thompson, A. E., *The Life of A. B. Simpson* (Harrisburg, PA: The Christian Alliance Publishing Company, 1920), p. 84.

3 Niklaus, Robert L., John S. Sawin, y Samuel J. Stoesz, *All for Jesus,* 125th Anniversary Edition. (Camp Hill, PA: Christian Publications Inc., 2013), p. 66.
Todo por Jesús, p. 68.

4 Evearitt, Daniel J., *Body and Soul: Evangelism and the Social Concern of A. B. Simpson.* (Camp Hill, PA: Christian Publications, 1994), p. 5.

5 Simpson, A. B.,"How the Church Can Reach the Masses," *The Word, The Work and The World,* January 1, 1882, p. 24.

6 Wikipedians, Canada, https://books.google.com/books. St. John Island llegó a ser una colonia británica.

7 Reid, Darrell, "Jesus Only: The Early Life and Presbyterian Ministry of Albert Benjamin Simpson, 1843–1881." (Tesis doctoral, Queen's University. 1994), p. 48.

8 Thompson, *The Life of A. B. Simpson,* p. 3.

9 Ibid., p. 118.

10 Reid, Darrell, *Jesus Only: The Early Life and Presbyterian Ministry of Albert Benjamin Simpson,* 1843–1881, p. 48; Thompson, *The Life of A. B. Simpson,* p. 118.

11 Thompson, *The Life of A. B. Simpson,* p. 4.
12 Wayne, Michael, "The Black Population of Canada West," Histoire Sociale/Social History, York University, Vol. 28, No. 56, (1995), pp. 466, 470, 476.
13 Tozer, A. W., *Wingspread* (Harrisburg, PA: Christian Publications, Inc., 1940), p. 14; Thompson, *The Life of A. B. Simpson,* p. 4.
14 Thompson, *The Life of A. B. Simpson,* p. 4.
15 Marcos 6:4.
16 Thompson, *The Life of A. B. Simpson,* p. 9.
17 Ibid., pp. 8, 34.
18 Ibid., p. 9.
19 Ibid.
20 Ibid., p. 5.
21 Ibid.

CAPÍTULO 2

1 Thompson, A. E., *The Life of A. B. Simpson,* (Harrisburg, PA: (The Christian Alliance Publishing Company, 1920), p. 7.
2 McKaig, C. Donald, "A Surviving Diary," *Simpson Scrapbook,* 1971, p. 5.
3 Thompson, *The Life of A. B. Simpson,* p. 7.
4 McKaig, "A Surviving Diary," p. 5.
5 Thompson, *The Life of A. B. Simpson,* p. 38.
6 Ibid.
7 Ibid.
8 Ibid., p. 33.
9 Ibid., p. 10.
10 Ibid., p.11.
11 Ibid.
12 Ibid.
13 Simpson, A. B., *The Fourfold Gospel,* (New York: Christian Alliance Publishing Company, 1890), p. 14.
14 Ibid., pp. 11–12.
15 Ibid., p. 11.
16 Ibid.
17 Ibid., p. 13.
18 Ibid.
19 Ibid.

20 Conley, Joseph F., *Drumbeats that Changed the World* (Pasadena, CA: William Carey Library, 2000), p. 25.
21 Thompson, *The Life of A. B. Simpson,* p. 26.
22 Ibid.
23 McKaig, "A Surviving Diary," p. 11.
24 Ibid.
25 Ibid., p. 12.
26 Thompson, *The Life of A. B. Simpson,* p. 17.
27 *The Word, The Work and The World,* Vol. IX, No. 1, July 1, 1887, p. 2.
28 Thompson, *The Life of A. B. Simpson,* p. 23.

CAPÍTULO 3

1 Thompson, A. E., *The Life of A. B. Simpson* (Harrisburg, PA: The Christian Alliance Publishing Company, 1920), p. 31.
2 Ibid.
3 https://www.bankofcanada.ca/wp-conte, pp.39–42. La provincia del Canadá cambió su moneda de la libra británica al dólar en 1853, así llegando a ser la moneda oficial del Canadá. Esto fue por un aumento en el comercio con los Estados Unidos que había estado usando el dólar, basado en el sistema decimal, por muchos años. En 2018, $120.00 sería equivalente a unos $3,643.
4 McKaig, C. Donald, "A Surviving Diary," *Simpson Scrapbook,* 1971, p. 18;
Thompson, *The Life of A. B. Simpson,* p. 37.
5 Ibid., p. 19.
6 *The Christian and Missionary Alliance,* Vol. XXVII, No. 27, December 28, 1901, p. 357.
7 Thompson, *The Life of A. B. Simpson,* p. 33.
8 Ibid.
9 Ibid., p. 36.
10 Ibid., p. 37.
11 Tozer, A. W., *Wingspread* (Harrisburg, PA: Christian Publications, Inc., 1940), p. 33.
12 Simpson, Harold H., *Cavendish—Its History, Its People,* (Amherst, Nova Scotia: Harold H. Simpson and Associates, Limited, 1973), pp. 188, 189.

13 Thompson, *The Life of A. B. Simpson,* p. 28.
14 Ibid., p. 35.
15 Brennen, Katherine, *Mrs. A. B. Simpson—The Wife or Love Stands,* (auto-publicado, sin fecha), p. 1.
16 Thompson, *The Life of A. B. Simpson,* p. 35.
17 Ibid., p. 41.
18 Ibid., p. 33.
19 Reid, Darrell, "Jesus Only: The Early Life and Presbyterian Ministry of Albert Benjamin Simpson, 1843–1881." (Tesis doctoral, Queen's University, 1994), p. 149.
20 Ibid., p. 150.
21 Thompson, *The Life of A. B. Simpson,* p. 42.
22 Ibid., p. 41.
23 Tozer, A. W., *Wingspread* p. 39.
24 Brennen, Katherine, *Mrs. A. B. Simpson—The Wife or Love Stands,* p. 5.

CAPÍTULO 4

1 Sawin, John, *The Life and Times of A. B. Simpson,* (Regina, Saskatchewan: Archibald Foundation Library, Canadian Bible College/Canadian Theological Seminary), p. 207.
2 *Hamilton Spectator,* June 27, 1865, p. 2.
3 Brennen, Katherine A., *Mrs. A. B. Simpson—The Wife or Love Stand.* Autopublicado,sin fecha, p. 8.
4 Thompson, A. E., *The Life of A. B. Simpson,* (Harrisburg, PA: The Christian Alliance Publishing Company, 1920), p. 44.
5 Niklaus, Robert L., John S. Sawin, y Samuel J. Stoesz, *All for Jesus,* 125th Anniversary Edition (Colorado Springs, CO: The Christian and Missionary Alliance, 2013), p. 43.
Todo por Jesús, p. 44.
6 Brennen, *Mrs. A. B. Simpson—The Wife or Love Stands,* p. 8.
7 Ibid., p. 6.
8 Ibid., p. 7.
9 Ibid., pp. 5-6.
10 Sawin, John, *The Life and Times of A. B. Simpson,* p. 215.

CAPÍTULO 5

1 McKaig, C. Donald, "Biographical Highlights in the Life of the Founder," *Simpson Scrapbook,* (Ambrose University CBC/CTS Archives, 1971), p. 104.
2 Ibid., p. 90.
3 Ibid., p. 103.
4 Ibid., p. 116.
5 Ibid., p. 107.
6 Ibid.
7 Simpson, A. B., *The Gospel of Healing* (Harrisburg, PA.: Christian Publications, Inc., 1915), p. 156.
8 Hartzfeld, David F. y Charles Nienkirchen, *The Birth of a Vision,* (Beaverlodge, Alberta: Buena Book Services, 1986), p. 32.
9 McKaig, C. Donald, "Biographical Highlights in the Life of the Founder," *Simpson Scrapbook,* p. 124.
10 Ibid., p. 128.
11 Brennen, Katherine A., *Mrs. A. B. Simpson—The Wife or Love Stands*; autopublicado, sin fecha, p. 6.
12 Thompson, A. E., *The Life of A. B. Simpson,* (Harrisburg, PA: The Christian Alliance Publishing Company, 1920), p. 47.
13 Reid, Darrell, "Jesus Only: The Early Life and Presbyterian Ministry of Albert Benjamin Simpson, 1843–1881." (Tesis doctoral, Queen's University, 1994), p. 242;
Hamilton Spectator, December 15, 1873, p. 3.

CAPÍTULO 6

1 Tozer, A. W. *Wingspread* (Harrisburg, PA: Christian Publications, Inc., 1944), p. 45.
2 Thompson, A. E., *The Life of A. B. Simpson,* (Harrisburg, PA: Christian Publications, Inc., 1920), p. 70.
3 Simpson, A. B., "A Personal Testimony," *The Alliance Weekly,* Vol. XLV, No. 1, October 2, 1915, p. 11.
4 Thompson, *The Life of A. B. Simpson,* p. 67.
5 Simpson, A. B., "A Personal Testimony," *The Alliance Weekly,* Vol. XLV, No. 1, October 2, 1915, p. 11.
6 Ibid.
7 Ibid., p. 12.

8 Simpson, A. B. *Thirty-One Kings,* (Harrisburg, PA, Christian Publications, Inc.), p. 4.

9 Niklaus, Robert L., John S. Sawin, y Samuel J. Stoesz, *All for Jesus,* 125th Anniversary Edition (Colorado Springs, CO: The Christian and Missionary Alliance, 2013), p. 19.
Todo por Jesús, p. 20.

10 Simpson, A. B., *The Alliance Weekly,* Vol. XLVI, No. 25, September 16, 1916, p. 395.

11 Ibid.

12 Reid, Darrell, "Jesus Only: The Early Life and Presbyterian Ministry of Albert Benjamin Simpson, 1843–1881." (Tesis doctoral, Queen's University, 1994), p. 260. Esta referencia cita a E. L. Warren, *The Presbyterian Church in Louisville from its Organization in 1816 to the Year 1896,* (Chicago, 1896), p. 26.

13 Tozer, *Wingspread,* p. 46.

14 Niklaus, et al., *All for Jesus,* 125th Anniversary Edition, p. 22.
Todo por Jesús, p. 22.

15 Thompson, *The Life of A. B. Simpson,* p. 55.

16 Simpson, A. B., *The Gospel of Healing,* (Harrisburg, PA: Christian Publications, Inc., 1915), p. 161.

17 Thompson, *The Life of A. B. Simpson,* p. 58.

18 Reid, Darrell, "Jesus Only: The Early Life and Presbyterian Ministry of Albert Benjamin Simpson, 1843–1881," p. 328; The Louisville *Courier-Journal,* January 9, 1876, p. 6.

19 *The Alliance Weekly,* November 20, 1915, p. 116.

20 Sawin, John S., *The Life and Times of A. B. Simpson,* (Regina, Saskatchewan. Archibald Foundation Library Canadian Bible College/Canadian Theological Seminary), p. 234.

21 Reid, "Jesus Only: The Early Life and Presbyterian Ministry of Albert Benjamin Simpson, 1843–1881," p. 333.

22 Brennen, *Mrs. A. B. Simpson—The Wife or Love Stands,* auto-publicado, sin fecha, p. 11.

23 Reid, "Jesus Only: The Early Life and Presbyterian Ministry of Albert Benjamin Simpson, 1843–1881," p. 333.

24 Ibid., p. 359.

25 Ibid.

26 McKaig, C. Donald, "A Surviving Diary," p. 149.

CAPÍTULO 7

1 McKaig, C. Donald, "A Surviving Diary," *Simpson Scrapbook,* 1971, p. 51.
2 Ibid., p. 152.
3 Ibid., p. 156.
4 Reid, Darrell, "Jesus Only: The Early Life and Presbyterian Ministry of Albert Benjamin Simpson, 1843–1881." (Tesis doctoral, Queen's University. 1994), p. 372. Cita Burchard's "The Centennial Historical Discourse, preached in the 13th St. Presbyterian Church July 1876;" (New York: Arthur & Bonnel, 1877), p. 7.
5 Reid, "Jesus Only: The Early Life and Presbyterian Ministry of Albert Benjamin Simpson, 1843–1881," p. 372.
6 Stoesz, Samuel J., *Understanding My Church,* (Harrisburg, PA: Christian Publications, 1968), p. 105.
7 Packenham, Thomas, *The Scramble for Africa: White Man's Conquest of the Dark Continent from 1876 to 1912,* (New York: Perennial/Harper Collins, 1991).
8 Simpson, A. B. *The Gospel in All Lands,* Vol. III, No. 2, February 1881, p. 188.
9 Ibid.
10 Ibid.
11 Niklaus, Robert L., John S. Sawin, y Samuel J. Stoesz, *All for Jesus,* 125th Anniversary Edition, (Camp Hill, PA: Christian Publications Inc., 2013), p. 53.
Todo por Jesús, p. 55.
12 Simpson, A. B., *The Gospel of Healing,* (Harrisburg, PA: Christian Publications, Inc., 1915), p. 158.
13 Simpson, A. B., *The Christian Alliance,* Vol. 1, No. 1, January 1888, p. 12.
14 Simpson, *The Gospel of Healing,* p. 158.
15 "Ride on King Jesus," http://www.negro-spirituals.com/songs/ride_on_king_jesus.htm
16 "Nothing is Too Hard for Jesus," *Hymns of the Christian Life,* (Camp Hill, PA., Christian Publications, 1978), #320.
17 Niklaus, et al., *All for Jesus,* 125th Anniversary Edition, p. 54.
Todo por Jesús, p. 56.

18 King, Paul L., *Genuine Gold,* (Tulsa, OK: Word and Spirit Press, 2007), p. 24; Charles W. Nienkirchen, *A. B. Simpson and the Pentecostal Movement,* (Peabody, MA: Hendrickson Publishers, 1992), pp. 13–16.
19 Thompson, A. E., *The Life of A. B. Simpson,* (Harrisburg, PA: Christian Publications, Inc., 1920), pp. 75–76.
20 Simpson, *The Gospel of Healing,* p. 172.
21 Ibid., p. 163.
22 Ibid., p. 169.
23 Niklaus, et al. *All for Jesus,* 125th Anniversary Edition, p. 57. *Todo por Jesús,* p. 61.
24 Ibid., p. 58.
25 Buckman, Margaret Simpson, *His Own Life Story,* auto-publicado, 1953. Una colección de documentos escritos por la hija de A. B. Simpson.

CAPÍTULO 8

1 Reid, Darrell, "Jesus Only: The Early Life and Presbyterian Ministry of Albert Benjamin Simpson, 1843–1881." (Tesis doctoral, Queen's University, 1994), pp. 420–421.
2 Caledonian Hall estaba a dos cuadras al oeste de la Thirteenth Street Presbyterian Church, ubicada en 143 West 13th Street entre 6th y 7th Avenues. Ahora es parte de Greenwich Village.
3 Simpson, A. B. "A Story of Providence," *Living Truths,* Vol. VII, No. 3, March 1907, p. 152.
4 Ibid., pp. 151, 152.
5 Ibid., p. 153.
6 Ibid.
7 King, Paul L., *Anointed Women: The Rich Heritage of Women in Ministry in The Christian and Missionary Alliance,* (Tulsa, OK: Word & Spirit Press, 2009), pp. 19–37.
8 Simpson, A. B., "A Story of Providence," *Living Truths,* Vol. VII, No. 3, March 1907, p. 153.
9 Ibid.
10 Ibid.
11 Ibid.

12 Ibid.
13 "The Gospel Tent," *The Word, The Work and The World,* Vol. III, No. 7, July 1, 1883, p. 267.
14 McKaig, C. Donald, "A Surviving Diary," *Simpson Scrapbook,* 1971, p. 198.
15 *Christian Alliance Yearbook,* 1888, pp. 63–64.
16 "My Memories of Dr. Simpson," *The Alliance Weekly,* June 17, 1937, p. 453.
17 "Evangelistic Meetings in New York," (*The Word, The Work and The World*), October 1, 1883, p. 154.
18 Ibid.
19 Simpson, A. B., *Living Truths,* p. 154.
20 Ibid., p. 155; Thompson, A. E., *The Life of A. B. Simpson,* (Harrisburg, PA: Christian Publications, Inc., 1920), pp. 90–91.
21 Simpson, A. B., *Living Truths,* p. 155.
22 Ibid.
23 The Lost Proctor's Theatre—Nos. 139-145, W. 23rd Street, (sitio web) the-lost-proctors-theatre-nos-139-145-w.html.
24 Oberammergau es el sitio de un "Passion Play" cada 10 años desde 1634. https://en.wikipedia.org/wiki/Oberammergau_Passion_Play.
25 The Lost Proctor's Theatre—Nos. 139-145, W. 23rd Street. (sitio web) the-lost-proctors-theatre-nos-139-145-w.html.
26 Ibid., p. 2.
27 Ibid.
28 Ibid.
29 Simpson, *Living Truths,* p. 155.
30 Thompson, *The Life of A. B. Simpson,* p. 91.
31 Conley, Joseph F., *Drumbeats that Changed the World,* (Pasadena, CA: William Carey Library, 2000), p. 42.
32 Jones, David P., *So Being Sent . . . They Went—A History of the CMA Mission in Cabinda: 1885–1957,* (Newark, DE, PWO Publications, 2015), p.46.
33 *The Regions Beyond Magazine* fue la revista misionera de la misión de Guinness. El nombre más tarde fue cambiado a la RBMU (Regions Beyond Missionary Union).

34 Jones, *So Being Sent . . . They Went—A History of the CMA Mission in Cabinda: 1885–1957*, p.46.
35 Nienkirchen, Charles W., *A. B. Simpson and the Pentecostal Movement* (Peabody, MA: Hendrickson Publishers, 1922), p. 15.
36 Hartzfeld, David F. y Charles Nienkirchen, *The Birth of a Vision,* (Beaverlodge, Alberta: Buena Book Services, 1986), p. 21.
37 Boardman, W. E., *Record of the International Conference on Divine Healing and True Holiness,* (London: J. Snow & Co., y Bethshan, Drayton Park, Highbury, N. London, 1885), p. 41.
38 Van De Walle, Bernie, *The Heart of the Gospel,* (Eugene, OR: Pickwick Publications, 2009), p. 93.
39 Simpson, A. B., "Himself," *Hymns of the Christian Life,* (Camp Hill, PA., Christian Publications, 1978); #248.
40 Boardman, W. E., *Record of the International Conference on Divine Healing and True Holiness,* p. 58.
41 Brennen, Katherine Alberta, *Mrs. A. B. Simpson—The Wife or Love Stands,* auto-publicado, sin fecha, p. 10.
42 "A New Missionary Alliance," *The Word, The Work and The World,* June 1, 1887, pp. 365–368.
43 Guiness, H. Grattan, *The Approaching End of the Age: Viewed in the Light of History, Prophecy, and Science,* (London: Hodder and Stoughton, 1879).
44 Simpson, A. B. *The Holy Spirit: Power from on High,* Vol. 1 (Harrisburg, PA: Christian Publications, Inc., 1894), p. 207.
45 *The Word, The Work and The World,* September 1, 1886.
46 Niklaus, et al., *All for Jesus,* 125th Anniversary Edition, p. 89. *Todo por Jesús,* p. 93.

CAPÍTULO 9

1 Nienkirchen, Charles W., *A. B. Simpson and the Pentecostal Movement,* (Peabody, MA: Hendrickson Publishers, 1992), p. 18.
2 "A Gross Misrepresentation," *The Christian Alliance and Missionary Weekly,* Vol. 3, No. 16, November 15, 1889, p. 241.
3 Jampoler, Andrew C. A., *Congo: The Miserable Expeditions and Dreadful Death of Lt. Emory Taunt, USN,* (Annapolis, MD: Naval Institute Press, 2013), p. 75.

4 "Missionary Work," *The Word, The Work and The World,* March 1883, Vol. III, No. 3, p.46.
5 Niklaus, Robert L., John S. Sawin, y Samuel J. Stoesz, *All for Jesus,* 125th Anniversary Edition, (Colorado Springs, CO: The Christian and Missionary Alliance, 2013), p. 106.
Todo por Jesús, pp. 110–111.
6 "A Missionary Seal," *The Christian Alliance and Missionary Weekly,* Vol. V, Nos. 3–4; "The Old Orchard Convention," No. 3, July 17, 1890, p. 33.
7 Ibid.
8 Ibid.
9 King, Paul L., *Anointed Women: The Rich Heritage of Women in Ministry in The Christian and Missionary Alliance,* (Tulsa, OK: Word & Spirit Press, 2009), pp. 19, 20.
10 Ibid.
11 *The Christian Alliance and Missionary Weekly,* Vol. VII, No. 3, July 17, 1891, p. 33.
12 Niklaus, et. al., *All for Jesus,* 125th Anniversary Edition, pp. 114, 115.
Todo por Jesús, pp. 118–119.
13 Simpson, A. B., *The Coming One,* (New Kensington, PA: Whitaker House, 2014), p. 53.
14 Ibid., p. 54.
15 Simpson, A. B., "To the Regions Beyond," *Hymns of the Christian Life,* (Camp Hill, PA., Christian Publications, 1978); #460.
"A Lugares Obscuros," *Himnos de la Vida Cristiana,* (New York, NY, Alianza Cristiana y Misionera, 1967), #248.
16 Niklaus, et al., *All for Jesus,* 125th Anniversary Edition, p. 111.
Todo por Jesús, p. 116.
17 Ibid., p. 114.
18 Thompson, A. E., *The Life of A. B. Simpson,* (Harrisburg, PA: Christian Publications, Inc., 1920), pp. 128–130.

CAPÍTULO 10

1 Niklaus, Robert L., John S. Sawin, y Samuel J. Stoesz, *All for Jesus,* 125th Anniversary Edition (Colorado Springs, CO: The Christian and Missionary Alliance, 2013), p. 115.
Todo por Jesús, p. 120.

2 *The Missionary Review of the World*, July 1899, p. 617.
3 Ibid., p. 620.
4 Ibid., pp. 620–621.
5 Ibid., p. 619.
6 *Christian Alliance and Foreign Missionary Weekly,* December 4, 1896, Vol. XVII, No. 23, p. 508.
7 Jones, David, *Roots and Branches,* (Newark, DE: PWO Publications, 2018), p. 44.
8 *The Missionary Review of the World,* July 1899 to December 1900, Vol. XXII, No. 1, pp. 617–619; Olsson, Emilio, "Rev. A. B. Simpson's Misstatements Refuted," (NY: auto-publicado, 1899).
9 *The Christian and Missionary Alliance,* 1906, Vol. XXVI, No. 23, p. 369.
10 Ibid.
11 Niklaus, et al., *All for Jesus,* 125th Anniversary Edition, p. 126. *Todo por Jesús,* p. 132.
12 *The Christian Alliance and Missionary Weekly,* April 2, 1897, Vol. XVIII, No. 14, p. 324.
13 Thompson, A. E., *The Life of A. B. Simpson,* (Harrisburg, PA; Christian Publications, Inc., 1920), p. 165.
14 Warfield, Benjamin, *Counterfeit Miracles,* (New York: Charles Scribner's Sons, 1918), p. 165.
15 Reynolds, Lindsay, *Footprints,* (Beaverlodge, Alberta: Buena Book Services, 1981), p. 75.
16 Ibid., p. 66.
17 "John Alexander Dowie," https://en.wikipedia.org/wiki/John_Alexander_Dowie, sin fecha.
18 Tozer, A. W., *Wingspread,* (Harrisburg, PA: Christian Publications, Inc., 1944), pp. 134–135.
19 Ibid., p. 135.
20 Ibid.
21 King, Paul L., *Genuine Gold,* (Tulsa, OK: Word and Spirit Press, 2007), p. 13.
22 "A Movement for God, An Introduction to the History and Thought of The Christian and Missionary Alliance," *The Christian and Missionary Alliance,* March 31, 1906, p. 185; National Church Ministries of the C&MA, Colorado Springs, CO, pp. 8, 11.

23 Ibid., p. 8.
24 Blumhofer, Edith, *The Assemblies of God: A Chapter in the Story of American Pentecostalism,* (Springfield, MO: Gospel Publishing House, 1989), p. 185.
25 King, *Genuine Gold,* p. 84.
26 McKaig, C. Donald, *The Simpson Scrapbook,* (Nyack, NY, 1971), p. 261.
27 Simpson, A. B., *Nyack Diary,* September 12–13, 1907, p. 5.
28 King, *Genuine Gold,* p. 76.
29 Ibid.
30 "Demon Possession in our Mincheo Native Conference," *The Christian and Missionary Alliance,* January, 1908, pp. 38–39.
31 *The Alliance Weekly,* May 30, 1914, p. 130; Ekvall, Robert B., *Gateway to Tibet,* (Christian Publications, Inc., Harrisburg, PA,1938), pp. 62–63.

CAPÍTULO 11

1 "Weird Babel of Tongues," *The Los Angeles Times,* (Los Angeles, CA, April 18, 1906).
2 Niklaus, Robert L., John S. Sawin, y Samuel J. Stoesz, *All for Jesus,* 125th Anniversary Edition, (Colorado Springs, CO: The Christian and Missionary Alliance, 2013), p. 136.
Todo por Jesús, pp. 142, 143.
3 Brennen, Katherine, *Mrs. A. B. Simpson—The Wife or Love Stands,* auto-publicado, sin fecha, p. 16.
Sawin, *The Life and Times of A. B. Simpson,* p. 176.
4 Niklaus, et al., *All for Jesus,* 125th Anniversary Edition, p. 139.
Todo por Jesús, p. 146.
5 *The Christian and Missionary Alliance,* July 2, 1910, p. 224; August 6, 1910, pp. 298–299; September 3, 1910, pp. 369–370.
6 Cook, William Azel, *Through the Wilderness of Brazil by Horse, Canoe and Float* (New York: American Tract Society, 1909), pp. 6–7.
7 *The Christian and Missionary Alliance,* May 14, 1910, p. 106.
8 *The Christian and Missionary Alliance,* May 21, 1910, p. 122.
9 Ibid.
10 Ibid., p. 123.
11 *The Christian and Missionary Alliance,* April 2, 1897, p. 324.

12 *The Christian and Missionary Alliance,* June 8, 1912, pp. 145–146.
13 Niklaus, et al., *All for Jesus,* 125th Anniversary Edition, pp. 141–142.
Todo por Jesús, pp. 149–150.
14 Ibid., p. 141.
15 Ibid., p. 142.
16 *The Alliance Weekly,* December 5, 1914, p. 145.
17 Simpson, A. B., *The Fourfold Gospel,* (New York: The Christian Alliance Pub. Co., 1890), pp. 44–45.
18 Tozer, A. W., *Wingspread,* (Harrisburg, PA: Christian Publications, Inc., 1944), p.138.
19 Francis, Mabel, *One Shall Chase a Thousand,* (Harrisburg, PA: Christian Publications, Inc., 1968), pp. 30–31.
20 Snyder, James, *Paul Rader: Portrait of an Evangelist,* 1879–1938; (Ocala, FL: Fellowship Ministries, 2015), p. 22.
21 Ibid., pp. 47, 52
22 *The Alliance Weekly,* October 9, 1915, p. 28.
23 *The Alliance Weekly,* January 15, 1919, p. 98.
24 https://www.haaretz.com /jewish/. premium 1917. El General Allenby muestra la manera que un hombre moral conquista a Jerusalén.
25 Brennen, *Mrs. A. B. Simpson—The Wife or Love Stands,* p. 25.
26 *The Alliance Weekly,* December 20, 1919, p. 220.
27 *The Alliance Weekly,* November 8, 1919, p. 220.
28 McKaig, C. Donald, *The Simpson Scrapbook,* (Nyack, NY, 1971), p. 265.
29 Ibid., pp. 267–268.
30 Ibid., p. 268.
31 Niklaus, et al., *All for Jesus,* 125th Anniversary Edition, p. 165.
Todo por Jesús, p. 174.
32 Ibid.
33 "Notes from Nyack," *The Alliance Weekly,* April 6, 1918, p. 11.
34 "Notes from Nyack," *The Alliance Weekly,* September 7, 1918, p. 353.
35 Brennen, *Mrs. A. B. Simpson—The Wife or Love Stands,* p. 19.
36 Sawin, John, *The Life and Times of A. B. Simpson,* (Regina, Saskatchewan: Archibald Foundation Library, Canadian Bible College/Canadian Theological Seminary, sin fecha), p. 255.

37 Thompson, A. E., *The Life of A. B. Simpson,* (Harrisburg, PA: Christian Publications, Inc., 1920), pp. 220–221.

38 Ibid.

CAPÍTULO 12

1 "My Memories of Dr. Simpson," *The Alliance Weekly,* May 22, 1937, p. 324.

2 Ibid.

3 Van De Walle, Bernie A., *The Heart of the Gospel,* (Eugene, OR: Pickwick Publications, 2009), p. 92.

4 *The Alliance Weekly,* September 15, 1893, p. 166.

5 Ibid., p. 160.

6 Tozer, A. W., *Warfare of the Spirit,* compilado por Harry Verplough, (Camp Hill, PA: Wingspread Publishers, 1993), p. 63.

7 "My Memories of Dr. Simpson," *The Alliance Weekly,* August 21, 1937, p. 535.

8 Ibid.

9 "My Memories of Dr. Simpson," *The Alliance Weekly,* September 4, 1937, p. 581.

10 *The Alliance Weekly,* September 11, 1937, p. 580.

11 Elliot, David R., "Studies of Eight Canadian Fundamentalists" (Tesis doctoral, 1989, The University of British Columbia), p. 141.

12 Simpson, A. B., "My Own Story," (Ambrose University, Readings, 1.2, https://online.ambrose.edu/alliancestudies).

13 Ibid.

14 Sawin, John, *The Life and Times of A. B. Simpson,* (Regina, Saskatchewan: Archibald Foundation Library, Canadian Bible College/Canadian Theological Seminary, sin fecha), p. 270.

15 "My Memories of Dr. Simpson," *The Alliance Weekly,* May 22, 1937, p. 325.

16 Sawin, *The Life and Times of A. B. Simpson,* p. 270.

17 Ibid., p. 55.

18 Brandli, James, "Recapturing the Vision: A Study of the Vision of Albert Benjamin Simpson as Articulated in His Sermons." (Tesis doctoral, Trinity International University, 2009), p. 141.

19 Reid, Darrell, "Jesus Only: The Early Life and Presbyterian Ministry of Albert Benjamin Simpson, 1843–1881." (Tesis doctoral, Queen's University, 1994), p. 261.

20 Sawin, *The Life and Times of A. B. Simpson,* p. 580.
21 Simpson, A. B., "Aggressive Christianity," *O Christian,* http://articles.ochristian.com/article 6347.shtml.
22 Simpson, A. B., *The Gospel in All Lands,* March 1880, p. 55.
23 *The Word, The Work and The World,* January 1882, p. 44.
24 *The Word, The Work and The World,* February 1882, p. 94.
25 Reitz, George, "A. B. Simpson—Urban Evangelist." *Urban Mission 8,* (1991), p. 22.
26 Yount, Michael G., *A. B. Simpson—His Message and Impact on the Third Great Awakening,* (Eugene, OR: Wipf & Stock, 2016), p. 133.
27 Dayton, Donald, *Discovering an Evangelical Heritage,* (New York: Harper and Row), p. 113.
28 Hartzfeld, David G. y Charles Nienkirchen, *The Birth of a Vision,* (Beaverlodge, Alberta: Buena Book Services, 1986), p. 52.
29 Yount, *A. B. Simpson—His Message and Impact on the Third Great Awakening,* (Eugene, OR, Wipf and Stock), p. 180.
30 *The Alliance Weekly,* September 11, 1937, p. 580.
31 Ibid., p. 581.

APÉNDICE 1

1 *The Alliance Weekly,* February 24, 1924, p. 807.
2 Ibid.
3 Brennen, Katherine A., *Mrs. A. B. Simpson—The Wife or Love Stands,* auto-publicado, sin fecha, p. 11.
4 Ibid.
5 Nienkirchen, Charles, *The Man, the Movement, and the Mission: A Documentary History of the Christian and Missionary Alliance,* (Canadian Theological Seminary 1987), p. 72.
6 Brennen, *Mrs. A. B. Simpson—The Wife or Love Stands,* p. 19.
7 Simpson, A. B. *Songs of the Spirit,* (Harrisburg, PA: Christian Publications Inc., sin fecha), p. 18.
8 *The Christian Alliance Foreign Missionary Weekly,* July 20, 1894, p. 67.

APÉNDICE 2

1 Thompson, A. E., *The Life of A. B. Simpson,* (Harrisburg, PA: Christian Publications, Inc.), p. 9.

2 Brennen, Katherine A., *Mrs. A. B. Simpson—The Wife or Love Stands,* auto-publicado, sin fecha, p. 22.
3 Buckman, Margaret Simpson, *His Own Life Story,* manuscrito no publicado, 1953, p. 7.
4 Ibid., p. 44.
5 Ibid., p. 8.
6 Ibid., pp. 8, 44.
7 Ibid., pp. 37–39, 47–54.
8 Brennen, *Mrs. A. B. Simpson—The Wife or Love Stands,* p. 7.
9 Sawin, John, *The Life and Times of A. B. Simpson,* (Regina, Saskatchewan: Archibald Foundation Library, Canadian Bible/College/Canadian Theological Seminary, sin fecha), p. 182.

APÉNDICE 3

1 King, Paul, *Genuine Gold,* (Tulsa, OK: Word & Spirit Press, 2008), p. 189.
2 Niklaus, Robert L., John S. Sawin, y Samuel J. Stoesz, *All for Jesus,* 125th Anniversary Edition, (Colorado Springs, CO: The Christian and Missionary Alliance, 2013), pp. 175–177. *Todo por Jesús,* pp. 184–186.
3 Ibid., pp. 166–167.
4 Ibid., p. 196.

APÉNDICE 4

1 Thompson, A. E., *The Life of A. B. Simpson,* (Harrisburg, PA: Christian Publications, Inc., 1920), pp. 19–23.
2 Ibid., pp. 75–76.

BIBLIOGRAFÍA ANOTADA

HISTORIA ACYM

Adams, Samuel Hawley. Life of Henry Foster MD, Founder Clifton Springs Sanitarium. Rochester, NY: Rochester Times-Union, 1921.

Escrito por el capellán por mucho tiempo (1898 a 1915) del Clifton Springs Sanitarium, donde A. B. Simpson pasó tres períodos largos recuperándose de colapsos físicos y emocionales durante su ministerio. El libro provee mucha información sobre el trasfondo de Dr. Henry Foster, el metodista piadoso que fundó el sanatorio en que Simpson recuperó la salud y fue influenciado por el método integral de Foster, tratando al alma para sanar al cuerpo.

Bailey, Anita. *Heritage Cameos.* Camp Hill, PA: Christian Publications, Inc., 1986.

Este pequeño libro fue escrito para la celebración del centenario de La Alianza Cristiana y Misionera. Reseñas biográficas de más de 20 mujeres aliancistas, incluyendo a Margaret Simpson. Es la única fuente de información publicada en muchas de las biografías.

Brennen, Katherine Alberta. Auto-publicado, sin fecha.

Con frecuencia es difícil entender este librito curioso por sus observaciones crípticas, como si estuviera escribiendo a parientes que conocían los secretos de la familia. A pesar de esta limitación, Brennen revela muchos detalles fascinantes de la vida de A. B. y Margaret, y la familia Simpson, desde los tiempos en Knox College hasta la muerte de Simpson y su esposa.

Brown, Ronald and Charles Cook, redactores. *The God You May Not Know.* Toronto: The Christian and Missionary Alliance in Canada, 2016.

Este libro cuenta la historia de los primeros campos misioneros a donde A. B. Simpson envió misioneros, como el Congo, el Ecuador, Indonesia, y Vietnam. Muchos de éstos ahora tienen fuertes comunidades de fe aliancistas. Incluido hay 12 autobiografías de obreros aliancistas canadienses que trabajaron en esos campos.

Brown, Ronald and Charles Cook, redactores. *The God Made Known.* Toronto: The Christian and Missionary Alliance in Canada, 2018. En este segundo tomo de una trilogía sobre la obra mundial de La Alianza Canadiense encontramos la historia de otros 12 campos misioneros aliancistas, como Guinea, Malí, Tailandia, Irian Jaya, Francia, y Argentina. Incluye la autobiografía de 12 obreros internacionales canadienses.

Carner, E. R. *The Life of E. D. Whiteside, the Praying Man of Pittsburgh.* Harrisburg, PA: Christian Publications, Inc., 1963.

Draper, Kenneth L. *Readings in Alliance Thought and History.* 2009. http://www.awf.nu/wp-content/uploads/2013/08/Reader-AHT-2009.pdf.
Ambrose University tiene excelentes recursos relacionados con A. B. Simpson y la historia de la ACyM.

Dys, Pat y Linda Corbin. *He Obeyed God—The Story of Albert Benjamin Simpson.* Harrisburg, PA: Christian Publications, Inc., 1986.
Es una biografía fascinante de Simpson, escrita para niños desde la perspectiva de un muchacho que está aprendiendo la historia de Simpson de un anciano que conocía a Simpson. No revela hechos nuevos, pero el énfasis de Simpson sobre el caminar con Dios desde su juventud es beneficioso.

Ekvall, Robert B. et al., *After Fifty Years.* Harrisburg, PA: Christian Publications, Inc., 1939.
Escrito en el cincuentenario de La Alianza, mayormente contiene un panorama del ministerio mundial de la ACyM, pero también tiene algunos detalles biográficos. Es útil para calcular el impacto de la vida de Simpson en los años después de su muerte en 1919.

Evearitt, Daniel J. *Evangelism and the Social Concern of A. B. Simpson.* Camp Hill, PA: Christian Publications, Inc., 1994.
El libro de Evearitt narra el compromiso de Simpson con las implicaciones sociales del evangelio, trazando los primeros años del Gospel Tabernacle y el nuevo movimiento misionero

aliancista. Ministerios a los adictos, mujeres de la calle, huérfanos, hogares de sanidad, alcances a afroamericanos, y otros más eran parte de esos primeros años. Sin embargo, llegando a los primeros años del siglo 20, Evearitt señala una reducción notable en los ministerios de la ACyM en Norteamérica, como reacción contra el creciente movimiento del "evangelio social" que se predicaba en las denominaciones tradicionales.

Holvast, Rene. *The Big Surprise: A History of the Christian and Missionary Alliance in the Congo 1885–1908*. Calgary: Global Vault, 2018.
The Big Surprise cuenta la historia de los primeros 23 años de la obra misionera aliancista en lo que hoy es la República Democrática del Congo. Es la historia conmovedora de misioneros que se lanzaron a una obra para la cual no tenían ni experiencia ni preparación. No tenían idea de lo que les esperaba. Fue el primer campo misionero de la ACyM. Cuenta de optimismo no justificado y de pesimismo no justificado; de heroísmo inspirador y de fracasos desalentadores; de algunos que fueron paralizados por el temor y otros que superaron los desafíos.

Hostetter, Dorothy M. *If These Walls Could Talk*. America Start Books, 2014.
La autora cuenta la historia y "las historias" de los incidentes que sucedieron dentro de las paredes de Chapel Pointe, antes conocido como The Alliance Home, en Carlisle, Pennsylvania. El hogar empezó bajo el ministerio de Rev. Fred H. Henry, cuyo corazón por los misioneros y pastores aliancistas jubilados le impulsó para llevar el sueño a la realidad. El librito contiene algunos detalles de los Simpson.

Jones, David P. *Roots and Branches: The History of The Christian and Missionary Alliance in Brazil*. Newark, DE: PWO Publications, 2018.
Este libro traza el primer intento de Simpson de enviar misioneros al Brasil, hasta el último exitoso esfuerzo a principios de los años 1960. Cuenta algunas de las dificultades que tuvo Simpson en seleccionar candidatos misioneros y líderes para esta nueva obra misionera.

Jones, David P. So *Being Sent . . . They Went—A History of the CMA Mission in Cabinda: 1885–1957,* Newark, DE: PWO Publications, 2015.

Es la historia de la primera obra misionera de A. B. Simpson, antes que se fundara la ACyM en 1887. Cuenta del primer intento desastroso de enviar un equipo misionero al Congo, en el Enclave Portugués de Cabinda. Se narra en detalle la trágica historia de John Condit y los otros miembros del Grupo del Congo, con detalles previamente no publicados.

McKaig, C. Donald. "The Simpson Scrapbook." Nyack, NY, 1971. Documentos no publicados, escritos a máquina.

McKaig, por mucho tiempo profesor en Nyack College, y por último vicepresidente, coleccionó cientos de artículos, notas, historias, recuerdos, y anécdotas referentes a la vida y ministerio de A. B. Simpson. La organización no es perfecta, pero contiene una riqueza de información acerca de Simpson.

Niklaus, Robert, John Sawin, y Samuel J. Stoesz. *All for Jesus.* Colorado Springs, CO: The Christian and Missionary Alliance, 2013.

Todo por Jesús. Colorado Springs, CO: The Christian and Missionary Alliance, 2013.

Preparado para el aniversario 125 de la ACyM, es la actualización de la edición anterior escrita para el centenario. Contiene algunos datos nuevos sobre el ministerio de la ACyM a nivel mundial, y da una biografía breve de Simpson.

Olsson, Emilio. *The Dark Continent . . . At Our Doors: Slavery, Heathenism and Cruelty in South America.* New York: M. E. Munson, Publisher, M. E. Bible House, 1899.

Escrito por un misionero sueco pionero enviado por Simpson para dirigir todo el campo de Sudamérica. Olsson cuenta sus aventuras en la distribución de las Escrituras y evangelización a través de gran parte del continente sudamericano. Su asociación con la ACyM fue de corta duración, pero en el libro explica su estrategia para evangelizar a Sudamérica con 100 hombres en sólo cuatro años.

Pardington, G. P. *Twenty-Five Wonderful Years.* Harrisburg PA: Christian Publications, Inc., 1914.

El libro de Pardington traza la historia de los primeros 25 años de La Alianza, que creció de ser una sociedad misionera que daba sus primeros pasos a ser una agencia misionera establecida con una presencia misionera mundial, y una creciente base de apoyo en Norteamérica. Puesto que Simpson aun estaba vivo cuando se publicó el libro, Pardington, por muchos años colega de Simpson, da apenas una biografía breve del fundador.

Reynolds, Lindsay. *Footprints: The Beginnings of the Christian and Missionary Alliance in Canada.* Beaverlodge, Alberta: Buena Book Services, 1981.

Reynolds, Lindsay. *Rebirth: The Redevelopment of the Christian and Missionary Alliance in Canada.* Beaverlodge, Alberta: Evangelistic Enterprises, 1992.

Sawin, John. *The Life and Times of A. B. Simpson.* Pdf. Regina, Saskatchewan: Archibald Foundation Library, Canadian Bible College/Canadian Theological Seminary.
Esta colección monumental es, sin duda, un aporte enorme al estudio de Simpson, además del movimiento mundial nacido de su visión y empuje. La obra de Sawin es una "mina de diamantes," que requiere que el investigador cave profundamente y cierna con cuidado las "toneladas de material," para encontrar joyas de información biográfica.

Simpson, Albert B. *Michele Nardi, The Italian Evangelist: His Life and Work.* New York: Blanche P. Nardi, 1916.
Este librito fue escrito por Simpson a petición de Blanche Nardi, la esposa de Michele Nardi, un pastor italiano-americano. Era amigo de Simpson, quien fue su pastor y profesor, e hizo impacto en su vida durante los primeros años del Gospel Tabernacle. El libro revela mucho en cuanto a la afinidad que sentía Simpson por la creciente población de inmigrantes en Nueva York.

Simpson, Harold H. *Cavendish—Its History Its People.* Truro, Nova Scotia: Harold H. Simpson and Associates Ltd., 1973.
Escrito por el hijo de un primo de A. B. Simpson, este libro provee mucha información biográfica y de trasfondo de

Simpson, su vida temprana en Prince Edward Island, el traslado de la familia al Oeste de Ontario en 1847, la niñez y adolescencia de Simpson, y sus años en Knox College. Todo un capítulo se dedica a la historia de los Simpson, escrita por un orgulloso pariente cercano.

Snyder, James L. *Paul Rader—Portrait of an Evangelist.* Ocala, FL: Fellowship Ministries, 2015.
Snyder cuenta la vida de este dinámico cowboy, boxeador convertido en evangelista, pastor, y por último, presidente de la ACyM, antes de un amplio ministerio independiente. El libro es fácil de leer y provee un cuadro fascinante de este hombre de Dios de presencia extraordinaria.

Thompson, A. E. *The Life of A. B. Simpson.* Harrisburg, PA: Christian Publications, Inc., 1920.
Escrito por Albert Thompson, misionero aliancista en Palestina y discípulo de Simpson, es la primera "biografía oficial" de Simpson. El valor principal del libro es que fue escrito solo un año después de la muerte del fundador. Thompson tuvo acceso al liderazgo de La Alianza y la familia Simpson, y produjo un cuadro exacto de la vida de A. B. Simpson. Al mismo tiempo, la proximidad de la publicación a la muerte de Simpson es la principal debilidad de la obra. Tiene una falta de perspectiva histórica en cuanto al efecto de la vida de Simpson sobre La Alianza y el mundo en general. No podría ser de otra manera, porque la perspectiva histórica requiere de tiempo. Además, Thompson fue misionero aliancista en la Tierra Santa, y estudiante y discípulo del "gran hombre." Como resultado, el estilo aparentemente reverente y la alta estima que tenía el autor por Simpson hace que su libro se parezca más a una hagiografía que a una biografía. Esta impresión ha aumentado con los años, haciendo que el libro de Thompson fuera en gran parte olvidado por la mayoría de los miembros aliancistas. Los de las generaciones más jóvenes que lo leen tienen dificultad para identificarse con aquella icónica figura barbuda de antaño.

Tozer, A. W. *Wingspread.* Harrisburg, PA: Christian Publications, Inc., 1944.
Esta obra de Tozer fue escrita 24 años después del libro de Thompson, y aparentemente fue un intento de humanizar y dar humor a la vida de Simpson para las nuevas generaciones de aliancistas que no le habían conocido personalmente. Tozer más tarde admitió que no había escrito una biografía, sino una "interpretación" de la vida del fundador. John Sawin le dijo a Paul King, autor de *Genuine Gold,* que Tozer quería sacar *Wingspread* de la circulación, pero Christian Publications no consentía en esto, porque el libro tenía buena venta.

Tucker, W. Leon. *The Redemption of Paul Rader.* New York: The Book Stall, 1918.
La primera biografía de Rader, que cubre su vida temprana, conversión, ministerio en la ACyM, y después.

TEOLOGÍA ACyM

Foster, K. Neill y David Fessenden, editors. *Essays on Premillennialism.* Camp Hill, PA: Wingspread Publishers, 2007.
Esta obra importante de Foster y Fessenden da un panorama amplio del pensamiento de Simpson y la ACyM con relación al Milenio, tal vez como respuesta a una inclinación en La Alianza hacia el amilenialismo. Se da énfasis a la base hermenéutica para la posición premilennial, y la necesidad de dar honor a las profecías del Antiguo y Nuevo Testamentos relacionadas con el reino de Cristo de mil años sobre la tierra después de su retorno.

Hartzfeld, David F. y Charles Nienkirchen. *The Birth of a Vision.*
Este excelente libro, escrito para el centenario de La Alianza en 1987, es una colección de escritos por autores aliancistas sobre varios aspectos de la teología, misiología, filosofía de la educación, interés social, himnología, producción literaria, etc., de Simpson. Contiene tesoros de información sobre Simpson, y la historia y ministerio de la ACyM.

Keisling, Gary. *Relentless Spirituality: Embracing the Spiritual Disciplines of A. B. Simpson.* Camp Hill, PA: Wingspread Publishers, 2004.
Esta obra examina el rol de las disciplinas espirituales en la vida

de Simpson. Hace un examen a fondo de los elementos esenciales de su formación espiritual y su desarrollo.

King, Paul L. *Anointed Women: The Rich Heritage of Women in Ministry in The Christian and Missionary Alliance.* Tulsa, OK: Word & Spirit Press, 2009.

King presenta la documentación histórica por la posición "complementaria/egalitaria" sostenida por Simpson y La Alianza en por lo menos los primeros 75 años respecto al rol de las mujeres en el ministerio. Revisionistas posteriores intentaron reemplazar esta posición equilibrada con una perspectiva complementaria, pero no se puede sostener este cambio, en vista de las investigaciones extensas de King.

King, Paul L. *Genuine Gold.* Tulsa, OK: Word and Spirit Press, 2007.

Las contribuciones invalorables de Paul King a una comprensión mejor de la teología y práctica de La Alianza en sus inicios también contiene detalles fascinantes de material biográfico acerca de la vida y obra de Simpson. Este libro debe ser una lectura obligatoria para todos los que desean entender las raíces y las razones por la ACyM.

McCrossan, T. J. *Speaking with Other Tongues, Sign or Gift—Which?* Harrisburg, PA: Christian Publications, Inc., sin fecha.

McCrossan era un ex pastor presbiteriano muy culto, y profesor y presidente de Simpson Bible Institute. Da enseñanza profunda sobre el don de lenguas. "La cuestión pentecostal" tuvo un impacto muy grande sobre la ACyM temprana. Produjo la separación entre los que creían que el hablar en lenguas era "la evidencia" del bautismo del Espíritu Santo, y los que entendían que era uno de los dones del Espíritu, pero no "la señal" del bautismo espiritual.

Nienkirchen, Charles W. *A. B. Simpson and the Pentecostal Movement.* Peabody, MA: Hendrickson Publishers, 1992.

Este libro produjo controversia por su tesis que Simpson era frustrado en su búsqueda de las lenguas, y que más tarde sintió que había errado en adoptar la posición que aceptaba todas las manifestaciones pentecostales del Espíritu, incluyendo lenguas, pero que rehusaba la doctrina que el don de lenguas era la evidencia del bautismo. Las investigaciones y perspectivas son valiosas, no importa la posición que tenga uno sobre la tesis del libro.

Van De Walle, Bernie. *The Heart of the Gospel.* Eugene, OR: Pickwick Publications, 2009.
Esta obra demuestra que el Evangelio Cuádruple de Simpson se encuentra en el centro del pentecostalismo moderno. Provee una mirada de cerca de los temas doctrinales de algunos renombrados líderes evangélicos americanos, incluyendo A. J. Gordon de Boston, D. L. Moody de Chicago, A. T. Pierson de Philadelphia/Detroit, y A. B. Simpson de Nueva York.

Yount, Michael G. *A. B. Simpson—His Message and Impact on the Third Great Awakening.* Eugene, OR: Wipf & Stock Publishers, 2016.
El libro de Yount trata de la vida y ministerio de Simpson, y el impacto que tuvo sobre el Tercer Gran Despertar. Da un análisis a fondo de la perspectiva teológica de Simpson y su impacto sobre el mundo evangélico mayor.

HISTORIA EVANGÉLICA

Arrighi, Antonio Andrea. *The Story of Antonio—The Galley Slave.* New York: Fleming H. Revell Co., 1911.
Una obra autobiográfica de Arrighi. Cuenta su historia como esclavo en Italia, su viaje a los EE.UU., su conversión, y su ministerio de regreso en Italia, y más tarde en Nueva York.

Boardman, W. E. *Record of the International Conference on Divine Healing and True Holiness.* London: J. Snow & Co., y Bethshan, Drayton Park, Highbury, N., 1885.
Es el informe "palabra por palabra, hasta donde sea posible," de la conferencia de cinco días, que es también conocida como La Conferencia de Bethshan. Todos los discursos de los mensajeros están aquí, además de muchos testimonios de personas de todo el mundo. Es un récord histórico interesante.

Conley, Joseph F. *Drumbeats that Changed the World.* Pasadena, CA: William Carey Library, 2000.
Drumbeats une las historias de la Regions Beyond Missionary

Union y la West Indies Mission de manera intrigante. Ilumina el genio de Henry Grattan Guinness y Fanny de Guinness, que iniciaron el East London Missionary Training College. Esta escuela innovadora dio origen a una multitud de ministerios, incluyendo las dos misiones mencionadas arriba. También sirvió de modelo para A. B. Simpson cuando abrió el Missionary Training Institute en Nueva York, que más tarde se mudó a Nyack. Guinness tuvo influencia profunda sobre Simpson, desde sus años de adolescente y durante la mayor parte de su vida.

Grubb, Norman. P. *Rees Howells Intercessor.* Fort Washington, PA: Christian Literature Crusade, 1964.
Esta biografía de Howells cuenta la manera en que la enseñanza de Simpson sobre la sanidad divina influyó a Howells, cuando él y su esposa se preparaban para sus años de servicio misionero en África del Sur.

Guinness, Michele. *The Guinness Legend.* London: Hodder & Stoughton, 1989.
Este libro, escrito por un pariente de la asombrosa familia Guinness, cuenta la historia de esta familia irlandesa, famosa por cerveceros, banqueros, y misioneros. Uno de los más ilustres fue Henry Grattan Guinness, el fogoso predicador joven cuyos sermones sobre el infierno produjeron profunda convicción en el adolescente Albert Simpson. La influencia de Guinness continuó durante la vida de Simpson, afectando su teología, misiología, filosofía de la educación cristiana, y hasta sus escritos.

Hankins, Barry. *Jesus and Gin—Evangelicalism, the Roaring Twenties and Today's Culture Wars.* New York: Palgrave Macmillan, 2010.
Éste es el acercamiento popular de Hankins a la historia del surgimiento del fundamentalismo y evangelicalismo inmediatamente después de la muerte de Simpson en 1919. Es importante porque da un relato más completo de la vida y ministerio de Paul Rader en La Alianza, y después que él dejó los ministerios aliancistas.

Magnuson, Norris. *Salvation in the Slums: Evangelical Social Work 1865–1920.* Eugene, OR: Wipf & Stock Publishers, 1977.
Las investigaciones de Magnuson sobre la obra social de líderes

evangélicos como Simpson, A. J. Gordon, F. B. Meyer, y muchos más, además de la obra asombrosa del Ejército de Salvación, las misiones urbanas de rescate, y en particular, La Alianza Cristiana y Misionera desde sus inicios. Compara estos ministerios integrales con los primeros proponentes del "evangelio social." Esta teología más optimista, dirigida por Walter Rauschenbusch, buscaba levantar la sociedad por involucrar a las iglesias en programas para alimentar, vestir, preparar, y educar a los pobres y desatendidos, levantándolos así para ser mejores ciudadanos. Este acercamiento horizontal, que no enfatizaba la necesidad de la salvación personal, hizo que muchos evangélicos redujeran su participación en obras sociales.

FICCIÓN

Montgomery, L. M. *Anne of Green Gables.* New York: Bantam Books, 1992.

Un "best seller" a principios del siglo 20, un libro clásico. La historia se ubica en Prince Edward Island, el lugar de nacimiento de Simpson. A través de esta novela vemos la hermosa colonia pequeña de inmigrantes escoceses, y la poderosa influencia de la iglesia local, la Cavendish Presbyterian Church, donde Albert fue bautizado. Las descripciones del área y la cultura de aquellos valientes de la Reforma nos hacen entender los primeros años de Simpson, y la formación de su personalidad.

HISTORIA GENERAL

Anbinder, Tyler. *Five Points: The 19th Century New York City Neighborhood* . . . New York: Simon and Schuster, 2001.

La obra de Anbinder sobre el barrio de mala fama en la parte sur de Manhattan describe en detalle los criminales pintorescos, los inmigrantes que luchaban para sobrevivir, hombres y mujeres negros libres que provenían del sur de los Estados Unidos, y muchísimos otros habitantes de ese barrio, que dio inicio a la palabra "slum" (barriada, barrio bajo). Fue en esa parte de Nueva York que Simpson empezó algunos de sus primeros alcances a "las masas desatendidas" de la gran ciudad.

Breese, Dave. *Seven Men Who Rule the World from the Grave.* Chicago: Moody Press, 1990.

Este libro es un acercamiento popular a siete personajes de los siglos 19 y 20, cuyos escritos y filosofías han hecho impacto profundo sobre el mundo. Cuatro de ellos, Darwin, Marx, Freud, y Wellhausen, tuvieron una influencia poderosa sobre la Iglesia en los tiempos de Simpson.

Jampoler, Andrew C. A. *Congo: The Miserable Expeditions and Dreadful Death of Lt. Emory Taunt,* USN. Annapolis, MD: Naval Institute Press, 2013.

Una obra reciente con críticas antes no conocidas de A. B. Simpson y la aventura del "Grupo del Congo" de 1885. Jampoler cita los comentarios acerbos y ataques contra el Teniente Taunt, que fue enviado por la Armada de EE.UU. para investigar el Río Congo, buscando información sobre la navegación, oportunidades comerciales, y más. Taunt conoció a Frank Gerrish, el único miembro del Grupo del Congo que se quedó en el campo como misionero. En su informe a la Armada, y también a los periódicos de EE.UU., Taunt criticó severamente a Simpson por la falta de preparación para esta aventura misionera. Mucho de lo que dijo Taunt era cierto, pero le faltaba totalmente la perspectiva de la nueva sociedad misionera. Una fascinante historia, con un fin triste.

Johnson, Paul. *Modern Times—The World from the 20s to the Nineties.* New York: Harper Collins, 1991.

Otra obra asombrosa de Johnson, que revela la amplitud de sus conocimientos y discernimiento en cuanto a las fuerzas y las personalidades que forjaron los eventos e influyeron profundamente en los asuntos mundiales y el ambiente intelectual de los tiempos de Simpson y más acá.

TEOLOGÍA

King, Paul L. *Only Believe—Examining the Origin and Development of Classic and Contemporary Word of Faith Theologies.* Tulsa, OK: Word and Spirit Press, 2008.

Este libro se considera "el estudio definitivo de la enseñanza y práctica de la fe, a través de la historia de la Iglesia.

Ampliamente documentado, con citas de autores clásicos y contemporáneos, abre temas nuevos." (Mark E. Roberts, Director, Holy Spirit Research Center, Oral Roberts University).

Marshall, Walter. *Gospel Mystery of Sanctification* (reprint). Hertford, Great Britain: First Evangelical Press edition, 1981.
Esta reimpresión del libro que fue crítico en la salvación de Simpson fue escrito por un pastor puritano en los años 1600. Siendo un muchacho indoctrinado con la teología calvinista, e inseguro en cuanto a su elección para la salvación, Bert Simpson devoró las palabras sencillas de Marshall sobre el mensaje sencillo del evangelio, que le llevaron al adolescente a los pies de Cristo, pidiendo perdón y paz para su corazón y mente.

DISERTACIONES DOCTORALES

Bedford, William. "A Larger Christian Life: A. B. Simpson and the Early Years of The Christian and Missionary Alliance." Una disertación presentada al cuerpo docente de la University of Virginia candidatura para el título Doctor of Philosophy, 1992.
Esta tesis cubre el período entre la salida de Simpson de la 13th Street Presbyterian Church a fines de 1881 en Nueva York hasta la fundación de las dos Alianzas en 1887, y su fusión en La Alianza Cristiana y Misionera en 1897.

Brandli, James J. "Recapturing the Vision: A Study of the Vision of Albert Benjamin Simpson as Articulated in His Sermons." Una disertación presentada para cumplir con los requisitos para el título Doctor of Ministry en Trinity International University, 2009.

Elliot, David R. "Studies of Eight Canadian Fundamentalists." PhD disertación en la University of British Columbia, Vancouver, BC, 1989.

Glass, Clyde M. "Mysticism and Contemplation in the Life and Teaching of Albert Benjamin Simpson." Milwaukee, WI: Marquette University, 1997.
Glass preparó esta tesis en la Universidad de Marquette. Traza la jornada espiritual de Simpson y las diversas fuentes de su pensamiento místico y contemplativo. La sección llamada "Spiritual Journey" (Jornada espiritual) es particularmente de ayuda para trazar su desarrollo espiritual.

McGraw, Gerald. "The Doctrine of Sanctification in the Published Writings of Albert Benjamin Simpson." PhD thesis, New York University, 1896.

Reid, Darrell. "Jesus Only: The Early Life and Presbyterian Ministry of Albert Benjamin Simpson, 1843–1881." PhD disertación, Queen's University. 1994.

La tesis de Reid cubre una laguna en otras historias de Simpson. Cubre su nacimiento en Prince Edward Island, la mudanza de la familia a Chatham, Ontario, en 1847, la niñez, crisis espiritual de la adolescencia, y la experiencia de salvación de Simpson. Se da muchos detalles de sus años en Knox College, su noviazgo y matrimonio con Margaret Henry, su primer pastorado en Knox Presbyterian Church de Hamilton, el traslado a Chestnut Street Presbyterian Church de Louisville, Kentucky, y su traslado posterior a 13th Street Presbyterian Church en Nueva York. Esta tesis llena las lagunas en las biografías de Thompson y Tozer.